U0458923

国家出版基金项目
NATIONAL PUBLICATION FOUNDATION

2023年主题出版重点出版物

中华民族共同体研究

王延中——著

广西人民出版社

图书在版编目（CIP）数据

中华民族共同体研究 / 王延中著 . -- 南宁：广西人民出版社，
2024. 10（2025.2 重印）. -- ISBN 978-7-219-11813-9

Ⅰ . C955.2

中国国家版本馆 CIP 数据核字第 2024EJ9426 号

ZHONGHUA MINZU GONGTONGTI YANJIU

中华民族共同体研究

王延中　著

策　　划　赵彦红　萨宣敏

责任编辑　罗　雯

责任校对　黄　熠　韦振泽

美术编辑　李彦媛

出版发行　广西人民出版社

社　　址　广西南宁市桂春路 6 号

邮　　编　530021

印　　刷　广西民族印刷包装集团有限公司

开　　本　787mm×1092mm　1 / 16

印　　张　22.25

字　　数　260 千字

版　　次　2024 年 10 月　第 1 版

印　　次　2025 年 2 月　第 2 次印刷

书　　号　ISBN 978-7-219-11813-9

定　　价　56. 80 元

版权所有　翻印必究

目
录

第一章

铸牢中华民族共同体意识的
重大意义

　　铸牢中华民族共同体意识是习近平总书记在党的十八大后提出的我国民族工作的新理念新思想新要求，是加强和改进新时代党的民族工作的重大原创性论断，是"两个结合"在民族领域的最新成果，是习近平新时代中国特色社会主义思想民族篇的重要内容。这一重要论断不是凭空产生的，而是马克思主义中国化时代化的产物，有一个从提出到发展，再到不断完善的演进过程。

　　铸牢中华民族共同体意识是中国共产党在新时代提出和确立的民族工作主线和民族地区各项工作的主线，在中华民族发展史上具有里程碑意义。这不仅是中华民族实现从"自在阶段"到"自觉阶段"转变之后的又一次理论升华，更是在实践层面基于中华民族站起来、富起来、强起来的历史发展逻辑，为推进中华民族共同体建设、实现中华民族伟大复兴历史使命提出的重大战略举措。铸牢中华民族共同体意识，坚定不移走中国特色解决民族问题的正确道路，有利于积极主动、慎重稳妥地调整完善民族理论政策，构筑中华民族共有精神家园，促进各民族交往交流交融，推动各民族共同走向社会主义现代化，提升民族事务治理法治化水平，防范化解民族领域风险隐患，实现新时代党的民族工作的高质量发展。

一、铸牢中华民族共同体意识的提出

党的十八大之后，习近平总书记带领中央政治局的同志们参观"复兴之路"展览。他在参观时的讲话非常短，只有1000字左右。但是，这个讲话非常重要。他在谈到"中国梦"的时候说："现在，大家都在讨论中国梦，我以为，实现中华民族伟大复兴，就是中华民族近代以来最伟大的梦想。这个梦想，凝聚了几代中国人的夙愿，体现了中华民族和中国人民的整体利益，是每一个中华儿女的共同期盼。历史告诉我们，每个人的前途命运都与国家和民族的前途命运紧密相连。国家好，民族好，大家才会好。"① 在这个不长的讲话中，习近平总书记提到"中华民族""中国人民""中华民族伟大复兴"共20多次，如果把在一定程度上表示"中华民族"内涵的"民族""中国人""我们民族""中华儿女""全体中华儿女"等概念加起来，共30多次。这是习近平总书记把维护中华民族的整体利益、实现中华民族伟大复兴作为党中央明确施政目标的重要体现。在这里，他基于"中华民族"整体的立场，看待中华民族的昨天、今天和明天，充分体现了他的整体民族观及其目标，为他从中华民族的整体角度提出并不断发展完善"铸牢中华民族共同体意识、推进中华民族共同体建设"思想奠定了基调和前提。

2013年3月，第十二届全国人民代表大会选举习近平总书记担任中华人民共和国主席。在担任国家主席后第一次重要讲话中，

① 习近平：《中国梦，复兴路（2012年11月29日）》，载中共中央文献研究室编《十八大以来重要文献选编（上）》，中央文献出版社，2014，第84页。

习近平进一步阐述了他的中华民族观。"中华民族具有五千多年连绵不断的文明历史，创造了博大精深的中华文化，为人类文明进步作出了不可磨灭的贡献。经过几千年的沧桑岁月，把我国五十六个民族、十三亿多人紧紧凝聚在一起的，是我们共同经历的非凡奋斗，是我们共同创造的美好家园，是我们共同培育的民族精神，而贯穿其中的、更重要的是我们共同坚守的理想信念。""爱国主义始终是把中华民族坚强团结在一起的精神力量。""实现中国梦必须凝聚中国力量。这就是中国各族人民大团结的力量。"①在这里，习近平总书记区分了"中华民族"与"56个民族"（中国各民族），指出了中华民族既是56个民族的总称，又是已经凝聚在一起的实实在在的整体。这个整体不是拼盘，而是具有内在凝聚力的大家庭和共同体②。这就是共同奋斗的经历、共同建设的美好家园、共同培育的民族精神（这是2019年"四个共同"的早期表达），几千年岁月形成的把中华民族凝聚在一起的精神力量，在一定程度上就是"中华民族共同体意识"。只不过当时这一概念尚未明确提出。

新时代党的民族工作覆盖我国各民族和各地区，我国少数民族聚集比较集中的民族地区无疑是重点。严格来说，我国的民族地区包括5个省级自治区、30个自治州和120个自治县（旗）。

---

① 习近平：《在第十二届全国人民代表大会第一次会议上的讲话（2013年3月17日）》，载中共中央文献研究室编《十八大以来重要文献选编（上）》，中央文献出版社，2014，第234—235页。

② 杜尚泽、贺勇、张晓松等：《"五十六个民族凝聚在一起就是中华民族共同体"——习近平总书记青海、宁夏考察纪实》，《人民日报》2024年6月23日第1版。

从国家层面看，一般把内蒙古、新疆、宁夏、广西、西藏 5 个自治区和少数民族人口占比较高的青海、云南、贵州 3 个省统称"民族八省区"。其中位居北部、西北、西南边疆的内蒙古、新疆、西藏，在全国民族工作大局中占据十分重要的位置。

内蒙古、新疆、西藏虽然地处边陲，但依然是历史上各民族密切交往交流交融的区域。这 3 个自治区不仅面积广大，而且是中国北部、西北部、西南部与周边国家相邻的边疆区域，在中华民族的形成与发展史上历来占据重要地位。历代中央王朝，特别是"大一统"封建王朝高度重视这些地区。近代以来，中国逐步沦为半殖民地半封建社会，国家蒙辱、人民蒙难、文明蒙尘，中华民族遭受了前所未有的劫难。在帝国主义列强的侵略、蚕食、压迫下，中国频频出现边疆危机，边疆地区逐步成为我国人民反分裂斗争的前沿阵地。直到中华人民共和国成立前后，在中国共产党领导下，新疆和西藏实现了和平解放，祖国大陆基本实现了完全统一。但是，受国际形势、历史因素、文化宗教因素、经济社会发展水平因素等的影响，边疆地区，尤其是新疆、西藏，仍然是维护祖国统一、主权、安全和发展利益的前沿阵地，反分裂斗争、打击"三股势力"，促进民族团结、维护稳定发展大局的任务十分艰巨。

早在党的十八大之前，习近平同志就高度重视民族工作和民族地区工作，围绕民族地区的稳定、发展提出指导意见。比如，在 2011 年 7 月庆祝西藏和平解放 60 周年大会上的讲话中，习近平同志指出："做好西藏工作，是深入贯彻落实科学发展观、全面建设小康社会的迫切需要，是实现可持续发展的迫切需要，是维护民族团结和社会稳定的迫切需要，是维护祖国统一和国家安全的迫切需要。加快西藏发展、维护西藏稳定，既是中央的战略部署和明确要求，也是西藏各族干部群众的强烈愿望和共同责任。"① 2012 年 3 月，习近平同志在参加十一届全国人大五次会议新疆代表团审议时指出，新疆工作在党和国家工作全局中具有特殊重要的战略地位。自治区和新疆生产建设兵团要按照中央新疆工作座谈会决策部署，毫不动摇地坚持发展和稳定两手抓、两手都要硬，突出抓好科学发展，切实保障和改善民生，始终高举团结稳定旗帜。"要坚持稳定压倒一切，不断巩固和发展社会和谐稳定的局面，特别要加强对西方敌对势力、东突分裂势力渗透破坏活动的防范打击，加强对民族宗教事务的管理，有效遏制非法宗教活动，坚决防范暴力恐怖犯罪，确保社会持续稳定。"②

党的十八大选举习近平同志为总书记，十二届全国人大选举习近平总书记为国家主席。作为党和国家最高领导人，习近平更加重视民族工作和民族地区工作。在参加 2013 年十二届全国人大一次会议西藏代表团审议时，习近平总书记针对西藏工作提出了"治国必治边、治边先稳藏"的战略部署，成为党的十八大之后西藏工作的战略方针，并且取得了显著的成效③。在 2013 年 10 月，习近平总书记给中央民族大学附属中学全校学生的回信中指出："我国是统一的多民族国家。我国各族人民同呼吸、共命运、心连

---

① 习近平：《在庆祝西藏和平解放 60 周年大会上的讲话（2011 年 7 月 19 日）》，中国新闻网，https://www.chinanews.com.cn/gn/2011/07 - 19/3194301.shtml。

② 李行、钟秀玲、隋云雁：《习近平参加新疆团审议 要求始终高举团结稳定旗帜》，《新疆日报》2012 年 3 月 10 日。

③ 2013 年 7 月，中国社会科学院课题组到西藏开展稳定治理情况的实地调研，对西藏维护稳定的举措进行了总结。王延中：《西藏社会稳定新机制建设探索》，《民族研究》2013 年第 6 期。

心的奋斗历程是中华民族强大凝聚力和非凡创造力的重要源泉。"① 他特别重视中华民族的凝聚力和各民族同呼吸、共命运、心连心的整体性，特别重视民族团结工作。2014 年 1 月，习近平总书记赴内蒙古调研时强调，要始终高举民族团结旗帜，坚持和发扬各民族心连心、手拉手的好传统，深入开展民族团结进步宣传教育，精心做好民族工作。

2014 年 4 月 25 日，习近平总书记主持十八届中央政治局第十四次集体学习，围绕反恐怖斗争进行研讨。习近平总书记指出，加强新形势下反分裂斗争，坚决把暴力恐怖分子嚣张气焰打下去，必须"高举各民族大团结的旗帜"，"深入开展民族团结宣传教育，打牢民族团结的思想基础，最大限度团结各族群众"②。4 月 27 日至 30 日，习近平总书记专程到新疆考察，对做好新疆维护社会稳定、推进跨越式发展、保障和改善民生、促进民族团结、加强党的建设等工作作出了一系列重要指示。尽管 2010 年中央新疆工作座谈会以来新疆发展取得了可喜成绩，但境内外"三股势力"的危害不容忽视。"三股势力"不顾新疆各族人民福祉，鼓吹民族分裂主义，策划组织实施暴力恐怖活动，给新疆各族人民群众生命财产安全和社会稳定带来严重危害。习近平总书记指出，新疆社会稳定和长治久安，关系全国改革发展稳定大局，关系祖国统一、民族团结、国家安全，关系中华民族伟大复兴。反对民族分裂，

---

① 习近平：《习近平总书记给中央民族大学附属中学全校学生的回信》，http://cpc. people. com. cn/n/2013/1006/c64094－23111493. html。

② 《习近平在中共中央政治局第十四次集体学习时强调　切实维护国家安全和社会安定　为实现奋斗目标营造良好社会环境》，http://www. gov. cn/xinwen/2014－04/26/content_2667147. htm。

维护祖国统一，是国家最高利益所在，也是新疆各族人民根本利益所在。新形势下，"新疆工作的着眼点和着力点要放在社会稳定和长治久安上"，这是做好当前新疆工作的总目标。当前新疆民族工作的内外环境发生了很大变化，民族关系出现了不少新情况、新特点，对我们做好民族工作提出了新要求。要全面贯彻落实党的民族政策，坚持和完善民族区域自治制度，促进各民族和睦相处、和衷共济、和谐发展，"汉族离不开少数民族，少数民族离不开汉族，少数民族之间也相互离不开"。习近平总书记在考察时反复强调，民族团结是发展进步的基石，"新疆的问题，最难最长远的还是民族团结问题"，要通过扎实有效的工作，让民族团结之花开遍天山南北①。在新疆考察过程中，习近平总书记进一步强调了民族团结的重要性，提出了树立中华民族共同体意识对于做好民族工作、促进民族团结和实现民族地区经济发展、社会和谐稳定的重要性。

2014年5月，中央召开第二次新疆工作座谈会。习近平总书记在讲话中指出："要高举各民族大团结的旗帜，在各民族中牢固树立国家意识、公民意识、中华民族共同体意识，最大限度团结依靠各族群众，使每个民族、每个公民都为实现中华民族伟大复兴的中国梦贡献力量，共享祖国繁荣发展的成果。各民族要相互了解、相互尊重、相互包容、相互欣赏、相互学习、相互帮助，像石榴籽那样紧紧抱在一起。""要在各族群众中牢固树立正确的祖国观、民族观，弘扬社会主义核心价值体系和社会主义核心价值

---

① 李斌、霍小光：《习近平新疆考察纪实：民族团结是发展进步的基石》，新华网，http://www.xinhuanet.com/politics/2014－05/03/c_1110509757.htm。

观，增强各族群众对伟大祖国的认同、对中华民族的认同、对中华文化的认同、对中国特色社会主义道路的认同。要加强思想政治工作，营造昂扬向上的社会氛围，引导各族群众追求现代文明生活。"① 在这次会议上，习近平总书记首次明确提出了"牢固树立中华民族共同体意识"重大原创性论断，为9月召开的中央民族工作会议奠定了重要指导思想基础。

2014年9月，中央召开了新世纪以来的第二次中央民族工作会议，也是自20世纪90年代以来召开的第四次中央民族工作会议。习近平总书记在会议上发表重要讲话，提出了新时代做好民族工作的一系列新思想、新论断和新认识。习近平总书记从"多民族是我国的一大特色，也是我国发展的一大有利因素"入手，指出"各民族共同开发了祖国的锦绣河山、广袤疆域，共同创造了悠久的中国历史、灿烂的中华文化"。把这几个"共同"与前面提出的"伟大民族精神"结合在一起，成为"四个共同"的来源。我国历史演进的这个特点，造就了我国各民族分布上的交错杂居，文化上的兼收并蓄，经济上的相互依存，情感上的相互亲近，形成了你中有我、我中有你、谁也离不开谁的多元一体格局。会议从理论上归纳了中国特色解决民族问题的正确道路的八条经验：一是坚持中国共产党的领导，二是坚持中国特色社会主义道路，三是坚持维护祖国统一，四是坚持各民族一律平等，五是坚持和完善民族区域自治制度，六是坚持各民族团结奋斗、共同繁荣发展，七是坚持打牢中华民族共同体的思想基础，八是坚持依法治

---

① 《习近平在第二次中央新疆工作座谈会上发表重要讲话》，http://www.neac.gov.cn/seac/c100500/201405/1085610.shtml。

国。这"八个坚持"是中国共产党关于民族问题基本理论、政策、制度、法律的集中概括，也是做好民族工作的根本遵循。会议还特别明确了中华民族与各民族的关系问题，那就是中华民族和各民族是一个大家庭和家庭成员的关系；各民族之间的关系，是一个大家庭里不同成员间的关系①。56 个民族都是中华民族大家庭中平等的一员，但都不能把自己等同于或者自外于中华民族大家庭，都离不开中华民族大家庭。会议对如何进一步做好民族工作，尤其是做好精神方面的工作提出了明确要求。民族工作说到底是做人的工作。人是有思想的，正确行动来源于正确思想，错误行动来源于错误思想。要把党的民族政策贯彻落实好，要把民族地区改革发展稳定工作抓好，没有正确的思想认识不行。推动民族工作要依靠两种力量，一种是物质力量，一种是精神力量。要解决好民族问题，物质方面的问题要解决好，精神方面的问题也要解决好，哪一方面的问题解决不好都会出更多问题。物质方面的问题要靠增强物质力量来解决，精神方面的问题要靠增强精神力量来解决。经济发展、人民生活水平提高，并不会自然而然提高人们思想认识水平。维护民族团结，反对民族分裂，要重视少数民族和民族地区经济发展，但并不是靠这一条就够了。问题的成因主要不在物质方面，而是在精神方面。在用好发展这把钥匙的同时，必须把思想教育这把钥匙用得更好。会议为如何做好精神方面的工作指明了方向："要旗帜鲜明地反对各种错误思想观念，增强各族干部群众识别大是大非、抵御国内外敌对势力思想渗透

---

① 国家民族事务委员会编《中央民族工作会议精神学习辅导读本（增订版）》，民族出版社，2019，第25页。

的能力。加强中华民族大团结，长远和根本的是增强文化认同，建设各民族共有精神家园，积极培养中华民族共同体意识。要把建设各民族共有精神家园作为战略任务来抓，抓好爱国主义教育这一课，把爱我中华的种子埋在每个孩子的心灵深处，让社会主义核心价值观在祖国下一代的心田生根发芽。弘扬和保护各民族传统文化，要去粗取精、推陈出新，努力实现创造性转化和创新性发展。要积极做好双语教育、信教群众工作和少数民族代表人士和知识分子工作。"①

　　2014 年 12 月，中共中央、国务院印发《关于加强和改进新形势下民族工作的意见》。该文件从坚定不移走中国特色解决民族问题的正确道路、围绕改善民生推进民族地区经济社会发展、促进各民族交往交流交融、构筑各民族共有精神家园、提高依法管理民族事务能力、加强党对民族工作的领导 6 个方面提出 25 条意见，并且进一步明确了"打牢中华民族共同体的思想基础"这个基本要求。

二、铸牢中华民族共同体意识的确立

　　2014 年召开的中央民族工作会议，是党的十八大之后习近平总书记主持召开的关于民族工作的中央专题会议。习近平总书记在会议上的重要讲话，初步提出了新时代党的民族工作的大政方针、工作原则，成为习近平总书记关于加强和改进民族工作的重要思想形成与发展的重要标志。他反复强调民族工作要"积极培

---

　　① 《中央民族工作会议暨国务院第六次全国民族团结进步表彰大会举行》，中国政府网，http://www.gov.cn/xinwen/2014-09/29/content_2758816.htm.

养（培育）中华民族共同体意识""建设各民族共有精神家园"
"打牢中华民族共同体的思想基础"，为最终提出并确立"铸牢中
华民族共同体意识"奠定了基础。

中国共产党是中国特色社会主义事业的坚强领导核心，是最
高政治领导力量，中国共产党领导是中国特色社会主义最本质的
特征，各个领域、各个方面都必须坚定自觉坚持党的领导。
习近平总书记强调："党政军民学，东南西北中，党是领导一切
的。"① 从加强党的统一战线工作角度提出加强和改善新时代的民
族工作，是习近平总书记在党的十八大之后从总体上思考和把握
民族工作的鲜明特色。

围绕如何做好新时代的统战工作，在 2006 年召开第二十次全
国统战工作会议的 9 年后，2015 年 5 月召开了中央统战工作会
议。会议提出，在革命、建设、改革的各个历史时期，我们党始
终把统一战线和统战工作摆在全党工作的重要位置，努力团结一
切可以团结的力量、调动一切可以调动的积极因素，为党和人民
事业不断发展营造了十分有利的条件。"现在，我们党所处的历史
方位、所面临的内外形势、所肩负的使命任务发生了重大变化。
越是变化大，越是要把统一战线发展好、把统战工作开展好。"
"做好新形势下统战工作，必须掌握规律、坚持原则、讲究方法，
最根本的是要坚持党的领导，实行的政策、采取的措施都要有利
于坚持和巩固党的领导地位和执政地位。做好新形势下统战工作，
必须正确处理一致性和多样性关系，不断巩固共同思想政治基础，

---

① 中共中央宣传部编《习近平新时代中国特色社会主义思想三十讲》，
学习出版社，2018，第 74 页。

同时要充分发扬民主、尊重包容差异，尽可能通过耐心细致的工作找到最大公约数。""要坚持党委统一领导、统战部牵头协调、有关方面各负其责的大统战工作格局，形成工作合力。"民族工作既是全局性工作，也属于大统战工作格局的重要组成部分。会议要求各级党委按照 2014 年确定的民族工作大政方针和战略任务，认真贯彻落实好中央民族工作会议精神，"促进各民族和睦相处、和衷共济、和谐发展"①。2015 年，中共中央发布《中国共产党统一战线工作条例（试行）》（简称《条例》），要求抓好《条例》的学习宣传和贯彻落实，不断提高新形势下统战工作的规范化、制度化、科学化水平。值得提出的是，《条例》的颁布实施，不仅促使统战工作进一步制度化、法治化、规范化，而且提出了不少新的论断。2014 年中央民族工作会议提出"让各族人民增强对伟大祖国的认同、对中华民族的认同、对中华文化的认同、对中国特色社会主义道路的认同"（"四个认同"），2015 年中央统战工作会议和《条例》增加了"对中国共产党的认同"。从此之后，"四个认同"变成"五个认同"。同时，中央统战工作会议还把民族工作和宗教工作的本质概括为"群众工作"。

2015 年 8 月，中央召开了第六次西藏工作座谈会。与前几次西藏工作会议一样，习近平总书记在会议上发表重要讲话。会议回顾了中华人民共和国成立以来，特别是中央第五次西藏工作座谈会以来的西藏工作，明确了当前和今后一个时期西藏工作的指导思想、目标要求、重大举措，对进一步推进西藏及四省藏区经

---

① 《习近平在中央统战工作会议上强调　巩固发展最广泛的爱国统一战线　为实现中国梦提供广泛力量支持》，《解放军报》2015 年 5 月 21 日。

济社会发展和长治久安工作作了战略部署。会议的最大成果是用
"六个必须坚持"概括了新时代党的治藏方略的基本内容：一是必
须坚持中国共产党领导，坚持社会主义制度，坚持民族区域自治
制度；二是必须坚持"治国必治边、治边先稳藏"的战略思想，
坚持依法治藏、富民兴藏、长期建藏、凝聚人心、夯实基础的重
要原则；三是必须牢牢把握西藏社会的主要矛盾和特殊矛盾，把
改善民生、凝聚人心作为经济社会发展的出发点和落脚点，坚持
对达赖集团斗争的方针政策不动摇；四是必须全面正确贯彻党的
民族政策和宗教政策，加强民族团结，不断增进各族群众对伟大
祖国、中华民族、中华文化、中国共产党、中国特色社会主义的
认同；五是必须把中央关心、全国支援同西藏各族干部群众艰苦
奋斗紧密结合起来，在统筹国内国际两个大局中做好西藏工作；
六是必须加强各级党组织和干部人才队伍建设，巩固党在西藏的
执政基础。"治国必治边、治边先稳藏"的战略思想、增进"五个
认同"以及"统筹国内国际两个大局"等，是新时代党的治藏方
略的新内容。习近平总书记强调，实现西藏和四省藏区长治久安，
必须常抓不懈、久久为功，把基础性工作做深做实做细，坚持依
法治理，大力加强民族团结，"大力培育中华民族共同体意识，广
泛开展民族团结进步宣传教育和创建活动"。"坚持不懈开展马克
思主义祖国观、民族观、宗教观、文化观等宣传教育活动，凝聚
中国特色社会主义思想共识。要落实依法治藏要求，对一切分裂
祖国、破坏社会稳定的行为都要依法打击。"① 把大力培育中华民

---

① 《中央第六次西藏工作座谈会召开　习近平发表讲话》，中国新闻网，
https://www.chinanews.com.cn/gn/2015/08－25/7488714.shtml。

族共同体意识等中央民族工作会议精神纳入新时代党的治藏方略，落实到西藏具体工作之中，意义重大。

2015年国庆节前夕，习近平总书记在邀请来自内蒙古、广西、西藏、宁夏、新疆5个自治区的13名基层民族团结优秀代表来到北京参加国庆活动时指出，中华民族一家亲，同心共筑中国梦。我国56个民族都是中华民族大家庭的平等一员，共同构成了你中有我、我中有你、谁也离不开谁的中华民族命运共同体。实现中华民族伟大复兴的中国梦是各民族大家的梦，也是我们各民族自己的梦。中国共产党就是团结和带领各族人民向着中华民族伟大复兴、向着人民更加美好的生活。民族团结就是各族人民的生命线。各民族同胞要手足相亲、守望相助，一起做交流、培养、融洽感情的工作，增强各族群众对伟大祖国、中华民族、中华文化、中国共产党、中国特色社会主义的认同。习近平总书记不仅再次强调"五个认同"和民族团结的重要性，而且从"培育中华民族共同体意识"出发，进一步提炼出了各民族是互相离不开的"中华民族命运共同体"。

2017年10月，中国共产党召开第十九次全国代表大会。这是在全面建成小康社会决胜阶段、中国特色社会主义进入新时代的关键时期召开的一次十分重要的大会。习近平总书记站在中华民族伟大复兴的高度，部署了决胜全面建成小康社会和建设中国特色社会主义现代化强国进程中的统战工作和民族工作战略："要高举爱国主义、社会主义旗帜，牢牢把握大团结大联合的主题，坚持一致性和多样性统一，找到最大公约数，画出最大同心圆。""全面贯彻党的民族政策，深化民族团结进步教育，铸牢中华民族共同体意识，加强各民族交往交流交融，促进各民族像石榴籽一样紧紧抱在一起，共同团结奋斗、共同繁荣发展。"①

从党的十八大之后提出积极培育中华民族共同体意识，到后来提出"筑牢"和"牢固树立"中华民族共同体意识，从 2014 年第二次中央新疆工作座谈会提出建设各民族共有精神家园、积极培育中华民族共同体意识，到中央民族工作会议明确把建设各民族共有精神家园作为战略任务、中央统战工作会议明确"五个认同"，用爱国主义、社会主义核心价值观、正确的"五观"积极培育中华民族共同体意识、打牢中华民族共同体的思想基础，再到在党的十九大报告上正式提出"铸牢中华民族共同体意识"，表面看起来只是从"筑牢""打牢"到"铸牢"简单几个字的变化，但从深层逻辑去分析，党的十九大最后确定"铸牢中华民族共同体意识"，是经过几年的理论探索和实践检验的结果，反映了党在民族工作理论与实践的创新，充分体现了新时代党的民族工作的新内涵和重大历史使命，是"习近平新时代中国特色社会主义思想在民族工作领域的具体体现"，也是改革开放以来各民族在政治、经济、社会、文化领域广泛交往交流交融，"你中有我、我中有你、谁也离不开谁"的命运共同体关系的深刻反映。把"铸牢中华民族共同体意识"作为民族工作的重要内容，写入党的十九大报告固定下来，意味着这一认识逐步成为全党的共识。党的十九大在审定《中国共产党章程（修正案）》时，把"铸牢中华民族共同体意识"的内容写入新修订的《中国共产党章程》之中固化

---

① 习近平：《决胜全面建成小康社会，夺取新时代中国特色社会主义伟大胜利——在中国共产党第十九次全国代表大会上的报告（2017 年 10 月 18 日）》，载中共中央党史和文献研究院编《十九大以来重要文献选编（上）》，中央文献出版社，2019，第 28 页。

下来，表明"铸牢中华民族共同体意识"这一论断正式确立，为推进新时代党的民族工作和中华民族共同体建设工作进一步明确了指导思想。

三、以铸牢中华民族共同体意识为主线

党的十九大报告提出的"铸牢中华民族共同体意识"，不仅在党的代表大会上被写入了党章，而且成为 2018 年全国两会讨论的热点问题之一。2018 年全国两会通过的《中华人民共和国宪法修正案》，将序言第七自然段中"推动物质文明、政治文明和精神文明协调发展，把我国建设成为富强、民主、文明的社会主义国家"修改为"推动物质文明、政治文明、精神文明、社会文明、生态文明协调发展，把我国建设成为富强民主文明和谐美丽的社会主义现代化强国，实现中华民族伟大复兴"[1]。"实现中华民族伟大复兴"写进宪法，不仅在宪法中充分体现了贯彻习近平新时代中国特色社会主义思想的要求，而且在宪法中第一次出现"中华民族"概念，被誉为"中华民族"入宪。一些专家从法学的角度充分肯定了《中华人民共和国宪法修正案》的重大意义，也就是从根本法的高度确立了"中华民族"的宪法地位，为中华民族认同、各民族自我认同和各民族相互认同提供了宪法依据和基础；从根本法的高度确立了中国是"中华民族"的政治组织形式，为国家认同和国家统一奠定了宪法基础，为民族问题纳入依法治理民族

---

① 李鹏：《将实现中华民族伟大复兴写入宪法　有利于引领全党全国人民共同奋斗》，中央纪委国家监委网站，http://www.ccdi.gov.cn/specialn/bwzp2436/201803/t20180323_103529.html。

事务提供了根本法保障。中华民族是 56 个民族组成的命运共同体，对中华民族宪法地位的认定，也包含着对组成中华民族的各个民族的宪法地位的肯定。这不仅改变了"中华民族"在宪法文本中缺位的状况，而且将"中华民族伟大复兴"与"社会主义现代化强国"并列而确定为国家发展目标，突出了"中华民族"在国家发展中的地位和作用，"具有划时代的意义"①。其实，在党的十九大之后的一些国家立法中，都增加了铸牢中华民族共同体意识的相关内容②。

"铸牢中华民族共同体意识"逐步成为学术理论界学习讨论和研究的热点之一。一些部门和一些专家对于"铸牢中华民族共同体意识"的地位和作用的认识进一步提升。习近平总书记在全国考察调研过程中，对于如何推进新时代党的民族工作和铸牢中华民族共同体意识的问题，作了进一步的论述和阐发。

2019 年 7 月 15 日至 16 日，习近平总书记在内蒙古考察并指导开展"不忘初心、牢记使命"主题教育时指出，全面建成小康社会，一个民族不能少；实现中华民族伟大复兴，一个民族也不能少。共产党说到就要做到，也一定能够做到。民族区域自治制

---

① 《必看！"中华民族"入宪具有里程碑式的意义！》，https://www.sohu.com/a/230439259_467853。

② 比如，2022 年 3 月 11 日，十三届全国人大五次会议表决通过了关于修改地方各级人民代表大会和地方各级人民政府组织法的决定。在修订后的第十一条、第十二条、第七十三条、第七十六条等多处增加了"铸牢中华民族共同体意识，促进各民族广泛交往交流交融"等内容。2023 年的立法法也是如此。2023 年 3 月 13 日，十四届全国人大一次会议通过的《中华人民共和国立法法》第八条指出："立法应当倡导和弘扬社会主义核心价值观，坚持依法治国和以德治国相结合，铸牢中华民族共同体意识，推动社会主义精神文明建设。"

度是我国的基本政治制度，要认真总结民族区域自治的理论和实践经验，坚持和完善这一制度，促进民族团结融合，促进各民族像石榴籽一样紧紧抱在一起。要高举各民族大团结旗帜，全面贯彻党的民族政策，深化民族团结进步教育，践行守望相助理念，铸牢中华民族共同体意识，把各族人民紧紧团结在党的周围，共同守卫祖国边疆，共同创造美好生活，在新时代继续保持"模范自治区"的崇高荣誉。

2019 年 8 月 19 日，习近平总书记在敦煌研究院座谈时的讲话中指出，研究和弘扬敦煌文化，既要深入挖掘敦煌文化和历史遗存背后蕴含的哲学思想、人文精神、价值理念、道德规范等，推动中华优秀传统文化创造性转化、创新性发展，更要揭示蕴含其中的中华民族的文化精神、文化胸怀和文化自信，为新时代坚持和发展中国特色社会主义提供精神支撑。要加强对国粹传承和非物质文化遗产保护的支持和扶持，加强对少数民族历史文化的研究，铸牢中华民族共同体意识[①]。

在 2019 年 9 月的全国民族团结进步表彰大会上，习近平总书记强调："实现中华民族伟大复兴，需要各民族手挽着手、肩并着肩，共同努力奋斗。要以铸牢中华民族共同体意识为主线，全面贯彻党的民族理论和民族政策，坚持共同团结奋斗、共同繁荣发展，把民族团结进步事业作为基础性事业抓紧抓好，促进各民族像石榴籽一样紧紧拥抱在一起，推动中华民族走向包容性更强、

---

① 习近平：《在敦煌研究院座谈时的讲话（2019 年 8 月 19 日）》，《求是》2020 年第 3 期。

凝聚力更大的命运共同体，共建美好家园，共创美好未来。"① 这是习近平总书记在讲话中第一次明确提出"以铸牢中华民族共同体意识为主线"，也是他在会议上正式提出"以铸牢中华民族共同体意识为主线做好各项工作"，标志着铸牢中华民族共同体意识这一重要论断开始明确为新时代党的民族工作的主线。在党的十九届四中全会上，习近平总书记深刻指出，坚持各民族一律平等，铸牢中华民族共同体意识，实现共同团结奋斗、共同繁荣发展，是我国国家制度和国家治理体系的显著优势之一。

2020 年在严格防控新冠疫情、全国两会推迟召开的背景下，中央依然按计划召开了第七次西藏工作座谈会和第三次新疆工作座谈会，习近平总书记在会上都强调了以铸牢中华民族共同体意识为主线的问题。2020 年 8 月，习近平总书记在中央第七次西藏工作座谈会上强调，面对新形势新任务，必须全面贯彻新时代党的治藏方略，坚持统筹推进"五位一体"总体布局、协调推进"四个全面"战略布局，坚持稳中求进工作总基调，铸牢中华民族共同体意识，提升发展质量，保障和改善民生，推进生态文明建设，加强党的组织和政权建设，确保国家安全和长治久安，确保人民生活水平不断提高，确保生态环境良好，确保边防巩固和边境安全，努力建设团结富裕文明和谐美丽的社会主义现代化新西

---

① 杨维汉、王琦：《习近平在全国民族团结进步表彰大会上发表重要讲话强调 坚持共同团结奋斗共同繁荣发展 各民族共建美好家园共创美好未来》，新华网，http://www.xinhuanet.com/politics/leaders/2019 - 09/27/c_1125048317.htm。

藏①。2020 年 9 月，习近平总书记出席第三次中央新疆工作座谈会并讲话。他在总结党的十八大以来新时代党的治疆方略的"八个坚持"② 中，有一个坚持就是"坚持铸牢中华民族共同体意识"。在部署下一阶段新疆工作的重点任务时，习近平总书记强调："要以铸牢中华民族共同体意识为主线，不断巩固各民族大团结。""要加强中华民族共同体历史、中华民族多元一体格局的研究，将中华民族共同体意识教育纳入新疆干部教育、青少年教育、社会教育，教育引导各族干部群众树立正确的国家观、历史观、民族观、文化观、宗教观，让中华民族共同体意识根植心灵深处。要促进各民族广泛交往、全面交流、深度交融。要坚持新疆伊斯兰教中国化方向，实现宗教健康发展。要深入做好意识形态领域工作，深入开展文化润疆工程。"③ 以上充分说明，铸牢中华民族共同体意识不仅成为新时代党的民族工作的主线，而且已经"纳入新时代党的治藏方略、治疆方略"④，要贯彻落实到西藏工作、

---

① 《习近平：全面贯彻新时代党的治藏方略 建设团结富裕文明和谐美丽的社会主义现代化新西藏》，新华网，http://www. xinhuanet. com/politics/leaders/2020 - 08/29/c_1126428221. htm。

② 新时代党的治疆方略的"八个坚持"：坚持从战略上审视和谋划新疆工作，坚持把社会稳定和长治久安作为新疆工作总目标，坚持以凝聚人心为根本，坚持铸牢中华民族共同体意识，坚持我国宗教中国化方向，坚持弘扬和培育社会主义核心价值观，坚持紧贴民生推动高质量发展，坚持加强党对新疆工作的领导。

③ 《习近平：坚持依法治疆团结稳疆文化润疆富民兴疆长期建疆 努力建设新时代中国特色社会主义新疆》，新华网，http://www. xinhuanet. com/politics/leaders/2020 - 09/26/c_1126544371. htm。

④ 闫言平：《以铸牢中华民族共同体意识为主线做好各项工作》，《中国民族报》2020 年 11 月 25 日。

新疆工作的方方面面。

2020 年 10 月 26 日至 29 日，中国共产党召开第十九届中央委员会第五次全体会议，审议并通过了《中共中央关于制定国民经济和社会发展第十四个五年规划和二〇三五年远景目标的建议》。这个规划不仅指出了未来 5 年甚至更长一个时期经济发展的主要目标和战略举措，而且明确了"社会建设"的基本内容——"社会文明程度得到新提高，社会主义核心价值观深入人心，人民思想道德素质、科学文化素质和身心健康素质明显提高，公共文化服务体系和文化产业体系更加健全，人民精神文化生活日益丰富，中华文化影响力进一步提升，中华民族凝聚力进一步增强"①。把"中华文化影响力进一步提升，中华民族凝聚力进一步增强"列入党的十九届五中全会会议公报，纳入"十四五"规划和"十四五"时期乃至今后更长一个时期的经济社会发展主要目标，是做好铸牢中华民族共同体意识各项工作的战略性部署。

2021 年中国共产党迎来建党 100 周年。习近平总书记在庆祝中国共产党成立 100 周年大会上的讲话中，对中华民族的发展历程进行了回顾，再次重申了 2012 年他带领中共中央政治局常委参观"复兴之路"大型展览时的观点。有着 5000 多年源远流长的文明历史的中华民族在 1840 年鸦片战争以后遭受了前所未有的劫难。在外国帝国主义的侵略压迫下，中国逐步成为半殖民地半封建社会，国家蒙辱、人民蒙难、文明蒙尘。"从那时起，实现中华民族伟大复兴，就成为中国人民和中华民族最伟大的梦想。"1921

---

① 《中国共产党第十九届中央委员会第五次全体会议公报》，人民网，http://cpc. people. com. cn/n1/2020/1029/c64094－31911510. html。

年成立的中国共产党一经诞生，"就把为中国人民谋幸福、为中华民族谋复兴确立为自己的初心使命。一百年来，中国共产党团结带领中国人民进行的一切奋斗、一切牺牲、一切创造，归结起来就是一个主题：实现中华民族伟大复兴"。中国共产党 100 年的辉煌历程中，前 28 年的浴血奋战推翻了帝国主义、封建主义、官僚资本主义三座大山，建立了人民当家作主的中华人民共和国，实现了民族独立、人民解放，创造了新民主主义革命的伟大成就：中国人民站起来了！从中华人民共和国成立到党的十一届三中全会召开，中国共产党团结带领中国人民，自力更生、发愤图强，确立了社会主义基本制度，推进社会主义建设，战胜帝国主义、霸权主义的颠覆破坏和武装挑衅，实现了中华民族有史以来最为广泛而深刻的社会变革。改革开放以来，战胜了来自各方面的风险挑战，实现了从高度集中的计划经济体制到充满活力的社会主义市场经济体制，从封闭半封闭到全方位开放的历史性转变，从生产力相对落后到经济总量跃居世界第二的历史性突破，人民生活从温饱不足到总体小康、奔向全面小康的历史性跨越：中国人民富起来了！这为实现中华民族伟大复兴，提供了充满新的活力的体制保证和快速发展的物质条件。党的十八大以来，中国共产党团结带领中国人民，自信自强、守正创新，统揽伟大斗争、伟大工程、伟大事业、伟大梦想，党和国家事业取得历史性成就、发生历史性变革，为实现中华民族伟大复兴提供了更为完善的制度保证、更为坚实的物质基础、更为主动的精神力量。中国人民走向强起来了的新时代！经过一百年英勇顽强的艰苦奋斗，"中华民族迎来了从站起来、富起来到强起来的伟大飞跃，实现中华民族伟大复兴进入了不可逆转的历史进程"！习近平总书记在讲话中高度肯定统一战线的作用：不断巩固和发展最广泛的统一战线，可以"团结一切可以团结的力量、调动一切可以调动的积极因素，最大限度凝聚起共同奋斗的力量"，也是"团结海内外全体中华儿女实现中华民族伟大复兴的重要法宝"。在新的征程上，必须继续坚持大团结大联合，必须加强中华儿女大团结，"努力寻求最大公约数、画出最大同心圆"，"汇聚起实现民族复兴的磅礴力量"①。

2021 年 8 月底，中央召开了党的十八大以来的第二次中央民族工作会议，也是自 20 世纪 90 年代以来召开的第五次中央民族工作会议。习近平总书记在讲话中指出，回顾党的百年历程，党的民族工作取得的最大成就，就是走出了一条中国特色解决民族问题的正确道路。"改革开放特别是党的十八大以来，我们党强调中华民族大家庭、中华民族共同体、铸牢中华民族共同体意识等理念，既一脉相承又与时俱进贯彻党的民族理论和民族政策，积累了把握民族问题、做好民族工作的宝贵经验，形成了党关于加强和改进民族工作的重要思想。"这一思想概括起来有以下十二个方面，也就是"十二个必须"。其中第三个必须是"必须以铸牢中华民族共同体意识为新时代党的民族工作的主线，推动各民族坚定对伟大祖国、中华民族、中华文化、中国共产党、中国特色社会主义的高度认同，不断推进中华民族共同体建设"②。这是在历次中央民族工作会议上，第一次明确提出把"铸牢中华民族共同

① 习近平：《在庆祝中国共产党成立 100 周年大会上的讲话（2021 年 7 月 1 日）》，《人民日报》2021 年 7 月 2 日。

② 《习近平在中央民族工作会议上强调　以铸牢中华民族共同体意识为主线　推动新时代党的民族工作高质量发展》，新华网，http://www. news. cn/politics/leaders/2021 - 08/28/c_1127804776. htm。

体意识为新时代党的民族工作的主线"，同时第一次提出了"不断推进中华民族共同体建设"的目标和任务。至此，铸牢中华民族共同体意识在全党全国民族工作中的主线地位正式确立，成为新时代习近平总书记提出的重大标识性理论之一，成为习近平新时代中国特色社会主义思想民族篇的重要内容，是习近平总书记关于加强和改进民族工作的重要思想的"总纲"和"灵魂"，成为引领全党全国民族工作及民族地区各项工作的指导原则。

习近平总书记在庆祝中国共产党成立 100 周年大会上的重要讲话，为党的十九届六中全会的召开和通过《中共中央关于党的百年奋斗重大成就和历史经验的决议》（简称《决议》）奠定了基调。在建党百年历史条件下开启全面建设社会主义现代化国家新征程，全面总结党的百年奋斗重大成就和历史经验，事关继续推进党的自我革命、"提高斗争本领和应对风险挑战能力、提高党的执政能力和领导水平"。习近平总书记指出，这"对推动全党进一步统一思想、统一意志、统一行动，团结带领全国各族人民夺取新时代中国特色社会主义新的伟大胜利，具有重大现实意义和深远历史意义"[1]。在公开发布的《决议》中，包含了"党坚持和完善民族区域自治制度，坚定不移走中国特色解决民族问题的正确道路，坚持把铸牢中华民族共同体意识作为党的民族工作主线，确立新时代党的治藏方略、治疆方略，巩固和发展平等团结互助和谐的社会主义民族关系，促进各民族共同团结奋斗、共同繁荣

---

① 习近平：《关于〈中共中央关于党的百年奋斗重大成就和历史经验的决议〉的说明》，载本书编写组编著《党的十九届六中全会〈决议〉学习辅导百问》，党建读物出版社、学习出版社，2021，第 71 页。

发展"① 等内容，这是对党的民族工作百年历程和基本经验的回顾和总结，并通过《决议》固定下来。同时，《决议》进一步明确了今后党的民族工作继续坚持的原则、工作目标和重点任务，对于实现党的民族工作的制度化、法治化具有重要意义。

在2022年的全国两会上，习近平总书记于3月5日参加内蒙古代表团的审议时指出："我国是统一的多民族国家，各民族团结和谐，则国家兴旺、社会安定、人民幸福；反之，则国家衰败、社会动荡、人民遭殃。党中央强调把铸牢中华民族共同体意识作为新时代党的民族工作的主线，是着眼于维护中华民族大团结、实现中华民族伟大复兴中国梦作出的重大决策，也是深刻总结历史经验教训得出的重要结论。"他特别强调以铸牢中华民族共同体意识这条主线做好民族工作，抓好民族团结工作。"民族团结是我国各族人民的生命线，中华民族共同体意识是民族团结之本。要紧紧抓住铸牢中华民族共同体意识这条主线，深化民族团结进步教育，引导各族群众牢固树立休戚与共、荣辱与共、生死与共、命运与共的共同体理念，不断巩固中华民族共同体思想基础，促进各民族在中华民族大家庭中像石榴籽一样紧紧抱在一起，共同建设伟大祖国，共同创造美好生活。"习近平总书记还对如何做好铸牢中华民族共同体意识工作提出了全面、清晰的指导意见。"既要做看得见、摸得着的工作，也要做大量'润物细无声'的事情"。"各族干部要全面理解和贯彻党的民族理论和民族政策，自

---

① 《中共中央关于党的百年奋斗重大成就和历史经验的决议》，载本书编写组编著《党的十九届六中全会〈决议〉学习辅导百问》，党建读物出版社、学习出版社，2021，第13页。

党从党和国家工作大局、从中华民族整体利益的高度想问题、作决策、抓工作，只要是有利于铸牢中华民族共同体意识的工作就要多做，并且要做深做细做实；只要是不利于铸牢中华民族共同体意识的事情坚决不做。要把铸牢中华民族共同体意识的工作要求贯彻落实到全区历史文化宣传教育、公共文化设施建设、城市标志性建筑建设、旅游景观陈列等相关方面，正确处理中华文化和本民族文化的关系，为铸牢中华民族共同体意识夯实思想文化基础。"① 这些指导意见既是对内蒙古自治区讲的，也是对全国各地区各部门讲的，具有普遍的指导意义②。因为早在 2021 年的中央民族工作会议上，时任全国政协主席汪洋在总结讲话中就指出，各地区各部门要把学习贯彻好会议精神作为重要政治任务，组织开展形式多样的学习培训和宣传宣讲活动，把党中央的决策部署落到实处③。

2022 年在党的二十大报告中，习近平总书记再次重申了铸牢中华民族共同体意识的主线定位。他强调要"以铸牢中华民族共同体意识为主线，坚定不移走中国特色解决民族问题的正确道路，坚持和完善民族区域自治制度，加强和改进党的民族工作，全面

---

① 《习近平在参加内蒙古代表团审议时强调 不断巩固中华民族共同体思想基础 共同建设伟大祖国 共同创造美好生活》，新华网，http://www.news.cn/politics/leaders/2022 - 03/05/c_1128441987.htm。

② 葛亮亮等：《共同建设伟大祖国 共同创造美好生活》，《人民日报》2022 年 3 月 7 日第 5 版。

③ 《习近平在中央民族工作会议上强调 以铸牢中华民族共同体意识为主线 推动新时代党的民族工作高质量发展》，新华网，http://www.news.cn/politics/leaders/2021 - 08/28/c_1127804776.htm。

推进民族团结进步事业"①。2023年6月、8月和12月，习近平总书记在内蒙古、新疆、广西考察时指出，铸牢中华民族共同体意识是新时代党的民族工作的主线，也是民族地区各项工作的主线。民族地区的经济建设、政治建设、文化建设、社会建设、生态文明建设和党的建设等，都要紧紧围绕、毫不偏离这条主线。无论是出台法律法规还是政策措施，都要着眼于强化中华民族的共同性、增强中华民族共同体意识。

四、铸牢中华民族共同体意识的重大意义

铸牢中华民族共同体意识是习近平总书记对新时代党的民族工作提出的重大原创性论断。伴随着实践的发展，这一思想不断深化。党的十八大以来，习近平总书记围绕如何做好民族工作，几乎每年都有新的重要论述，形成了一系列民族工作的新理念新思想新认识。党的十九大之后，铸牢中华民族共同体意识成为全党共识，被写入党章，被确定为全国和全党民族工作的主线，2023年又被确定为民族地区各项工作的主线。铸牢中华民族共同体意识，是新时代党的民族工作的主线和纲领，也是习近平总书记关于加强和改进民族工作的重要思想的精髓和灵魂，为做好新时代党的民族工作"指明了正确方向、提供了根本遵循"②，具有

---

① 习近平：《高举中国特色社会主义伟大旗帜　为全面建设社会主义现代化国家而团结奋斗——在中国共产党第二十次全国代表大会上的报告》，人民出版社，2022，第39页。

② 闵言平：《以铸牢中华民族共同体意识为主线做好各项工作》，《中国民族报》2020年11月25日。

重大的战略意义。

（一）政治意义

铸牢中华民族共同体意识是新时代坚持党对民族工作全面领导的集中体现。铸牢中华民族共同体意识是新时代党的民族工作的主线，要体现在民族工作的方方面面。党对民族工作的全面领导首先是政治领导。这是因为中国共产党是中国特色社会主义事业的领导核心，处于总揽全局、协调各方的地位。"党的领导是做好党和国家各项工作的根本保证，是我国政治稳定、经济发展、民族团结、社会稳定的根本点。"[①] 实现好政治领导，必须建立相应的领导体制和治理体系。根据党的十八届四中全会关于加强国家治理体系与治理能力建设的要求和《中国共产党统一战线工作条例（试行）》的安排，民族工作被正式纳入"大统战工作格局"之内。国家民族事务委员会党组书记和主任，同时兼任中央统战部副部长。把党的领导贯穿民族工作全过程，要"形成党委统一领导、政府依法管理、统战部门牵头协调、民族工作部门履职尽责、各部门通力合作、全社会共同参与的新时代党的民族工作格局。要加强基层民族工作机构建设和民族工作力量，确保基层民族工作有效运转"[②]。坚持加强党的全面领导，是做好新时代党的民族工作的根本政治保证。

铸牢中华民族共同体意识是坚持正确的民族观和正确的中

[①]　中共中央文献研究室编《习近平关于社会主义政治建设论述摘编》，中央文献出版社，2017，第 31 页。

[②]　《习近平在中央民族工作会议上强调　以铸牢中华民族共同体意识为主线推动新时代党的民族工作高质量发展》，新华网，http://www.news.cn/politics/leaders/2021 - 08/28/c_1127804776.htm。

华民族历史观的重要理论前提。一个人的民族观和民族身份意识不是天生的，每个中华民族的成员，其中华民族共同体意识和公民意识也不是与生俱来的，都需要经过教育和培养才能形成。因此，要把正确的教育内容特别是铸牢中华民族共同体意识教育，全面纳入干部教育、党员教育、国民教育体系，搞好社会宣传教育。同时，爱国主义教育、社会主义核心价值观教育、"五个认同"教育，树立正确的国家观、民族观、历史观、文化观、宗教观以及铸牢中华民族共同体意识的教育一刻也不能疏忽，而且需要持续不断地开展行之有效的活动加以巩固。面对民族理论领域众多分歧和争论，应对现实境内外敌对势力的干扰破坏，更需要在理论上正本清源，不断强化中华民族共同体意识，确保新时代民族领域教育科研工作的正确方向。

铸牢中华民族共同体意识是引领新时代党的民族工作保持正确方向的关键。民族工作在一定程度上讲复杂而敏感，涉及面广、影响大，有很多复杂关系不容易正确把握。2021年中央民族工作会议对此提出了明确要求，要正确把握共同性和差异性的关系，坚持增进共同性、尊重和包容差异性的基本原则。"要正确把握中华民族共同体意识和各民族意识的关系，引导各民族始终把中华民族利益放在首位，本民族意识要服从和服务于中华民族共同体意识，同时要在实现好中华民族共同体整体利益进程中实现好各民族具体利益"，坚持反对"大民族主义（主要是大汉族主义）和地方民族主义"。"要正确把握中华文化和各民族文化的关系，各民族优秀传统文化都是中华文化的组成部分，中华文化是主干，各民族文化是枝叶，根深干壮才能枝繁叶茂。要正确把握物质和精神的关系，要赋予所有改革发展以彰显中华民族共同体意识的意义，以维护统一、反对分裂的意义，以改善民生、凝聚人心的意义，让中华民族共同体牢不可破。"① 这些处理民族工作重大关系的基本原则，是推进新时代党的民族工作高质量发展的关键，必须在具体工作中完整、准确、全面把握和贯彻。

铸牢中华民族共同体意识是抵御境内外敌对势力利用民族问题干扰、渗透和破坏国家主权、安全和发展利益的思想武器。实现中华民族伟大复兴前途光明，但风险与挑战众多。境内外敌对势力瓦解、分化、阻挠、破坏我国国家安全、主权和发展利益的活动从未停止，国内民族问题和边疆民族地区往往成为敌对势力阻挠、遏制我国和平稳定发展的工具。过去如此，今天依然如此。我们不仅要继续加强和改进党的民族工作，加快民族地区发展步伐，确保各民族共同走向社会主义现代化，还要正确处理国内民族问题，尤其是要妥善处理好涉疆、涉藏、涉民族因素和涉民族地区的各种矛盾与问题，不给境内外敌对势力留下攻击指责的口实，确保新时代党的民族工作高质量发展。

（二）理论意义

铸牢中华民族共同体意识是当代中国共产党人在新时代对马克思主义民族理论的最新发展，是马克思主义民族理论中国化的最新成果。习近平总书记在深刻把握中国历史文化和民族发展规律的基础上，对如何做好新时代党的民族工作提出了很多新理念和新思想，其中铸牢中华民族共同体意识这一论断，作为独具中

---

① 《习近平在中央民族工作会议上强调　以铸牢中华民族共同体意识为主线推动新时代党的民族工作高质量发展》，新华网，http://www. news. cn/ politics/leaders/2021－08/28/c_1127804776. htm。

国特色的标识性概念，是对马克思主义民族理论的创新发展，是对多民族的社会主义国家如何处理好民族关系的重大原创性论断，也是我们党加强和改进民族工作在理论建设方面的一次历史性飞跃。这一论断是对党的民族理论与时俱进的创新发展①，要以铸牢中华民族共同体意识为主线做好民族工作，使民族团结的思想基石更加坚实②。

以铸牢中华民族共同体意识为主线做好民族工作，是习近平新时代中国特色社会主义思想的重要组成部分。党的十八大以来，以习近平同志为核心的党中央围绕坚持和发展什么样的中国特色社会主义、怎样坚持和发展中国特色社会主义，建设什么样的社会主义现代化强国、怎样建设社会主义现代化强国，建设什么样的长期执政的马克思主义政党、怎样建设长期执政的马克思主义政党等重大时代课题，提出了一系列原创性治国理政新理念新思想新认识，创立了习近平新时代中国特色社会主义思想，涵盖了习近平强军思想、经济思想、外交思想、生态文明思想、法治思想、文化思想，在统一战线和民族工作领域，又提出了比较系统的关于加强和改进统一战线工作的重要思想和关于加强和改进民族工作的重要思想。"习近平新时代中国特色社会主义思想是当代中国马克思主义、二十一世纪马克思主义，是中华文化和中国精神的时代精华，实现了

---

① 《汪洋出席全国政协民宗委主题协商座谈会》，新华网，http://www.xinhuanet.com/politics/leaders/2020－12/02/c_1126814073.htm。

② 《全国统战部长会议在京召开 汪洋出席并讲话》，新华网，http://www.xinhuanet.com/politics/leaders/2021－01/19/c_1127000297.htm。

马克思主义中国化新的飞跃。"① 习近平总书记关于加强和改进民族工作的重要思想作为习近平新时代中国特色社会主义思想的重要组成部分，作为马克思主义民族理论中国化的最新成果，对丰富和完善习近平新时代中国特色社会主义思想体系作出了重大贡献。

铸牢中华民族共同体意识是习近平总书记关于加强和改进民族工作的重要思想的纲领和灵魂。习近平总书记在 2021 年中央民族工作会议上提出了关于加强和改进民族工作的重要思想。"十二个必须"是其基本内容。这"十二个必须"体现了理论与实际相结合、认识论与方法论相统一的鲜明特色，支撑起新时代党的民族工作的"四梁八柱"，构成了一个科学完整的理论体系。

（三）实践意义

铸牢中华民族共同体意识是新时代坚持中国特色解决民族问题的正确道路发展方向的行动指南。马克思主义的理论与实践是密不可分的统一整体，理论的最终目的是更好地指导实践，是为实践服务的。铸牢中华民族共同体意识作为习近平总书记在新时代党的民族工作领域作出的重大原创性论断，其最大价值在于源自实践、指导实践。回顾党的百年历程，中国共产党的民族工作取得的最大成就，就是走出了一条中国特色解决民族问题的正确道路。这条道路必须坚持下去，以铸牢中华民族共同体意识为新时代党的民族工作的主线，就是对这条正确道路的坚持和坚守。

铸牢中华民族共同体意识是推动新时代党的民族工作创新发

---

① 《中共中央关于党的百年奋斗重大成就和历史经验的决议》，载本书编写组编著《党的十九届六中全会〈决议〉学习辅导百问》，党建读物出版社、学习出版社，2021，第 13 页。

展的指路明灯。处理好民族问题、做好民族工作，是关系国家统一和边疆巩固的大事，是关系民族团结和社会稳定的大事，是关系国家长治久安和中华民族繁荣昌盛的大事。民族事务治理复杂而敏感，世界上没有放之四海而皆准的唯一标准。世界各国不论有什么样的历史传统和现实国情，维护好国家统一和民族团结或社会团结，都是国家的最高利益和人民大众的根本利益。中国共产党在百年探索中形成的解决中国民族问题的正确道路和基本原则，需要长期坚持不懈。但是，民族工作在不同时期面临的形势与任务是不同的，必须根据实践发展与时俱进。正如习近平总书记所强调的，"党的民族工作创新发展，就是要坚持正确的，调整过时的，更好保障各民族群众合法权益"①。

铸牢中华民族共同体意识是处理当前民族工作重大关系的基本准则。2021年中央民族工作会议对以铸牢中华民族共同体意识为主线的实践意义用"四个必然要求"加以概括：铸牢中华民族共同体意识是维护各民族根本利益的必然要求，是实现中华民族伟大复兴的必然要求，是巩固和发展平等团结互助和谐社会主义民族关系的必然要求，是党的民族工作开创新局面的必然要求。中华民族是历史形成的共同体，也是由56个民族组成的现实的大家庭和共同体，具有天然的亲和力和根本利益的一致性。但是，如果56个民族的中华民族共同体意识不强，就无法构建起维护国家统一和民族团结的坚固思想长城，针对美国等西方反华势力的破坏无法做到思想统一、情感统一、行动统一，中华民族作为一

---

① 《习近平在中央民族工作会议上强调　以铸牢中华民族共同体意识为主线推动新时代党的民族工作高质量发展》，新华网，http://www.news.cn/politics/leaders/2021 - 08/28/c_1127804776.htm。

个整体在抵御各种极端、分裂思想的渗透破坏时就存在内部的隐患。只有铸牢中华民族共同体意识，我们才能真正做到思想与行动的统一，坚决实现好、维护好、发展好各民族的根本利益，才能增进各民族对中华民族的自觉认同，夯实我国民族关系发展的思想基础。以铸牢中华民族共同体意识为指引，新时代党的民族工作才能"按照增进共同性的方向"向前发展，才能做到共同性和差异性的辩证统一、民族因素和区域因素的有机结合，把每项具体工作部署做细做扎实。

（四）时代意义

实现中华民族伟大复兴，是近代以来中华民族最伟大的梦想。在 2021 年庆祝中国共产党成立 100 周年的大会上，习近平总书记指出："一百年来，中国共产党团结带领中国人民进行的一切奋斗、一切牺牲、一切创造，归结起来就是一个主题：实现中华民族伟大复兴。"[①] 中国特色社会主义进入新时代，中华民族迎来了从站起来、富起来到强起来的伟大飞跃，迎来了实现中华民族伟大复兴的光明前景。站在中华民族伟大复兴的时代高度，我们可以更清晰地看出习近平总书记提出铸牢中华民族共同体意识重大论断的历史方位和时代意义。

铸牢中华民族共同体意识是凝聚全国各族人民和全球中华儿女磅礴力量的精神旗帜。中华民族共同体就是大陆各族和台港澳同胞及海外侨胞组成的共同体，这是中华大地上的各民族在漫长的历史进程中，逐步形成一个"你中有我、我中有你、你离不开

---

① 习近平：《在庆祝中国共产党成立 100 周年大会上的讲话（2021 年 7 月 1 日）》，人民出版社，2021，第 3 页。

我、我离不开你"的命运共同体。铸牢中华民族共同体意识，就是在共同体事实的基础上，进一步引导各族人民牢固树立休戚与共、荣辱与共、生死与共、命运与共的共同体理念，推进各民族对中华民族自觉认同，夯实我国平等团结互助和谐的社会主义民族关系思想基础。铸牢中华民族共同体意识，是推动中华民族成为认同度更高、凝聚力更强的命运共同体的关键举措与基础工程。同时，遍及世界的全球华人，也与中华民族大家庭具有密不可分的联系，共同的文化认同把全球华人联系在一起。实现中华民族伟大复兴，既要依靠国内各民族人民群众持之以恒的艰苦奋斗，也需要最大限度地凝聚"海内外中华儿女智慧和力量"①，形成最大公约数，画出最大同心圆，以中华民族和全体中华儿女的大团结，共同实现中华民族伟大复兴的中国梦。

铸牢中华民族共同体意识是应对百年未有之大变局、推动新时代党的民族工作高质量发展的时代需要。当今世界正经历百年未有之大变局，我国正处于开启全面建设社会主义现代化国家新征程和实现中华民族伟大复兴关键时期。面对复杂的国内外形势，各民族更需要团结一致、凝聚力量，维护好国家主权、安全和发展利益。以铸牢中华民族共同体意识为主线推进新时代党的民族工作高质量发展，引领全国各族人民以高度自觉、自豪的心态和热情，积极投身于新时代中国特色社会主义的伟大实践，创造出更好的条件和氛围，是中国特色社会主义现代化建设事业的内在要求，必将为不断夺取全面建成社会主义现代化强国的新胜利作

---

① 《全国政协十三届五次会议闭幕》，新华网，http://www.news.cn/politics/leaders/2022 - 03/10/c_1128458666.htm。

出更大贡献。

站在中国特色社会主义进入新时代和开启全面建成社会主义现代化强国第二个百年奋斗目标的时代背景下，我们可以更清晰地看出习近平总书记提出铸牢中华民族共同体意识重大论断的战略意义。"在新的历史条件下继续夺取中国特色社会主义伟大胜利的时代，是决胜全面建成小康社会、进而全面建成社会主义现代化强国的时代，是全国各族人民团结奋斗、不断创造美好生活、逐步实现全体人民共同富裕的时代，是全体中华儿女勠力同心、奋力实现中华民族伟大复兴中国梦的时代，是我国不断为人类做出更大贡献的时代。"[1] 铸牢中华民族共同体意识，为激励中华儿女团结奋进、开辟未来提供了精神旗帜[2]。

（五）文化意义

铸牢中华民族共同体意识是对中华优秀传统文化的继承。习近平总书记指出，中华民族在几千年历史中创造和延续的中华优秀传统文化，是中华民族的根和魂，其中"最核心的内容已经成为中华民族最基本的文化基因"[3]。中华文化历来主张"家国同构""家国一体"，"大一统"思想源远流长。"天下一统""四海一家"是中国古已有之、流传了几千年的思想传统，而且成为中华民族建立"大一统"国家的文化基因。因为"大一统"不以消灭

---

① 《中共中央关于党的百年奋斗重大成就和历史经验的决议》，载本书编写组编著《党的十九届六中全会〈决议〉学习辅导百问》，党建读物出版社、学习出版社，2021，第13页。

② 中共中央宣传部编《习近平新时代中国特色社会主义思想三十讲》，学习出版社，2018，第32页。

③ 习近平：《论党的宣传思想工作》，中央文献出版社，2020，第82页。

差异或者消灭不同的文化与民族为目标，而是主张求同存异，坚持一致性与多样性相统一，坚持"夏中有夷，夷中有夏"，夷夏一体，相互融合，共同发展。习近平总书记在 2014 年中央民族工作会议上就指出，始终追求团结统一被中华民族视为"天地之常经、古今之通义"。无论哪个民族入主中原，都以统一天下为己任，都以中华文化的正统自居，建立的都是统一的多民族国家，越是强盛的王朝吸纳的民族就越多。"大一统"的思想与传统，使中国无论经历多少磨难，在历史上都能够作为泱泱大国屹立在世界东方，成为世界上唯一保持文化传统不间断的文明古国，使中华民族成为连绵至今、不断发展壮大的伟大民族。

铸牢中华民族共同体意识是促进中华优秀传统文化创新发展的重要指导。中国共产党在革命、建设和改革中用唯物辩证法的立场和观点对待传统文化，弘扬优秀传统文化，同时把中华民族 5000 多年文明历史孕育的中华优秀传统文化与革命文化、时代文化和社会主义先进文化相结合，实现了马克思主义理论中国化的伟大飞跃。习近平新时代中国特色社会主义思想是新时代中国共产党的思想旗帜，是当代中国马克思主义和 21 世纪马克思主义，也是继承和发展中华优秀传统文化基础上实现的重大理论创新，是"中华文化和中国精神的时代精华"。铸牢中华民族共同体意识，也是在民族工作领域对中国共产党长期倡导的"中华民族大家庭""中华民族大团结""中华儿女大团结"的继承与发展，不仅指导民族工作实践的创新发展，而且为中华文化的传承保护与新时代中国特色社会主义新文化建设指明了前进方向，在继承中华优秀传统文化基础上实现各民族传统文化的"创造性转化"和"创新性发展"提供了根本遵循。

　　铸牢中华民族共同体意识，有利于各民族进一步增强"五个认同"，尤其是对中华文化的认同。中华民族从自在的民族变成自觉、自为、自强、自新的民族，变成了一个团结、统一、强大的屹立于世界民族之林的现代民族，已经成为中国各民族的普遍认同和根本归属。习近平总书记指出："加强中华民族大团结，长远和根本的是增强文化认同，建设各民族共有精神家园，积极培养中华民族共同体意识。"铸牢中华民族共同体意识，不是把中华民族认同与本民族认同对立起来，而是教育各族群众要摆脱狭隘的本民族认同的束缚，共同构建中华民族整体认同，共同促进中华民族共同体建设。铸牢中华民族共同体意识是促进民族团结、增强"五个认同"尤其是中华文化认同的思想前提、情感依托。

　　（六）国际意义

　　"建构一个什么样的现代民族国家"或"如何打造现代民族国家的国家认同"，是困扰大多数现代民族国家的重大难题。中国共产党作为诞生于中华民族处于危亡时期的现代政党，带领中国人民、中华民族在百年探索中走出了一条解决中国民族问题的正确道路。这条道路的内涵在不同时期的具体表述不尽一致，但其基本内容和精神实质是一致的。党的十八大以来提出的铸牢中华民族共同体意识，确立铸牢中华民族共同体意识作为新时代党的民族工作的主线地位，不仅将引领新时代党的民族工作的高质量发展，而且也为正确认识和评判世界其他国家的民族事务治理和民族政策利弊得失提供了重要参照。

　　在现代国家建设中，尤其是从传统社会向现代社会转型过程中，如何对待本国的历史、文化和传统十分重要。中国具有悠久的文明发展史，历来不轻易否定自己的历史、文化和传统，而是在继承中发展，在发展中创新。中国共产党作为百年大党，对待自己的历史更是如此，没有数典忘祖，更没有陷入历史虚无主义的泥沼。在2014年和2021年的中央民族工作会议上，习近平总书记反复指出，中国共产党解决中国民族问题的道路是正确的、成功的，并且把这概括为"党的百年历程，党的民族工作取得的最大成就"，必须"坚定不移走"下去。2021年中央民族工作会议同时提出，民族工作创新发展，"就是要坚持正确的，调整过时的"。正是在这一原则的指导下，中国特色解决中国民族问题的正确道路的内容才能不断发展，涉及民族事务治理的具体法规政策才能摆脱时代局限，不断探索更加符合时代和实际的解决之道。中国共产党历来注重吸收借鉴其他国家民族事务治理的经验教训，其中不乏成功的经验，但是也有不少惨痛的教训。事实上，许多国家的民族政策并不成功。苏联解体分裂成15个国家，南斯拉夫分成6个国家，捷克斯洛伐克、苏丹都一分为二，等等。同这些国家比起来，我国的民族关系总体上是和谐的，民族工作成效是巨大的。如果说中国共产党探索出的中国特色社会主义道路是世界上现代化的一种新道路和人类文明的新形态的话，那么，中国特色解决民族问题的正确道路则是促进各民族共同繁荣进步和共同走向现代化的一条成功之道，值得认真研究和借鉴。

应当指出，铸牢中华民族共同体意识、推进中华民族共同体建设的思想，与中国共产党倡导的"为世界谋大同"、积极推动构建"人类命运共同体"的思想，具有密切的关联性。在一定程度上讲，这是中华文明中"四海一家""天下大同"思想的当代表达。在处理国际关系中，中国"紧扣服务民族复兴、促进人类进步这条主线，高举和平、发展、合作、共赢的旗帜"，"积极参与全球治理体系改革和建设，维护以联合国为核心的国际体系、以国际法为基础的国际秩序、以联合国宪章宗旨和原则为基础的国际关系基本准则，维护和践行真正的多边主义"，"推动经济全球化朝着更加开放、包容、普惠、平衡、共赢的方向发展"，使构建人类命运共同体"成为引领时代潮流和人类前进方向的鲜明旗帜"①。在铸牢中华民族共同体意识的引领下，由大陆各族和台港澳同胞及海外侨胞组成的中华民族共同体越发展越稳定越繁荣，对世界和平与发展、对推动构建人类命运共同体的贡献就越大。铸牢中华民族共同体意识，不仅有利于推动中华民族大团结、中华儿女大团结，中华民族共同体建设对于促进世界人民大团结、积极构建人类命运共同体，也具有积极的引领作用。

"中华民族共同体意识是国家统一之基、民族团结之本、精神力量之魂"②，即中华民族共同体意识是国家认同、民族交融的情感纽带，祖国统一、民族团结的思想基石，中华民族绵延不衰、永续发展的力量源泉。铸牢中华民族共同体意识，就是增强各民族对中华民族的自觉认同，强化每个公民对伟大祖国的归属感、中华文化的归属感，引导各民族牢固树立休戚与共、荣辱与共、生死与共、命运与共的中华民族共同体理念。习近平总书记关于铸牢中华民族共同体意识的重大原创性论断，是马克思主义民族理论中国化、时代化的最新发展，也是新时代中国共产党解决中

---

① 《中共中央关于党的百年奋斗重大成就和历史经验的决议》，载本书编写组编著《党的十九届六中全会〈决议〉学习辅导百问》，党建读物出版社、学习出版社，2021，第 13 页。

② 人民日报评论员：《深刻认识铸牢中华民族共同体意识的重大意义》，《人民日报》2021 年 8 月 30 日。

国民族问题正确道路的时代表达。这对做好新时代党的民族工作的顶层设计和统筹布局、推进中华民族共同体建设各项工作，具有很强的思想性、针对性、指导性，是新时代党的民族工作高质量发展必须遵循的行动指南。同时，当代中国特色解决民族问题的正确道路，是世界范围内正确解决民族问题的中国智慧和中国方案，为世界上其他多民族国家解决本国民族问题提供了有益借鉴，具有世界意义。

第二章

坚持正确的中华民族历史观

在漫长的历史长河中，特别是在中华民族 5000 多年的发展历程中，在祖国辽阔的土地上生活的各个民族之间的联系日益密切，交往交流交融程度不断深化。中华民族的发展史，"就是一部各民族交往交流交融的历史，追求国家大一统、推进民族团结融合始终是历史主流，推动各民族不断交融汇聚，形成血脉相连、命运与共的中华民族多元一体格局"①。

中华民族多元一体格局理论是费孝通先生在 1988 年提出来的。这一理论主要是从历史的角度，探讨了中华民族的形成过程与基本特点。为了叙述的方便，费孝通先生没有对"中华民族"及其生存空间"中国"的内涵展开过多的分析，也没有辨析中华大地上各种并立的政权问题，以及不同政权与民族之间的关联性问题。

这些概念在不同历史时期往往具有不同的内涵。如果不能梳理清楚这几个基本概念及其在不同历史时期内涵的演变，就很难准确理解今日之"中华民族"或"中华民族共同体"的由来与发展，也无法厘清在国家观、历史观、民族观等方面存在的一些模糊或错误认识，很难形成正确的中华民族历史观。

---

① 尤权：《做好新时代党的民族工作的科学指引》，《求是》2021 年第 21 期。

一、中华民族共同体与"中国"的关系

中华民族，或者说中华民族共同体，离不开"中国"，不论这个"中国"在不同的历史时期具有怎样不同的内涵。我国学者"出于自然的感情和简单的认同"，不仅"有意识地去建设一个具有政治、文化和传统同一性的中国历史"，而且把"中国"当作同一性空间进行历史叙述是"天经地义的"。但是，当站在"民族""宗教""东亚""地方"等不同的观察立场"重新审视和重组古代中国历史"的时候，"用现代领土当历史疆域，以政治边界当文化空间来研究中国的传统做法"受到了"确实有力地冲击"。从一些研究者的观点看，这种"以现代中国的政治领属空间为古代中国来研究历史的习惯，确实会引起一些问题的"①。

如何理解中华民族与"中国"的关系，是研究中华民族共同体面临的基本问题之一。中国最初是作为地理概念出现的。"民族"这一民族学研究的最核心概念，也与地理区域或者生存空间具有密不可分的关系。不论学术界对"民族"这样一个内涵十分复杂的概念如何界定，"共同地域"或者说一个民族在地理空间上具有一定的共同性或稳定性，无疑是一个重要特征。1899 年把"民族"一词引进中国的梁启超，在 1903 年翻译介绍了欧洲法学家伯伦知里关于"民族"的八个特征：地域、血统、肢体形状、语言、文字、宗教、风俗和生计。斯大林在 1913 年提出的民族定义影响最为深远，他认为民族是人们在历史上形成的一个有共同语言、共同地域、共

---

① 葛兆光：《宅兹中国——重建有关"中国"的历史论述》，中华书局，2011，第 5 页。

同经济生活以及表现在共同文化上的共同心理素质的稳定的共同体。这些关于民族的定义，都十分显著地把地域或者说共同地域作为民族现象的一个基本特征。更进一步分析，地域或领土问题，已经成为"民族主义现象中的一个基本因素"，因为"领土被视为已形成的民族的立身之所"①。

中华民族的形成与发展无疑是离不开"中国"的。古代的"中国"与今天的"中国"并不完全是一个内涵。这需要有一个历史发展的眼光审视和观察历史上的中国之地理范围及其内涵。同时，需要用联系、变化的视角，把历史上的中国与今日之中国贯通起来分析。既要看到他们之间具有密不可分的"同一性"联系，又不要把二者完全等同起来，不能以今日之中国套用历史之中国。当代历史文化学者葛兆光基于"同一性中国"历史叙述所遭遇的各种挑战，提出了从历史、文化、政治分析"中国"的三个向度。从历史的向度看，历史上的中国是一个"移动"的中国，因为历代中央政府控制的空间边界并不完全相同。不必以现代中国的政治边界反观历史中国，也不必简单以历史中国来看待现代中国。从文化的向度看，中国是一个相当稳定的"文化共同体"，尤其是在"汉族中国"的中心区域。他认为至少从宋代开始，这个文化共同体已经形成，是实际的而不是"想象"的"共同体"。从政治的向度看，"中国"不等于某一"王朝"，尤其是某一家某一姓的中央政府或政权。葛兆光教授的观点，是对改革开放以来以"新清史"为代表的西方史观的回应，虽然想展现一种不同于以往

---

① ［西］胡安·诺格：《民族主义与领土》，徐鹤林、朱伦译，中央民族大学出版社，2009，第31页。

"中国历史同一性"观点的新见解，以体现更客观的"中国"观或"中国历史"观，但由于陷入西方史观的话语前提之内，并没有真正厘清"中国"之内涵，没有对"中国历史"提供更有说服力的新话语。

古代"国"字的含义是"城"或"邦"。"中国"就是"中央之城"或"中央之邦"。周代文献中，"中国"一词至少有五种不同含义：一指京师，即"都城"之意；二指天子直接统治着的区域；三指以中原地区为核心的黄河中下游地区；四指周朝管辖的所有区域（"率土之滨"）；五指在特定意义上的汉族居住地区和或汉族建立的国家，如"华夏"或"诸华"之邦。根据现有文献，"中国"[①] 一词最早见于西周初年的青铜器"何尊"铭文中的"余其宅兹中国，自之辟民"。其意是指位于当时天下的中心洛阳。与"中国"一词具有相似含义的还包括"华夏""诸夏""中夏""中原""中华""诸华""神州""九州""海内"等称呼。作为一个地理概念，汉语中的"中国"一词，最早指西周京畿（今洛阳）地区，后演变为黄河中下游的中原地区。当时的"中国"以外，称为"四夷"，所谓"天子有道，守在四夷"。

"中国"早期主要作为地理概念使用。除此之外，还要看到这一概念作为国家内涵的发展及其多样性。正如有的学者所言，"中

---

① 根据对晋南陶寺遗址的考古发现，考古学界认为在陶寺社会诞生了"最初中国"。其本意为地理概念，后逐步发展为政治概念。作为地理概念，其本意为地中之国或中土之国。简单而言，"中国"就是"中"与"国"二字，地中之国或中土之国即为"中国"。这是其最原始的含义，也是判断"最初中国"的标准。见高江涛：《陶寺所在晋南当为"最初中国"》，《中国社会科学报》2018 年 12 月 26 日。

国"经历了从作为洛邑和天子所在的中央之地，后来拓展为意指以洛阳盆地为中心的中原地区，进而拓展为意指中原王朝这样一个演变过程。"无论最早的'中国'是指都城洛邑和中央之地，还是后来的'中国'是指中原王朝，之所以称为'中国'，是因为它们都与华夏民族的形成与发展联系在一起。《说文解字》：'夏，中国之人也。'这里的'夏'是指夏民族和夏王朝，这里的'中国'指的是以中原为核心的三代王朝。"[①] 这里的"中国"就与民族尤其是华夏民族联系起来。由于"中国"指居天地之中者的地理区域，也是"天子"所在的中心区域，具有华夏"正统"的引申之意，其文化和政治意义更加凸显。

春秋后期到战国以降，天子式微，群雄争霸，最后秦国统一，建立了中国历史上第一个真正统一的大帝国，或者说是第一个统一的多民族国家。其领土面积已经把黄河和长江中下游地区全部囊括进来。尽管秦朝统治的时间很短，但却奠定了"中国"地理版图的核心区域和历史基础。汉朝为消除北方游牧民族的威胁，加强对西域的管理，在西域设置西域都护府。隋唐大一统时期，不仅西部版图进一步拓展，北方广大游牧草原地带（直到贝加尔湖以北）也被有效纳入统治范围之内，地理"中国"的历史版图基本形成。元朝大一统时期，除今日中国西北一隅由察哈台汗国管辖之外，其直接管辖和治理的疆域，几乎实现了对今日"中国"疆域的全覆盖，而且疆域总面积远远大于今日"中国"的地理面积。清朝时期，平定准噶尔叛乱，实施对西域全境的有效治理之后，其地理版图几乎囊

---

① 王震中：《从华夏民族形成于中原论"何以中国"》，《信阳师范学院学报（哲学社会科学版）》2018年第2期。

括了朝鲜、越南之外的整个东亚大陆。到清朝中叶（乾隆中期），"中国"最终实现了对约1300万平方公里幅员的有效管辖。只不过清朝在中后期遇到了外国列强持续不断的蚕食瓜分，国土面积日渐萎缩。沙俄在中国的西北、东北、北方不断蚕食中国领土，日本明治维新之后侵入并控制了清朝的附属国朝鲜、琉球王国等区域，占领了台湾岛50余年。英法等列强在中国的东南、南部、西南和西部边疆地区不断制造事端，侵占中国领土和主权，使中国的实际版图进一步缩小。

1911年，辛亥革命推翻了中国最后一个封建王朝清朝，废除了秦朝起建立的封建专制制度，建立了"中华民国"，简称"中国"。这是清朝灭亡以来第一个以"中国"作为国名出现的大一统国家，尽管这个国家的版图与清朝中期相比已经减少了近200万平方公里的国土面积。这时的"中国"就不仅仅指历史上各个朝代的疆土或地理空间之意，而是在近代民族国家时代成为国际社会的一员，作为一个国家的名号，为国名之意。当然，在中国漫长的历史进程中，由于"中国"具有王朝正统之意，自汉朝开始，人们常把汉族建立的中原王朝政权称为"中国"。其实，以"中国"作为中央政府或政权之名的现象也是屡见不鲜的，尤其是在大一统王朝灭亡之后的分裂割据时期。汉族作为皇帝建立的中央政权可以叫"中国"，入主中原的其他民族建立的中央政权也往往自称为"中国"。南北朝时期，南朝自称为"中国"，把北朝称为"魏虏"；北朝也自称为"中国"，把南朝叫作"岛夷"。辽与北宋、金、南宋甚至西夏，都自称"中国"，都不承认对方为"中国"。显然，这些"中国"虽然具有中央政权或政府之意，但还不是近代以来国际法意义上的"民族国家"①。

中华民国历经北洋政府和南京国民政府两个时期。抗日战争胜利之后，外蒙古（蒙古人民共和国）在外力支持下从中国独立出去，成为一个独立国家。1949年蒋介石集团败逃到台湾。中华人民共和国在中国共产党的领导下成立了，这是清朝灭亡以来第二个以"中国"命名的中央政权，并陆续得到国际社会的普遍承认。中国今日960多万平方公里的陆地国土是中华民族的先民们披荆斩棘、经过数千年的开发给我们留下的生存空间和发展之基。中华人民共和国成立后，通过大规模的民族识别工作，到1979年最终确立了56个民族成份，56个民族共同构成了中华民族大家庭。中华民族共同体，就是由56个民族构成的大家庭。这个大家庭和共同体，就是由世世代代在中华大地上生存、发展、繁衍生息的各民族共同组成的。

从民族与地域的关系而言，中华大地就是中华民族共同体的依托和载体。中华大地的范围，尽管在不同时期有所变动，但总体而言就是亚欧大陆东侧直到西太平洋近海岛屿的广大区域。按照著名历史地理学家谭其骧主持编绘的《中国历史地图集》的意见，对历史上的中国的疆界，要超越古代仅仅以中原王朝的版图作为历史上中国的范围的旧做法，应当包括历史上各个时期的

---

① 当然，学界如何看待中国"民族国家"的形成有不同意见。葛兆光先生认为，宋朝是中国民族国家形成的时期，也就是"具有边界即有着明确领土、具有他者即构成了国际关系的民族国家"，尽管这个民族国家既具有"传统帝国式国家"的特色，又具有一些很接近"近代民族国家"的意味。见葛兆光：《宅兹中国——重建有关"中国"的历史论述》，中华书局，2011，第25—27页。

"全中国"。这个"全中国"的疆域界限，是以"清朝完成统一后，从 18 世纪 50 年代到 19 世纪 40 年代鸦片战争以前这个时期的中国版图作为我们历史时期的中国的范围"。以此为范围，不管是几百年也好，几千年也好，都是历史时期的中国。在这个地理范围之内活动的民族，都是中国史上的民族，在这个范围之内建立的政权，都是中国史上的政权。至于这个范围之外的民族和政权，"那就不是中国的民族了，也不是中国的政权了"①。

谭其骧先生从多个方面论证了他的结论，并论述了一系列相关历史上这个范围内各个不同政权甚至国家关系处理的意见。这些意见在很长时间内一直在国内学术界占据主流地位，经过了历史的考验，是站得住脚的。但是，改革开放以来一个时期内，受外来民族主义思潮、族群理论甚至所谓"新清史观"的影响，上述主流看法受到了一定程度的冲击。有些人质疑变动着的"中国"一词具有"历史同一性"。按照这些人的说法，历史上中国的范围，就是指历史上中原王朝或汉族政权的说法，只是指中原地区，其扩大的范围可以指整个黄河中下游和长江中下游地区，最大疆域范围就是长城以南的"内地十八省"（也就是明朝的疆域）。不属于这个范围的疆域、政权和民族，当然不属于"中国"，是与"中国"并立的国家。这些人以此为依据，质疑"中国自古以来就是统一的多民族国家"这个结论。这些质疑貌似"有理"，实则经不起推敲。任何时代都有那个时代的价值观和认识论，对"民族""国家""历史""政权""文

---

① 引自谭其骧《历史上的中国和中国历代疆域》，这是他在 1981 年 5 月中国民族关系史学术座谈会上的讲话，刊发在《中国边疆史地研究》1991 年第 1 期。

化"（包括宗教和意识形态）等问题有不同的认识是可以理解的。然而，作为一个时期国家确立的基本价值观、认识论和立场观点方法，是值得尊重的。如果要提出不同意见，不仅要表明自己的观点，而且要在提出自己的观点或"质疑"主流观点的时候给出充足的理由。这种"质疑"既要符合历史与现实实际，又要符合科学研究的方法和规律。谭其骧先生等提出的意见，不仅持有严谨科学的立场和方法，而且符合中国的历史与实际，是经得起历史考验的。反驳他的意见，应当从反驳他提出的各种论据和论证逻辑出发。然而，很多质疑者显然没有提出新的论据否定谭其骧先生的结论，更没有找到谭其骧先生等一大批学者在论证逻辑方面的矛盾。

事实上，根据所辖地理范围确定国家领土和主权范围，是当代国际关系的重要原则。古代国家一般情况下虽然总体而言"有疆（疆域）无界（国境线）"，但也有习惯上管理和控制的地理空间。由于"中国"一词在历史上和现实中的复杂内涵，很有必要确定一个相对明确的范围，以便回望过去和审视现在。谭其骧先生确定清朝中叶的地理疆域作为"历史中国"的范围是合理的。历史疆域只能作为历史中国的范围，现代中国只能按照国际法的原则来确定现实的疆域，这是实事求是的，是比较稳妥的。最新翻译出版的《哈萨克斯坦简史》，也是根据1991年从苏联解体、自己独立时的疆域作为基础，对本国历史进行回溯和分析的。从新石器时代叙述古代和中世纪的哈萨克斯坦讲起，然后叙述蒙古人在哈萨克斯坦的统治及"哈萨克民族"兴起之后建立的哈萨克汗国，进而介绍了沙皇俄国时期对哈萨克斯坦的殖民进程与哈萨克人民的民族解放战争，苏联时期哈萨克斯坦成为其中的一个加盟共和国，苏联解体后宣布独立①。这种以地理疆域叙述国家和民族历史的做法，在其他国家也是普遍存在的。国家因为有自己的疆域而存在，民族与国家疆域、地理空间客观存在的紧密联系是历史也是现实，这是不容置疑的。

二、中国大地上的各民族共同凝聚成中华民族

习近平总书记反复强调，中国辽阔的疆域是各民族共同开拓的。2014 年 5 月，习近平总书记在第二次中央新疆工作座谈会上强调，我国 56 个民族是历史形成的客观存在，是不以人的意志为转移的存在。我们伟大的祖国是今日 56 个民族及其先民共同开发的。同年 9 月，习近平总书记在中央民族工作会议上进一步论述了他的上述观点。在我国 5000 多年文明发展史上，曾经有许多民族登上过历史舞台。这些民族经过诞育、分化、交融，最终形成了今天的 56 个民族。各民族共同开发了祖国的锦绣河山、广袤疆域，共同创造了悠久的中国历史、灿烂的中华文化。在 2019 年 9 月召开的全国民族团结进步表彰大会上，习近平总书记进一步指出，今天，960 多万平方公里的国土富饶辽阔，这是各族先民留给我们的神圣故土，也是中华民族赖以生存发展的美丽家园。由此他明确提出了"四个共同"理论："我们辽阔的疆域是各民族共同开拓的，我们悠久的历史是各民族共同书写的，我们灿烂的文化是各民族共同创造的，我们伟大的精神是各民族共同培育的。""中

---

① ［哈］坎·格奥尔吉·瓦西利耶维奇：《哈萨克斯坦简史》，中国社会科学出版社，2018。

华民族多元一体是先人们留给我们的丰厚遗产，也是我国发展的巨大优势。"①

56个民族的名称是中华人民共和国成立之后逐步确定下来的，但56个民族的祖先却是世世代代生活在这块土地上的。在不同历史时期，固然也时常出现大范围的人口迁徙和民族流动，但这些人口的主体部分及其后裔主要在这块共同开拓的国土上生存、繁衍和发展至今，尽管事实上也有一部分人口已经迁移到境外和国外。前面我们阐述了作为一个整体的中华民族与"中国"或中华大地的密不可分的联系。这一节我们将从民族或民族共同体的角度，进一步阐述在这块土地上生活繁衍的各民族是如何汇聚、凝结成中华民族或中华民族共同体的。在这里，我们不能不多次引用和介绍费孝通先生提出的"中华民族多元一体格局"理论的观点。

著名社会学家、人类学家费孝通1988年在香港中文大学发表了"中华民族的多元一体格局"的学术演讲。该演讲稿整理后先是发表在《北京大学学报》1989年第4期②，后来与有关讨论文章结集出版。该文除一个简短的引言外，分为十二个部分：一、

① 《习近平在全国民族团结进步表彰大会上发表重要讲话强调　坚持共同团结奋斗共同繁荣发展　各民族共建美好家园共创美好未来》，新华网，http://www. xinhuanet. com/politics/leaders/2019 - 09/27/c_1125048317. htm。

② 北京大学编辑部为此文刊发了"编者按"：费教授结合自己半个世纪以来对中国少数民族的研究工作，从人类学、考古学、语言学、历史学等各方面对中华民族形成的历史过程，做了综合性的分析研究，提出了多元一体格局的思想，为今后这方面的研究工作开拓了新的视野，得到了世界著名的社会学、人类学学者的高度评价。

中华民族的生存空间。二、多元的起源。三、新石器文化多元交融和汇集。四、凝聚核心汉族的出现。五、地区性的多元统一。六、中原地区民族大混杂、大融合。七、北方民族不断给汉族输入新的血液。八、汉族同样充实了其他民族。九、汉族的南向扩展。十、中国西部的民族流动。十一、中华民族格局形成的几个特点。十二、瞻望前途。

上述十二个部分，大致分为四个板块：第一板块为第一节，介绍中华民族的生存空间。四周有自然屏障、内部有结构完整的东亚大陆，自然形成了一个相对独立的庞大地理单元。这种独特的地理位置，为养育世界上最庞大的人群提供了独立的生态环境。第二板块为第二节，提出了中华民族的多元起源的论点。其实，这是一个有争议的论点。关于中华民族的起源过去长期存在着多元论和一元论、本土说和外来说的争论。费孝通利用考古资料，认为新石器时代中华大地同时出现了地方性的多种文化区，推定当时中华大地上存在着分别聚居在不同地区的许多集团。各地不同的文化区可以作为我们认识中华民族多元一体格局的起点。第三板块包括第三节到第十节共八节。这是论文的主体部分，详细论证了中华民族生存空间内、相对独立的各个地方文化区及不同集团之间的相互交流、交往、融合乃至部分同化的历史过程。这也是中国人从多元结构到合成一体的发展过程。这个一体化过程本来是伴随历史发展不断演进的"自在"过程，但在近代以来与西方列强的对抗中逐步成长为"自觉"民族即中华民族，也就是涵盖境内各个民族的复合体。争取中华民族的独立、解放和伟大复兴，成为中国境内各个民族的共同愿望。最后两节是第四板块，费孝通归纳总结了中华民族多元一体格局的几个特点，展望了未来发展前景，作为全文的结论。费孝通在结论中归纳了中华民族多元一体格局的六个突出特点：一是中华民族多元一体格局存在着一个凝聚的核心——汉族，构成了多元一体格局的骨架。二是少数民族聚居地区面积广大，占全国陆地面积一半以上。由于生产方式的多样性，汉族的大小聚居区和少数民族的聚居区马赛克式地穿插分布。三是语言的多样性。大多数少数民族可以说都有自己的语言，其中有十个民族有自己的文字，但汉语一般说来已逐渐成为共同的通用语言。四是民族融合特点明显，但导致民族融合的具体条件是复杂的，主要是出于社会和经济的需要，直接政治干预的效果是不大也不好的。五是组成中华民族的成员是众多的，是个多元的结构。这是全文最主要的结论之一。从民族多元一体的变动中，可以看出"民族并不是长期稳定的人们共同体，而是在历史过程中经常有变动的民族实体"。这一点与受后现代主义影响的民族主义理论有所不同[1]，但也说明民族身份的可变动性。六是中华民族成为一体的过程是逐步完成的。经过不断的各民族流动、混杂、分合的过程，汉族形成了特大的核心，并把东亚这一片土地上的各民族串联在一起，形成了中华民族自在的民族实体，并取得大一统的格局。这个自在的民族实体在共同抵抗

---

[1]　后现代民族主义理论强调民族为社会建构现象。本尼迪克特·安德森将民族表述为"想象的共同体"。恩斯特·格尔纳评论道："民族主义并非民族自我认知的觉醒：它只是在不存在民族的各处虚构出（invent）各民族。""简言之，民族主义是一种关于政治合法性的理论，它在要求族裔的疆界不得跨越政治的疆界，尤其是一个国家中，族裔的疆界不应该将掌权者与其他人分割开——这一偶然性在该原则制定时早已被正式排除了。"安德森与格尔纳使用的"想象"与"虚构"等词为描述用的中性用法，并非暗示民族为虚构或者想象。

西方列强的压力下形成了一个休戚与共的自觉的民族实体。这个实体的格局是包含着多元的统一体，所以中华民族还包含着 50 多个民族。虽则中华民族和它所包含的 50 多个民族都被称为"民族"，但在层次上是不同的。各个层次的多元关系又存在着分分合合的动态和分而未裂、融而未合的多种情状。根据上述特点，全文最后瞻望了中国各民族尤其是少数民族发展的一些前景问题，形成了完整的"中华民族多元一体格局"的理论体系。

"中华民族多元一体格局"理论是对我国统一多民族国家历史发展规律的重要总结，是费孝通先生把民族理论和中华民族的实际相结合，把对汉族的研究与对少数民族的研究相结合，把中华民族构成的全局与中国的民族问题相结合所做的高层次的宏观概括。这个理论是我国民族史学界多年来对中国统一多民族国家的历史进程、现实结构及其未来走向进行探索和研究所得出的新成果，是从中国国情出发提出的中国特色的民族理论。这一理论具有以下几个鲜明特色：

一是对"民族"概念进行了分层。在中华民族的统一体之中存在着多层次的多元格局。中华民族是高层，56 个民族是基层，在各个民族中也包含着很多不同层级的集团。这样一种分层结构，反映了中国历史发展的客观实际，但与西方近代民族国家话语体系下的概念产生了很大的不一致。首先是概念的不对应。汉语中的民族可以指中华民族，也可以指汉族，还可以特指 55 个少数民族。西方话语体系下的民族往往特指"民族国家"（其实这只是一种情况，国家除民族之意外还有疆域、政权或主权等内涵）。如果把民族国家与中国近代以来形成的"中华民族"概念相对应还可以理解，但如果与基层的民族概念相对应，则容易产生误解甚至引发一些政治问题。这个问题费孝通先生意识到了，即文章中提到的民族与国家的关系问题，但由于过于复杂而没有展开论述。

二是分析了中华民族从"自在阶段"到"自觉阶段"的转变过程。在"中华民族"层次上，费孝通先生的意见与西方近代的民族国家理论在很大程度上具有一致性，但是不同意该理论对"非近代民族"实际上也是"民族"的否定。汉族以及中国历史上的各个民族以及中国现代各少数民族，都是作为民族存在的，而不是非"民族"群体。这个问题其实又回到了民族与国家的关系上。没有形成独立国家政权的民族也是民族。近代之前中国大一统政权下的各个民族是自在民族，当时没有形成"中华民族"的概念，但从国家层面看，当时政权统治下的各个民族也是"中华民族"。同时，进一步从地域的角度看，在"历史中国"范围内的各个民族，也都是"中华民族"的重要组成部分。只不过这些在中华大地上生存发展并具有密切联系的各民族，在相当长的历史阶段内并没有实现从"自在"的中华民族到"自觉"的中华民族的认识而已，也就是还没有实现现代民族国家意义上的"民族自觉"而已。"中华民族作为一个自觉的民族实体，是近百年来中国和西方列强对抗中出现的，但作为一个自在的民族实体则是几千年的历史过程所形成的。"①

三是论述了"中华民族"的实体性。民族作为一种显而易见的社会现象和客观存在，是"实体"而不是"虚体"，更不是"想象的共同体"，尽管"民族建构"对民族的形成与发展也可以发挥

---

① 费孝通：《中华民族的多元一体格局》，《北京大学学报（哲学社会科学版）》1989 年第 4 期。

作用。当然，"民族"一词的内涵是丰富的、多层次的，不同时期甚至不同语境之下，其内涵也是不断变化的。在 20 世纪 50 年代开始的民族识别过程中，围绕"民族"类型、形成时期进行了很多讨论，也形成了不少观点。林耀华较早提出了"民族"的使用与译名的问题，建议将经典作家著作中的"民族"在翻译中分为四类，分别为"原始时代一直到社会主义时代""阶级社会产生以后的各个时代""现代民族"和"奴隶制和封建制时代"的"族体"[①]。杨堃、王明甫、贺国安等指出，这些前资本主义时期的"民族"应翻译为"部族"[②]。在民族识别的具体实践中，我国并没有区分各种不同的民族类型，而是主张各民族不分大小、历史长短、发展水平高低，都应该一律平等。通过科学调查和民族识别之后认定的比较稳定的人们共同体，都统称"民族"。2005 年 5 月召开的中央民族工作会议对"民族"作出了完整的定义：民族是在一定的历史发展阶段形成的稳定的人们共同体。一般来说，民族在历史渊源、生产方式、语言、文化、风俗习惯以及心理认同等方面具有共同的特征。有的民族在形成和发展的过程中，宗教起着重要作用。一些学者把上述"民族"概念中提到的六个共同特征称之为"民族六要素理论"，认为"民族是以上六个要素或特征的总和"[③]。尽管民族的内涵不断变化，但是民族作为"实

---

① 林耀华：《关于"民族"一词的使用和译名的问题》，《历史研究》1963 年第 2 期。

② 杨堃：《论民族概念和民族分类的几个问题》，《中国社会科学》1984 年第 1 期。王明甫：《"民族"辨》，《民族研究》1983 年第 6 期。贺国安：《关于民族概念译名问题的几点意见》，《民族研究》1986 年第 6 期。

③ 吴仕民主编《中国民族理论新编》，中央民族大学出版社，2006，第 33 页。

体"特别是中国经过民族识别之后确立的 56 个民族是"实体"的观点是没有争议的。然而，对于作为 56 个民族总体或总和的"中华民族"是不是"实体"的问题，不同学者一直存在不同认识。一些学者认为既然是"总和"，就是 56 个民族加总出来的"概念"，离开了 56 个民族这些组成部分，就谈不上"中华民族"，因此，"中华民族"是依托 56 个民族而存在的，本身并不一定是"实体"。费孝通先生从历史事实出发，一直认为中华民族不论是在自在阶段还是自觉阶段都与 56 个民族一样，是民族"实体"，只不过中华民族与 56 个民族的"实体层次"不同而已。在中华民族多元一体理论中，中华民族、汉族和少数民族都各得其所，分属于不同层次的实体。汉族和 55 个少数民族同属于一个层次，他们互相结合而成中华民族。中华民族是 56 个多元形成的一体，是高一层次认同的民族实体。党的十八大之后，习近平总书记提出了"铸牢中华民族共同体意识"的重大论断，"创造性地将马克思主义关于'共同体'的理念与我们党关于'中华民族'的观点主张结合起来，实现了理论上的重大创新"[1]。习近平总书记指出："一部中国史，就是一部各民族交融汇聚成多元一体中华民族的历史，就是各民族共同缔造、发展、巩固统一的伟大祖国的历史。"[2] 由此可见，中华民族历经几千年发展，形成了多元一体的民族实体，是各民族你中有我、我中有你、血脉相连、不可分割

---

[1] 中共中央统一战线工作部、国家民族事务委员会编《中央民族工作会议精神学习辅导读本》，民族出版社，2022，第 46 页。

[2] 《习近平在全国民族团结进步表彰大会上发表重要讲话强调　坚持共同团结奋斗共同繁荣发展　各民族共建美好家园共创美好未来》，新华网，http://www.xinhuanet.com/politics/leaders/2019 - 09/27/c_1125048317.htm。

的有机整体。"中华民族"是不是"实体"的问题得以解决，费孝通先生的中华民族的"实体论"得到确认。

四是揭示了中华民族形成过程中"多元"与"一体"的辩证关系。与单一民族国家的民族主义理论不同，"中华民族多元一体格局"理论概括了中华民族"多"与"一"的结构关系：多样性构成"多元"，统一性构成"一体"。这是对中国历史中民族互动、文化交融和国家统一的一个高度概括。

五是总结归纳了民族认同与国家认同的差异性与一致性。中华民族是中国 56 个民族结合成的相互依存、统一而不能分割的整体，中华民族共同体意识是全体中国人共同的民族认同意识。从一定意义上讲，对中华民族的认同就是对民族国家层次的整体认同。但是，由于中国多个民族的共同存在，高层次的认同并不一定取代或者排斥低层次的认同，不同层次的认同可以并行不悖，甚至在不同层次的认同基础上可以各自发展原有的特点，形成多语言、多文化的整体。国家认同与各民族认同之间虽然存在一定的差异，但在中华民族层面上的民族国家认同又是一致的。

六是分析了中华民族多元一体格局的凝聚过程。民族交往乃至民族融合是出自经济与社会需要而产生的一个自然过程。中华民族多元一体格局形成过程的"主流是由许许多多分散存在的民族单位，经过接触、混杂、联结和融合，同时也有分裂和消亡，形成一个你来我去、我来你去，我中有你、你中有我，而又各具个性的多元统一体"①。各民族交往越密切、地位越平等，越利于

---

① 费孝通：《中华民族的多元一体格局》，《北京大学学报（哲学社会科学版）》1989 年第 4 期。

消弭民族隔离、促进民族融合，进而形成超越本民族层次的共同的民族认同意识。

费孝通先生提出的中华民族多元一体格局理论，是我国学者在民族理论方面尤其是关于中华民族形成理论发展史上的里程碑。这一理论不仅客观地反映了中华民族发展的历史过程、主要趋势和最终结局，而且充分体现了作者的政治敏锐性、学术洞察力与强烈的民族平等意识、共同发展意识，得到了学术界与社会各界的广泛认同，在海内外产生了巨大的影响，具有十分重要的理论价值和实践意义。

中华民族多元一体格局是关于中华大地上各民族凝聚成中华民族的一个重大理论创新。但是，把这个理论放到中国历史发展进程中考察，由于"历史中国"的复杂性和"民族"内涵的多样性，仍有很多问题需要进一步研究。"中华民族"是什么？其内部结构是怎样的？其内涵与外延如何把握？其内在凝聚机制是如何形成的？其未来发展走向会怎样？这些问题一直是民族研究绕不过去的基本理论问题。

民族是在一定的历史发展阶段形成的稳定的共同体。这个共同体具有某些共同的特征，比如在语言文化、生产方式、生活习惯、社会风俗、精神信仰、心理认同等方面，与其他共同体有一定程度的差异和不同，从而形成了不同的民族，或者说不同的民族共同体。但是，作为历史范畴，民族也有其产生、发展和消亡的规律。在民族发展的长河中，伴随着民族分化、组合、融合、同化的过程，过去作为不同名称存在的多个民族可能发展融合为一个大的民族。比如，汉族就像费孝通先生的"滚雪球"理论所阐释的那样，越滚越大，成为世界上人数最多、规模最大的民族之一。当然，也有一些民族，因为各种因素甚至包括天灾人祸或战争战乱导致政权或国家灭亡，进而流落四方甚至迁移到国境之外，出现"消亡"或"消失"的现象。这种现象在历史上的中国是屡见不鲜的。这就导致了中华大地上的很多过去有名字的民族今天不见了，成为文献史书上记载下来的"历史民族"，也有不少民族主体部分逐渐迁移到"中国"国境线之外，成为"境外民族"。此外，沿着历史中国和今日中国国境线比邻而居的很多民族，成为"跨境民族"。中华人民共和国成立之后，沿着我国漫长的陆地边境线跨境而居的民族多达几十个。在近代民族国家体系兴起之前，由于当时一般没有国际法意义上的条约，未严格划定国与国之间边界，边境线多是习惯线，在很多区域境内与境外的区分还不是很严格。然而，伴随边界条约的签订，这种局面被打破了。一些跨国而居的民族尽管在生活方式、语言、文化等方面依然基本相同或相似，似乎还属于一个民族，其实，由于他们的"国籍"因为国家疆域分割而分属不同国家，从"国家民族"的角度看，伴随时间的延续，不同国籍身份带来的心理认同、国家认同、民族认同方面的差异会逐步增大。这些跨境而居的人群，很难再像过去那样自然而然地属于一个"民族"。从一定意义上讲，国境线不仅仅是现代国家国与国之间的地理分界线，也是两个国家公民身份的分界线，进而逐步导致两国公民在国家认同、历史文化认同和民族认同等方面的差异越来越大，成为心理认同方面的分界线。因为每个政权都要为提升公民对国家的向心力、凝聚力开展宣传教育工作，甚至围绕"国族建构"开展大量工作。国与国之间的界限，投射到不同国家的公民身上，必然导致跨境民族"传统同质性"的分裂和现实公民身份属性的强化。

民族国家建设在一定程度上也体现为"国家民族"建构或"国族"建构。国家民族或者说"国族",是与国家整体及其历史文化密切关联的一种民族类型。周平认为:"所谓国族,即国家民族,也就是取得国家形式的民族,它随着西欧的民族国家构建而形成。"国族是民族国家的根基。但国族并非民族群体自然演进的结果,而是政治构建的产物。民族国家的建立与国族的构建其实是一个问题的两个方面。西欧的民族(nation),都是与民族国家联系在一起的人群共同体,都是国族。《牛津英汉双解大词典》对国族的解释是:经由共同的血缘、历史和文化结合而成,并生活于一个特殊国度或区域内的巨大人群聚合体。国族固然是民族,但并不是一般意义上的民族,而是与国家结合在一起并取得国家形式的民族,具有突出的政治属性。民族国家经由国族对国家的认同而实现了民族与国家的统一。所以,民族国家其实就是国族的国家[①]。事实上,民族国家(nation-state)是现代国家的基本形态,是"民族(nation)即国家(state)"取代"朕即国家",是现代性和民族主义出现之后的结果。民族国家最早形成于西欧,随着现代性的扩散和民族主义的全球传播,民族国家体制逐渐在全球范围内确立[②]。

法国是国族建构最为典型的国家之一。1789 年 1 月,埃马努埃尔·西耶斯提出第三等级即国族(nation),旨在唤醒第三等级的国族意识,进而建立一个全新的政治秩序。1882 年 3 月,厄内斯特·勒南在巴黎索邦大学发表了"国族是什么"的演讲。他在

---

① 周平:《民族国家与国族建设》,《政治学研究》2010 年第 3 期。

② 刘洋、朱鹏飞:《民族国家建构的中国经验和理论贡献——从"中华民族"到"中华民族共同体"的话语转变》,《大连民族大学学报》2021 年第 4 期。

演讲中通过回顾历史上出现过的人类聚集体形式及其发展历程，指出现代国族是朝着同一方向前进的诸多事实导致的历史结果。他驳斥了当时流行的国族建立论说（即语言说、宗教说、利益说、地理说，特别是德意志浪漫主义历史学家提出的种族说），指出以上任何元素均不足以建立国族，认为"国族是一个灵魂，一种精神原则""它的存在就是日复一日的公民投票"。勒南强调人民的国族自决权及其"日复一日的公民投票"特性，确立了法国政治民族主义的政治意愿核心论，支持了法国的国族统一与国家统一大计，为当时处于竞争中的欧洲各国解决国族归属争端及其背后的领土归属纷争，即国族国家之间的"划界"问题提供了理论依据。近代法国两位理论家为了解决法国当时的社会政治问题，提出的"这两次跨世纪的国族之问""展现出'国族'概念的强烈的时代性和政治性"①。

　　汉语"民族"含义广泛，"nation"则含义特定，指的是以现代国家（state）为认同边界的人们共同体；汉语"国家"更多是政治和领土概念，本身无"人们共同体"含义，也不宜用来翻译"nation"。国内一些学者把"nation"翻译成"民族"或"民族国家"，也有一些学者直接将其译为"国族"②。和这个概念对应的只能是"中华民族"，而不是在中华大地上世世代代存在的"各民族"。因为中华民族是"各民族"的总称或总和，近代以来通过民族自觉意识到中华大地上的各民族事实上是"一个"大的民族。这个大的民族是一个整体，而不能用其中的一个部分（如"华夏"

---

① 曾晓阳：《论近代法国两次"国族之问"》，《世界民族》2021 年第 5 期。
② 厄内斯特·勒南：《国族是什么？》，《世界民族》2014 年第 1 期。

"中华""汉族"等）代称。因为那种代称在近代民族国家体系占据主导地位之前还容易理解，伴随民族国家的兴起与近代民族观的全球传播，民族主义和民族国家理论逐步占据上风，成为区分不同民族甚至不同国家的主要标准，使民族的内涵发生了转变。民族同时具有了族裔共同体与现代国家国民两种基本含义。近代以来，国与国的界限日益分明，国家意识、公民意识与传统的"民族认同"（中国在很大程度上体现为"文化认同"）的不一致程度越来越高，再用某一个民族的称呼指代这个国家内所有民族就不合适了，必然要用一个包容性、凝聚性更强的"现代民族"概念，取代传统的"族裔民族"概念，以体现国家领土内各个族裔民族尽管内部存在这样那样的差异性，但在作为一个国家的公民身份存在尤其是与外国进行区分时，需要一个代表全体公民身份的概念，"国族民族"概念应运而生。中国近代以来的"中华民族"就不再指传统意义上的"华夏"或"汉族"，而是包括汉、满、蒙古、回、藏等在内的中国境内各民族，成为各民族或全体中国人总称。

　　关于汉语"民族"一词的来源，学界持有多种看法。其一是日文移入说，认为汉文"民族"系梁启超从日文中转借而来。其二是英文舶来说，认为汉文"民族"系英文"nation"的对译结果。其三是本土产生说，认为"民族"一词起源于本土。郝时远梳理了中国古代文献中的"族类"例证，考究了"民族"一词的古汉语的来源，认为"民族"作为名词形式应用于宗族之属和华夷之别，"民族"一词是古汉语固有的名词①。近代以

---

　　① 郝时远：《中文"民族"一词源流考辨》，《民族研究》2004 年第 6 期。

来中国民族观的演变，特别是"中华民族"这一概念的提出，已经使民族从"族裔"或"文化"的意义逐步转换为"国家"及"国民"的意义。这种内涵的转变，最典型的体现就是"中华"从汉族转向全体国民或全国各民族。孙中山革命早期的口号是"驱除鞑虏，恢复中华"，这里的"中华"就是"汉族"。清朝灭亡、中华民国成立，这里的"中华"就是"五族共和"的各民族的总称，是指中国境内所有的民族和国民。抗日战争时期到了最危险时候的"中华民族"，更是使境内各民族和全体国民认识到中国人"命运与共"，是一个密不可分的共同体。在国家危亡、民族危难之际，中国共产党与国民党结成抗日民族统一战线共同抗日。这是由中国共产党作为中国人民的先锋队、中华民族的先锋队所决定的。今天我们讨论铸牢中华民族共同体意识、推进中华民族共同体建设，也是从中华民族自古就是一个共同体这样一个历史事实出发的。

通过对民族概念、基本类型与跨（国、境）界民族的分析，我们看到在民族国家时代国家内部各种族裔人口向现代国民身份转化的"民族自觉"过程。现代国家建设与国内各民族（族群）成员的公民身份建设、国家意识塑造结合起来，逐步把"国家"和"民族"统一起来。当然，这个过程在不同国家的表现形式及特点各不相同。近代中国是伴随"救亡图存"的反帝反封建斗争实现的，尤其是在与外国列强的对抗中形成"中华民族自觉"的。把这个分析方法放到更漫长的历史进程考察，古代中国大地上的很多民族的名称都消失了，变成了"历史民族"或历史记载中的"民族"。其实，这些民族并没有真正消失，而是要么融入境内的其他民族，要么离开故土迁移到境外或"中国"的地理疆域之外，成为历史上的"海外华人""秦人""唐人"。当今遍布全球的"唐人街"，其实就是历史上中国各民族不断向外迁移的结果。华侨虽然侨居国外，但依然是中国公民，与华人在国籍上是不同的。数以千万计的海外华人虽然加入了外国籍，甚至在国外生活了几代十几代，但是依然保留着中华血脉和中华文化的印记，很多人仍然自认为是"中国人"或"中华民族"，对于自己的祖居国和家乡故土保留着深深的眷恋。这些移居国外的华人，依然是我们的血脉同胞，"在文化、血缘联系等方面，强烈地保持着中华民族的特征"[①]，但事实上他们的公民身份不能再算是"中国公民"，而是居住国的华裔，属于"中华儿女"范畴。当然，他们的身份是多元的，在文化身份之外，其政治身份还是国籍所在国的公民，要接受国籍所在国的法律约束和管辖。至于已经完全融入境外的历史上的"古代民族"，与今天的"中华民族"也只能算是有历史的渊源而无现实上的关联了。由此可见，离开了地理空间特别是国家疆域的维度，要想说明白"民族"和"中华民族"的范围和内涵，是很不容易的。对中华民族形成发展史的很多模糊和错误认识，要完全在学理上辨析清楚、形成正确认识也不是很容易的。

三、中华民族共同体的分期及相关问题

（一）中华民族共同体演进历程的几个阶段

费孝通先生将近代以来中华民族"自觉"过程区分为中华民族"自在"阶段和"自觉"阶段。这个划分以及他提出的"中华民族

---

① 陈连开：《中华民族之含义及形成史的分期》，《社会科学战线》1996年第4期。

多元一体格局"理论，成为从民族学角度探究中华民族形成史的一个基本框架。后续的学者沿着这个思路，分别提出了一些补充性和发展性的观点。

陈连开在1996年发表的一篇文章中，认为中华民族形成史可以分为起源与孕育、自在发展、自在和自觉的联合三个历史阶段。在第一阶段，最早的起源可以追溯到旧石器时代，但从孕育的角度分析，距今10000—5000年前的新石器时代是比较可信的。在公元前3000年前后的夏商周时期，孕育阶段逐步成型，因为这个时期的"国家"政权初步建立，关于国家所依托的居民已经区分为中心部分（"华夏"）及外围部分（"四夷"），主要成果是"中国"名称的出现以及"华夏与四夷五方格局的形成"。华夏与四夷的"五方之民"构成了"四海"之内统一的"天下"，构成了整体格局的政治理念和地理观念，标志着"华夷统一已形成为历史的大趋势"①。第二阶段从秦汉统一到1840年，其主要成果是统一的多民族国家——中国的形成与确立。他将这个时期分为开端（秦汉到南北朝）、发展（隋唐到元朝初年）和确立（元明清）三个历史时期。他认为这个阶段国内各民族拥有了统一的"祖国观念"，形成了古典的爱国主义精神。第一阶段的华夏自认为是"中国"，第二阶段"中国已改变为各民族共有的称号"，多个政权并立并争夺"中国"正统的历史，已经使"汉人"与境内的少数民族融合为"中国历史发展不可缺少的一环，体现了中华各民族共同创造中国历史的传统"。在各民族不断融合发展的过程中，"中

---

① 陈连开：《中华民族之含义及形成史的分期》，《社会科学战线》1996年第4期。

华民族的文化与历史的整体性，不断得到发展和巩固"。在维护国家统一的重大历史事件（比如明朝抗倭斗争、驱逐荷兰殖民者收复台湾和清朝中俄签订《尼布楚条约》、东北反抗沙俄入侵者等）中，"中华各民族祖国观念的认同逐步增强，中华民族整体民族意识"① 已经萌发。第三个阶段从 1840 年开始直至今天，是中华民族从自发到自觉联合的历史阶段，也分为"自发联合时期"（从 1840 年到 1911 年）、"自觉联合时期"（从 1912 年到 1949 年）和获得民族解放和独立以后的"蓬勃发展时期"（1949 年 10 月中华人民共和国成立以来）。他用中华民族多元一体格局理论下的整体史观，对中华民族形成发展史的历史阶段分期做了一个有益的尝试，基本奠定了中华民族形成史分期的基本框架。

马戎提出民族或族群研究要"去政治化"，也用中华民族多元一体格局理论对中华民族的形成史进行了三个阶段的划分。他认为从远古到鸦片战争前是第一阶段，也是中华民族多元一体格局的"形成时期"。第二阶段从鸦片战争到 1949 年中华人民共和国成立前，"是这个格局的危机时期"。他在分析这个危机时指出，沙俄、英国、日本等外国列强瓜分中国的"一个重要手法就是鼓动边疆少数民族脱离中华民族大家族"，打乱中国"原有的政治疆域、经济体系和民族格局"。第三阶段从中华人民共和国成立至今，"是多元一体格局在中国的重建时期"②。马戎的分期思路与

---

① 陈连开：《中华民族之含义及形成史的分期》，《社会科学战线》1996 年第 4 期。

② 马戎：《中华民族凝聚力的形成与发展》，《西北民族研究》1999 年第 2 期。参考华祖根：《民族史学蓬勃发展的 30 年》，见揣振宇主编《中国民族学 30 年（1978—2008）》，中国社会科学出版社，2008，第 175 页。

陈连开的分期观点总体上是相近的，但把陈连开的第一阶段和第二阶段进行了合并，把第三阶段的第三个时期独立出来。这个划分对后续研究也产生了较大影响。

陈育宁把中华民族多元一体格局的形成从三个阶段转变为四个阶段。他把第一个阶段确定为先秦到秦汉。夏朝之前为第一个时期；夏商周为第二个时期，其中他把春秋战国时期确定为我国历史上第一次民族大融合时期①；秦汉为第三个时期，这个时期扩大了统一国家的疆域，出现了中国各民族多元一体格局。第二个阶段为魏晋南北朝到隋唐时期。魏晋南北朝是我国历史上第二次民族大融合时期。这个时期各民族的大迁徙、大融合，促进了中华民族多元一体格局的发展，形成了更大的多元一体格局。第三阶段为辽宋夏金元时期。这既是我国历史上第三次民族大融合时期，也是中华民族多元一体格局的形成时期。第四个阶段为明清时期，特别是清朝时期，终于将"多元民族凝成为一体"，我国的版图和领土终于确定下来，多民族国家的统一得到巩固和发展，是中华民族多元一体格局的稳固时期②。陈育宁的四阶段划分，从时间上看仅仅是从远古到清朝中期，属于近代之前，也就是陈连开分期的第一、第二阶段，只不过划分阶段的标准（民族大融合）和具体时间略有不同。但是，四阶段的划分对后续研究还是

---

① 王震中认为，中原地区的华夏民族正是因四夷在中原的汇聚、相互融会而形成的。无论哪种方式的融合，都不是单向同化而每每是相互展开的。到秦汉时期海岱东夷已消失，完全融入华夏民族之中。见王震中：《夷夏互化融合说》，《中国社会科学》2022 年第 1 期。

② 陈育宁：《民族史学概论》，宁夏人民出版社，2001。参考华祖根：《民族史学蓬勃发展的 30 年》，见揣振宇主编《中国民族学 30 年（1978—2008）》，中国社会科学出版社，2008，第 175—176 页。

有启发的。

进入 21 世纪之后，关于中华民族形成史的研究相对沉寂了一段时间。但是，伴随 2014 年和 2021 年中央民族工作会议的召开，特别是习近平总书记关于中华民族"四个共同"重大论断的提出，关于中华民族形成发展史的研究进一步活跃起来。杨建新于 2020 年发表了《再论各民族共创中华民族》一文，对中华民族的内涵作了进一步的界定。他认为"中华民族"因为一些内在的共同因素，"不仅仅是简单的多民族联合体，而且是一个有内在紧密联系的、生气盎然屹立于世的不可分割的群体"① 或"共同体"。从远古到近代，这是中华民族形成的第一阶段。这个阶段时间很漫长，但是各民族交往交流交融的进程一直没有中断。这种不间断的交往交流交融，"自发地推进着"中华民族这一实体的形成。自清朝中期以来，特别是鸦片战争后，"新兴的中国资产阶级和革命民主主义者以及中国各民族中的先进分子，逐渐认识到中国各民族在历史上就已经结成了共同的命运，共同的利益，共同的家园"。他们在引进近代意义上的"民族"概念的同时，提出了"中华民族"这一称呼，并且认为中华民族是"经数千年，混杂数千百人种"形成的。在反抗外敌侵略过程中，特别是在抗日战争全面爆发、日本帝国主义企图灭亡中国的铁蹄踏遍大半个中国的时候，中国各民族选择了"中华民族"作为团结各民族抵抗外来帝国主义侵略者的旗帜和象征，中华民族作为一个实实在在的群体进入了自己发展的第二阶段，即"由自发形成进入到觉醒成长的自觉发展

---

① 杨建新：《再论各民族共创中华民族》，《中央民族大学学报（哲学社会科学版）》2020 年第 4 期。

阶段"。他也认为以中华人民共和国成立为标志,中华民族进入了"共同奋斗、共同进步、共同发展、共同繁荣"的第三阶段。从分期的角度看,他与陈连开几个阶段划分的时间段是一致的,但是沿用了费孝通先生使用的"自在"与"自觉"两阶段划分的称呼,同时把第三阶段的目标与任务归纳为"四个共同"①。在杨建新文章的基础上,李静等进一步把中华民族的形成发展史概括为"自在、自觉、自为"三个发展阶段。"自在"与"自觉"沿用了费孝通先生的提法,"自为"阶段主要是指当代。所谓"自为",即行为主体通过自身的行为和行动,实现既定目标和自主发展的过程。中华民族的"自为"就是要对"日用而不知、习焉而不察"的那些已经形成的"中华民族共同体意识"自觉加以强调、反思,并通过主体意志和行为促进各民族团结一心、共同繁荣、共同进步、共同发展,实现人民对美好生活的追求和中华民族伟大复兴。"在自为发展阶段,中华民族的共同特征进一步凸显,共同发展、守望相助的目标高度一致,中华民族共同体意识进一步铸牢并成为自为阶段的主旋律。"② 在中国社会科学院民族学与人类学研究所主办的"中国民族研究社团 2021 年第二届联合学术大会"上,杨建新使用了"自在、自觉、自为"来划分中华民族形成与发展的三个阶段,同时把自在阶段的中华民族以秦汉建立统一的多民族国家为标志,分为"起源"和"形成"两个时期,成为中华民族发展史

---

① 这里的"四个共同",其实是对 2005 年中央民族工作会议提出的各民族"共同团结奋斗、共同繁荣发展"的拆分,意思基本是一样的。

② 李静、高恩召:《从自在、自觉到自为:中华民族发展的历史逻辑》,《中央民族大学学报(哲学社会科学版)》2021 年第 4 期。

新的四阶段分期。这一分期观点，得到了与会专家的普遍认同①。

通过对中华人民共和国成立以来，特别是 1988 年费孝通先生发表《中华民族的多元一体格局》以来相关研究文献的梳理，我们可以清晰地看到，中华民族多元一体格局的理论得到了大家的普遍认可。中华民族多元一体这样一个基本格局是历史的产物，同时也是铸牢中华民族共同体意识、推进中华民族共同体建设的理论支撑。从中华民族多元一体到中华民族共同体，可以看到它们之间具有内在的一致性。中华民族共同体是当前中国境内 56 个民族组成的有机整体，是中国数千年发展的必然结晶。"中华民族共同体是以国家认同为基础而结成的不可分割的民族实体，也是承载和实现中华民族伟大复兴中国梦的国民共同体。"② 在中华民族的自为发展阶段，多元一体的中华民族共同体作为历史的产物尽管已经成为事实，但是正如近代民族国家那样的"国族"建构需要努力建设一样，要使这个共同体包容性更大、凝聚力更强，还需要在民族自觉的基础上强化"自为"，积极主动地进行共同体的理论建设和实践推进。习近平总书记在 2020 年的第三次中央新疆工作座谈会上强调："要加强中华民族共同体历史、中华民族多元一体格局的研究。"③ 最近几年来，尽管学界在民族理论尤其是民族观方面进行了较大的调整，包括加快推进《中华民族共同体

---

① 这一分期是杨建新教授在演讲时通过 PPT 材料展示的。笔者正好在现场，而且审定了会议的新闻综述。参见相关新闻报道和《民族研究》2021 年第 4 期的会议综述。

② 胡兆义：《多元一体视角下的中华民族共同体的结构及特征》，《湖北民族大学学报（哲学社会科学版）》2021 年第 4 期。

③ 《坚持依法治疆团结稳疆文化润疆富民兴疆长期建疆　努力建设新时代中国特色社会主义新疆》，《人民日报》2020 年 9 月 27 日。

概论》《中国通史·中国民族史》《中国各民族交往交流交融史》
等相关图书的编写，但是这些图书的编写需要一个过程，而且达
成共识也不是很容易。在这个问题上，长期存在的认识分歧不是
一朝一夕能够改变的，形成正确的中华民族历史观并且在全社会
进行正确历史观的宣传教育，依然是一个艰巨的任务。

（二）中华民族形成与发展相关问题的讨论

在费孝通先生提出中华民族多元一体格局理论之后，长期研
究中国民族史和中华民族史的陈连开，将中华人民共和国成立以
来的民族史研究历程概括为三个阶段：1950 年至 1966 年为第一
阶段，改革开放以来到 1988 年为第二阶段，1988 年以来为第三
阶段。第一阶段的主要特点是围绕以"民族识别"为主的民族工
作任务，开展了少数民族社会历史语言调查，开展族别史的调查
研究。第二阶段的研究更加活跃。改革开放以来，民族识别的调
查研究任务基本完成，民族史的研究重点有所转变，转到地区民
族史和民族关系史问题上来。以 1988 年费孝通发表题为"中华民
族的多元一体格局"的演讲为标志，进入了中国民族史研究的第
三个阶段，即对中华民族整体进行研究的阶段①。陈连开把中华
民族多元一体格局理论引入民族史研究领域，提出了"民族史研
究的整体史观和中华民族整体研究架构"，也提出了一些创新性的
观点。比如，"中华民族是一个整体，它作为一个民族的形成过程
是相当漫长的""中华民族又是由各民族构成的，离开了整体的角
度容易陷入更低一级的民族层次单元，看不到中华民族作为一个

---

① 陈连开：《中国民族史研究的特点与发展三阶段》，载乔健主编《社会
学、人类学在中国的发展》，香港中文大学出版社，1998。

整体不可分割的事实和长期整体认同的事实"。后来的研究者对于中华民族整体史观的提出给予了高度评价。雷虹霁认为整体史观"不仅开拓了历史学的研究思路、研究空间，更提出了新的研究目标和要求"①。

20 世纪末期冷战结束，一批社会主义国家纷纷解体（苏联、南斯拉夫、捷克斯洛伐克），对中国尤其是中国理论界冲击很大。1992 年召开中央民族工作会议，专门研究如何应对民族领域的各种挑战。民族研究理论界特别是民族史学界也非常活跃，引进和讨论了不少话题。这期间，新清史学派的"边缘理论"引入中国。一些学者介绍了杜磊对中国回族的研究成果②，台湾学者王明珂则分析了华夏的"边缘"及其变迁问题③。这一时期整体性的中华民族史观提出来了，希望从整体上论证"中华民族"作为"实体"存在及其漫长的发展过程，同时论证了华夏及其后来的汉族在中华民族凝聚和发展过程中的核心作用。然而，同期引进的"边缘理论"，作为"民族核心"的对应物，"以解构民族中心为前提"，以建构民族的特定"边缘"，并对"民族"的概念进行重新认定④。尽管在引进上述意见的同时，也在一定程度上对有关观点进行了评析甚至提出了批评意见。但是，直到党的十八大召开前后，民族理论界的相关讨论一直十分热烈。2014 年召开的中央

①④　雷虹霁：《民族史学与中华民族形成史研究：学术回顾与理论反思》，《民族史研究》2002 年第 1 期。

②　马海云：《回族研究的新视野：一个方法论的讨论——兼评杜磊〈中国穆斯林〉一书》，《回族研究》1998 年第 4 期。

③　王明珂：《华夏边缘：历史记忆与族群认同》，允晨文化实业公司，1997。

民族工作会议，除了研究当期的民族工作，在一定程度上也对相关理论问题进行了回应。党的十八大之后，民族理论政策的重点逐步从注重差异性转向注重共同性。2019 年中央明确提出以铸牢中华民族共同体意识为主线是新时代党的民族工作必须坚持的重要原则。2021 年召开的中央民族工作会议进一步要求坚持正确的中华民族历史观，明确以铸牢中华民族共同体意识为新时代党的民族工作的主线，推进新时代党的民族工作高质量发展，为这个时期的相关讨论提供了新时代的判断是非的标准和相对明确的结论。

从 20 世纪 80 年代初到 2014 年中央民族工作会议的 30 多年间，我国民族学界与历史学界关于中华民族和中华民族史的研究是十分活跃的。这些研究一方面继承了中华人民共和国成立初期形成的一些主流观点。比如普遍认为，"历史上的中国不仅包括中原王朝，而且也包括中原王朝以外的由少数民族建立的国家或政权。中国早在秦汉时期已形成了统一的多民族国家，此后经过2000 多年的发展变化，到了清朝，疆域与民族都已经确定。这个疆域内居住的民族，都在缔造祖国的事业上作出过贡献，因而少数民族的历史应该是中国历史的组成部分"①。除此之外，民族史学界还围绕"中华民族凝聚力"问题展开了讨论，认为这是中国历史发展的必然结果，有着政治、经济、文化、自然、地理等方面的原因。"中华各民族之间多源多流、源流交错的复杂关系构成了中国历史上各民族间相互融合和同化的血缘关系"是历史条件，

---

① 华祖根：《民族史学蓬勃发展的 30 年》，载揣振宇主编《中国民族学30 年（1978—2008）》，中国社会科学出版社，2008，第 153 页。

"中华各民族所具有的整体观念、大一统思想"是坚实基础,"中国各民族都存在着迁徙和活动的历史"是历史途径,"中国的疆域是一个内部结构完整的单元,各民族经济上相互联系、相互依存"是历史根源。基于以上多种因素,"中国历史上各民族长期以来在政治上关系密切,经济上相互依存、共同发展,思想文化上互相交融,从而形成了中华各民族一种凝聚的趋势,即中华民族凝聚力"①。但是,我们也要看到,基于对外开放不断扩大,从西方国家或境外传入的很多所谓"新观点"也对上述看法形成很大的冲击与挑战,不论是"新清史""华夏边缘""内亚史观""族群理论""多元文化主义"②,还是"去政治化""第二代民族政策"等问题的讨论,都影响了关于中华民族形成与发展问题的历史叙事,对我国的民族理论政策和现实民族工作实践带来了一定的影响。相关讨论直到今天仍在持续。

四、牢固树立正确的中华民族历史观

在 2021 年中央民族工作会议上,习近平总书记强调,要推动

---

① 华祖根:《民族史学蓬勃发展的 30 年》,载揣振宇主编《中国民族学30 年 (1978—2008)》,中国社会科学出版社,2008,第 153 页。

② 多元文化主义是 21 世纪初影响中国的一种重要思潮。其主要代表人物是加拿大学者威尔·金利卡。他在很多论著中从自由主义的角度,论证了多民族、多种族国家保障少数民族群体集体权利尤其是保护其政治和文化权利的必要性。金利卡本人在赞成保障公民个人权利的同时还主张保障少数民族集体权利,主张接受多元文化的现实并给予不同文化合理的尊重,主张在政治多数原则之外还应当给予少数民族特别地位。参考马莉:《多元文化的公民身份·译者前言》。见威尔·金利卡:《多元文化的公民身份》,马莉、张昌耀译,中央民族大学出版社,2009。

各民族树立正确的国家观、历史观、民族观、文化观、宗教观，"必须坚持正确的中华民族历史观"，要准确认识中华文明的起源与历史脉络，准确认识中华民族和中华文明的多元一体，准确认识中华文明取得的灿烂成就和对人类文明的重大贡献，增强对中华民族的认同感和自豪感①。

（一）关于中华民族史的几种错误观点辨析

一个时期以来，一些学者以所谓学术方法、研究视角创新为由，通过歪曲史实、虚构历史等手段，提出了如"新清史"等一系列历史观，解构中国和中华民族的历史叙事，挑拨民族关系，干扰民族工作，影响我国治边方略，给正确认识我国历史上的民族关系带来挑战。因此，必须认真清理各种舶来史观带来的不良影响。

1. 新清史观

"新清史"研究代表人物有罗友枝（E. S. Rawski）、柯娇燕（P. K. Crossley）、欧立德（M. C. Elliott）等。他们视清朝为与英、俄一样的对外殖民扩张型帝国，歪曲、解构清朝与中央王朝序列的关系，提出所谓的"新清史"。其错误认识如"清帝国原来不是中华帝国，而是中亚帝国"，"中国不过是清帝国的一部分"，"满人汉化的概念是大汉沙文主义的产物"，"满人不是中国人、清朝皇帝只是满洲人的皇帝，不是所有中国人的皇帝"，"满人具有'族群主权'"，"中国人只是汉人，满人、蒙古人、西藏人都不是中国人"等。

---

① 《以铸牢中华民族共同体意识为主线 推动新时代党的民族工作高质量发展》，《人民日报》2021年8月29日第1版。

　　"新清史"的观点虽然经不起推敲，但具有一定的迷惑性，已有研究者系统批驳了"新清史"学者提出的所谓新观点。比如，汪荣祖从"新清史"论者彻底否认汉化的说法入手，系统讨论了所谓"族群主权"论、"中国人就是汉人"论和"蒙古人、新疆人、满洲人统统不是中国人"的荒唐论调，并在此基础上，批驳了所谓满蒙属于"阿尔泰文化"、辽东不是中国领土、清朝是征服王朝（帝国主义国家）、中国是内亚帝国的一小部分等说法，指出历史疆域和现代疆域的联系与区别。通过认真梳理，汪荣祖认为"新清史"真正的来源在日本。日本学者认为"满蒙非中国"，"新清史"则把边疆不属于中国学理化、系统化。这个立论显然是为日本侵略中国和亚洲服务的，具有政治目的，成为政客试图分割中国领土的理论依据。殷之光指出，"新清史"包含了关键概念的偷换与含混，尤其是边疆与民族概念，甚至呈现出非历史化、非学术化的特点①。从客观结果上看，"新清史"的种种论述都指向对中国的解构，也就是解构中国自古以来就是一个统一的多民族国家的结论，因为"新清史"论者认为根本不存在"一个自古以来的、一成不变的、凝固态的中国"，"在历史上长期存在的、在空间上又是超大型的政治共同体"的"中国"是不存在的。这就是"新清史"论者想要表达的观点，也是其迷惑性和破坏力所在。正如有些学者所指出的，如果按照"新清史"的观点进行论述，把清朝认为是现代帝国主义那样的殖民统治体系，则清帝国崩解

---

　　① 参见汪荣祖《"新清史"的几个论点与起源》、殷之光《新帝国史对"新清史"的影响》，载《东方学刊》2019年第1期。

之后，边疆少数民族聚居的地方都可以独立成国①。

2. 内亚史观与王朝征服论

如果向前溯源可以发现，关于清史的所谓新观点或"新清史"观，不过是"内亚史观"或"王朝征服论"的延续。"内亚"一词产生于 19 世纪，指"亚洲大陆闭塞的、无通向外海河流的广大地区"。这一概念最初运用于地理研究，后被拉铁摩尔、罗萨比、塞诺、傅礼初等使用和发展，其内涵逐渐演变为包括语言、文化、政治、民族、宗教等内容的历史地理概念。所谓"内亚史观"或"内亚视角"，就是从游牧或草原民族的角度重新审视人类历史，重构文明史叙事方式。

20 世纪 40 年代，美国学者魏特夫提出"征服王朝"学说，主张将中国历代王朝划分为以汉族为主导的本土型政权和以北方民族统治者为主导的非汉族王朝，其中非汉族王朝又可细化为渗透型王朝和征服型王朝。一些日本学者应用上述观点，提出"满蒙非支那论"。田村实造将"征服王朝"与"游牧国家群体"相对应，将中国北方的匈奴、柔然等政权从中国历史中剔除，形成了"中国征服王朝史"与"北亚史"平行的二元格局。在此理论背景下，"满蒙非支那论"演变为"北亚非中国论"。后来，江上波夫提出"骑马民族国家"说，松田寿男提出"干燥亚洲论"。三者共同组成了战后日本内亚史研究的理论支柱。英美学者也对"征服王朝"说重新构建，致力于压缩"中国"的地理范围，把汉族政权与北方少数民族政权对立起来，认为只有"汉族王朝"才属于

① 汪荣祖：《海外中国史研究值得警惕的六大问题》，《国际汉学》2020年第 2 期。

"中国"。罗萨比将中国当作宋朝的同义词，把与其并立的少数民族政权如辽、金、西夏等作为同等地位的邻国看待。英国辽史学者史怀梅则否认北方民族汉化的论述，将少数民族政权的建立看作外族或外国在中国的统治。塞诺的"中央欧亚"（Centural Eurasia）概念，把"内亚"范围延伸至东欧平原，将其作为文化统一体。20世纪90年代以后，"中央欧亚"逐渐成为"内亚研究""征服王朝"的替代词。杉山正明为《中央欧亚的统合》所写长篇导言《中央欧亚的历史构图：连接世界史的事物》，标志着日本"中央欧亚"史观的正式诞生。所谓的"中央欧亚"学派，主张在汉文、伊斯兰史料之外，使用其他调查资料和文献考古资料进一步论证"中央欧亚"的主体性和主导地位。

3. 族群史观

"族群"（ethnic group）是指一个国家内部不具有"民族"尤其是"国族"地位的文化群体，也就是在语言、种族、文化和宗教等方面具有某些共同特征或特点的人们共同体。以"族群"为角度撰写"民族史"，形成了所谓"族群史观"，或者说后现代民族理论的"民族史"叙事。

"族群史观"的出现与"民族国家"理论相关。"民族国家"（nation state）指摆脱"神权""教权"统治后出现的"现代主权国家"，组成主权国家的基本单元是"民族"。所谓"一个国家一个民族、一个民族一个国家"，是西方话语体系中"民族国家"的经典定义，尽管"这种情况在世界历史和现实中并非常态"。因为国家与民族完全对应的"民族国家"极为罕见，绝大多数国家都是多民族国家。然而，"民族国家"的理论基础是近代以来十分盛行的"民族主义"，这促使该理论成为分析近代主权国家乃至建构国际关系的一种"理想类型"。"民族国家"话语体系对于历史上形成的多民族国家而言，是影响国家完整性的潜在威胁之一。

近代以来，欧洲传统"王朝国家"衰亡，"民族自决权"理论盛行，"以民族为单元"的主权国家数量不断增多。与此同时，国际移民持续增加，人群的大规模流动使各国出现大量外国移民。面对民族成份日益多元化的现实，"族群"概念被提出，成为"民族"的替代品。20世纪下半叶起，西方国家"身份政治"运动不断发展，其理论和影响扩散到世界①。多种类型的"后现代民族国家"理论纷纷涌现，比较典型的包括"多元文化主义"理论、"少数人权利"理论、"土著人（原住民）权利"理论等。

中国现代的"民族"概念是梁启超自日本引入，与英文"nation"有较大差别②。20世纪上半叶，我国常用"民族"概念指代具有不同特点的文化群体。对中国影响最为深远的是斯大林的民族定义，即具有共同语言、共同地域、共同经济生活以及共同文化上的共同心理素质的稳定的共同体。中国的民族识别亦是在此基础上，融合中国传统民族观念而进行的。现代"民族"含义既包括了与"people"相对应的"人类共同体"，又包括了与"nation"相对应的"国族"，还包括了国族的组成部分即中国的56个民族。"民族"一词反映了中国的历史与现实，但其复杂多

---

① "身份政治"的特点是"求异"，只有身份不同，才能以身份为理由争取更多的经济社会权利乃至政治权利。

② 第一次世界大战以前，"nation"含有种族、出身、血统等意义；16世纪早期开始逐渐意指"人民"；随着资本主义革命和民族国家的建立，开始具有民族和国家的双重意涵。参见潘蛟：《"族群"及其相关概念在西方的流变》，《广西民族学院学报》2003年第5期。

样的含义给探讨民族、民族主义等问题带来困难①。

有学者主张用族群概念代替中国的民族，这种看法虽然看到了族群概念中的文化意涵，但不完全与中国民族实际状况相符。当代中国的 56 个民族是经过政府识别后确定的，具有特定的政策、政治意涵。将族群等同于民族，有弱化政治色彩、强化文化特性的意义②。如果仅从族群角度诠释民族意涵，容易陷入文化多元主义的漩涡。中华民族共同体是由各民族的政治、经济、文化共同塑造的统一体，不是简单的族群相加。对中国而言，文化不是判别民族的唯一基准③，族群不能完整表述民族的意涵。

在西方话语体系中，族群在一定程度上还具有很强的随意性甚至某种歧视性含义，主要指"落后"的原住民、异教徒，这与我国奉行的民族平等原则相冲突。如果用族群代替民族，以多族群国家论解释多民族国家，与中国现实脱节。所谓"多元文化主义"下的"多族群国家"实践并不成功，仅仅把"民族"更名为"族群"，并不能解决实际问题，反而促使民族矛盾与经济社会矛盾纠缠在一起。因此，不应寄希望于用"族群理论"或概念调整就可以解决民族问题，也不可将各种各样的族群问题简单地等同于民族问题，应当实事求是地研究一个国家各民族的历史与现状，从实际出发解决各自的问题。

4. 多元文化主义论

自 20 世纪六七十年代开始，"多元文化主义"（multicultural-

---

① 庞中英：《族群、种族和民族》，《欧洲》1996 年第 6 期。

② 朱伦：《浅议当代资本主义多民族国家的民族政治建设》，《世界民族》1996 年第 2 期。

③ 徐杰舜：《论族群与民族》，《民族研究》2002 年第 1 期。

ism）从西方流行起来，并且逐步影响世界。其核心观点是，文化相对主义相信没有任何一种文化比其他文化更为优秀，也不存在一种超然的标准可以证明这样一种正当性：可以把自己的标准强加于其他文化。这一理论承认文化的多样性、文化之间的平等和相互影响；关注少数民族和弱势群体，强调历史经验的多元性，承认一个国家的历史和传统是多民族的不同经历相互渗透的结果。作为一种公共政策，多元文化主义认为所有人在社会、经济、文化和政治上机会平等，禁止任何以种族、民族或民族文化起源、肤色、宗教和其他因素为由的歧视，强调文化平等、种族平等、宗教宽容和社会平等。

国内对多元文化主义进行了介绍和研究，在很长一段时间内持肯定态度的多，其中也不乏辩证的分析。王希恩认为，多元文化主义既是一种文化观、历史观、教育理念、公共政策，又是一种意识形态和价值观，也是"一种民族理论"，具有彰显文化平等、反对文化霸权的积极意义，尤其在维护弱小国家和民族的文化权益方面发挥了特殊的作用。当然，该理论也存在"文化相对论"、彰显差别和异质性、忽略了普遍性和同一性的存在等问题，与文化保守主义、"新种族主义"、民族主义有千丝万缕的联系，容易与后现代的"身份政治"理论及"民粹主义"思潮和运动相互呼应，对现代民族国家的主流话语和意识形态形成巨大冲击①。

（二）错误史观对中国历史主流话语的冲击与解构

中国是文明古国中文化传统和文明体系唯一未曾中断的文明

---

① 王希恩：《多元文化主义与马克思主义民族理论的两点比较》，《科学社会主义》2010 年第 2 期。

型国家，"自古就是统一的多民族国家"。然而，各种舶来史观尤其是其中的错误观点不断以理论或话语体系创新的名义，对中国历史的正确认识进行攻讦、冲击，给树立正确的国家观、民族观、文化观和历史观带来不利影响。

1. 解构"中国"的连续性和同一性

"中国"一词出现并使用了约 3000 年，这一概念具有多重含义，无论是其内涵还是外延，在不同历史时期有不同的表述。但是，自秦建立了统一的中央集权制国家起，到清朝灭亡，不论是在统一时期还是政权并立时期，作为统一多民族国家载体和依托的"中国"，2000 多年来未曾改变。中华大地上的朝代更替、政权变迁，与事实上的"中国"同为一体。然而，"新清史"等舶来史观从各自视角对上述观点进行挑战。

汪荣祖分析指出，"新清史"论者不知是故意还是无意，总是将中国人等同汉人，认为只有汉人才是中国人，不承认中国是一个多民族的国家。把中国人等同于汉人，与将汉人集中居住区域称为"中国"的观点相类。中华大地上除了人口占绝大多数的汉人外，还存在着大量的"非汉人"群体，也就是今天的"少数民族"。仅仅把汉人称为"中国人"，把汉人聚居之处称为"中国"，就是把中华大地上的"少数民族"从"中国人"中分离出去，把少数民族集中居住的地区从"中国"分离出去。"中国征服王朝史论""满蒙非支那论""北亚非中国论"等种种论调，其目的是压缩"中国"的地理范围，制造汉族政权与中国北方少数民族政权的对立。

为了正确理解历史上"中国"一词的复杂性与多义性，讨论中华大地上多个王朝尤其是并立政权与"中国"版图的非对称性问题，需要对中国的"历史版图"与"现实版图"进行界定。中华人民共和国成立后，通过编撰《中国历史地图集》，打通了"历史中国"与"现实中国"，以清朝中期的版图作为"历史中国"的疆域范围，以中华民国及中华人民共和国通过国际条约认可的版图作为"今日中国"的疆域范围。由于现实疆域版图是清晰的，"新清史"等论者就试图解构以清朝中期版图作为"历史中国"版图的定论，以所谓"汉人中国"解构"多民族中国"的共识，认为"汉族地区"为"中国"，而其余地区均不属于"历史中国"范畴。这实际上是对"中国"的连续性、同一性进行解构，为其不愿点透的政治主张、反华遏华目的服务，有些则是赤裸裸地为侵略中国制造借口。

2. 解构"中华民族"多元共生的一体性

民族是与国家联系在一起的。"中国"概念有其产生、发展和形成的过程，"中华民族"亦然。中国自秦汉以来即逐渐成为统一的多民族的国家，中华民族作为一个"自觉"的民族实体，出现于近百年来中国和西方列强的对抗中，但作为一个"自在"的民族实体则形成于几千年的历史进程中。历史上中国境内的各民族群体，在长期交往交流交融中多元一体发展。今天的中华民族是由 56 个民族组成的共同体，二者是一体和多元的关系。

舶来史观对上述事实或视而不见，或有意曲解。这些理论利用近代民族国家诞生之前的传统"王朝国家"观点，把"中国人"等于"汉人"的观点沿用于近代民族国家，认为"中国"即"汉族"的国家，汉族人当皇帝的王朝和政权才是"中国"的王朝和政权。这些观点不仅不符合历史事实，更是逻辑谬误。费孝通先生提出的"中华民族多元一体格局"理论，充分论证了中华民族源于多元、实为一体的历史事实。近年来，我国进一步提出了铸牢中华民族共同体意识、推进中华民族共同体建设的理论，批驳了把中国境内的一部分民族与"中华民族"区分开来、把少数民族历史从"中国"历史中剥离出去、把历史上的游牧地区与中华大地（所谓中国即"中原王朝"）区别对待的谬论。

马克思主义的民族平等观与所谓的"族群"理论有本质不同。汉语的"民族"有多重含义，既包括比较泛化的"族群"（ethnic group）内涵，也包括通过民族识别认定的 56 个民族层次的"民族"（ethno 或 people）内涵，还包括"民族国家"之义的"中华民族"。一旦出现"族群"与"民族国家"层次上的含义混用，则容易把国家内部的"族群"或民族当成"民族国家"。如果用"族群"替代 56 个民族层面的"民族"，容易导致降低"民族"在国家政治经济社会地位的联想，造成新的混乱。如果用"族群"代替"民族"，以多族群国家论解释多民族国家，不仅不符合历史实际，而且与中国现实脱节，对做好当前的民族工作并无裨益。

3. 冲击中华文化的整体性和主体性

错误史观在解构"中国"与"中华民族"的同时，利用"多元文化主义"冲击中华文化的整体性和主体性。从历史上看，中原地区对于中华文化的形成与发展，奠定了基础，引领了方向，成为中华文明体系的主流。以中原文化为核心，包括各民族、各地区文化在内的中华文化体系，都是中华文化不可或缺的有机组成部分。从这个意义上说，中华文化是各民族优秀文化的集大成者。正如中华民族与 56 个民族的多元一体格局一样，中华文化与各民族文化之间也是"主干与枝叶"的关系。

然而，在一个时期内盛行的所谓"多元文化主义"，其要义就是标榜反对文化中心主义，这一理论的根本缺陷是它在强调差异性的同时忽略了普遍性和同一性。一些人把"多元文化主义"解读为不同类型的文化"绝对平等"，混淆作为一个国家"主流文化"或"主干文化"与"民族文化"或"枝叶文化"的差异，把"民族平等"原则简单地套用于各民族语言文化方面的"一律平等"，冲击历史上形成的主流文化，影响国家主流价值观。事实上，兴起于西方国家的"多元文化主义"在文化政策实践方面并不成功。这说明一个国家如果没有自身的主流文化作为团结凝聚的核心，必然是把"国家文化"变成"文化拼盘"，很难将国民团结为一个整体。与"多元文化主义"相关联，通过强调不同文化群体的"身份"差异性、寻求超越公民的特殊权利和待遇的"身份政治"理论，也没有带来期望的文化平等与社会平等。事实上，过分强调身份差别并提出各种政治化的诉求，弱化了"公民身份的凝聚力和民族国家的向心力"。多元文化主义用原则上的"多元文化平等"，将国家主流文化"民族化""族群化"，提出国家内部各民族（族群）的"文化主权"，这实际上冲击甚至解构了国家的主流文化和社会主流价值观。比如，混淆中华文化是各民族文化的集大成特点和国家主流文化属性，错误地把中华文化等于"汉人"或"汉族"文化，把本是部分的民族文化等同于整体的中华文化或者把少数民族文化自外于中华文化，是对中华文化整体性和主体性的冲击与挑战。

4. 冲击中原政权作为"中国"政权的正统性与合法性

中华文化主流思想体系中，"群雄逐鹿""问鼎中原"是一个政权获得代表"中国"资格和治理合法性道统的依据，也是历史上"大一统"思想的重要体现。在中原建立王朝或政权，是中国各种政治势力角逐的核心，也是该政权获得正统地位的关键。中华文化强调"名"与"实"的统一,所谓"名正言顺",就是指一个政权不仅具备了统治全国的实力和地位,而且获得了"道统"或"法统"的承认,成为政权合法性与统治权威性的依据。这一点在中国"大一统"时期(如秦汉、隋唐、元明清时期)固然毋庸置疑,即使在多个政权并立、"中国"版图分属不同政权管辖时期也是如此。中华文化的正统性代表治理"中国"的合法性,入主中原的少数民族政权往往迅速接受以儒家思想为主的中华文化,采用科举选士等官员制度和国家治理体系。在某种程度上说,中国思想文化的大一统体系成为凝聚中华大地上各地区、各民族多元多类文化的"主脉"或"主干",是维系中国作为统一的多民族国家数千年来文脉不绝、国祚连绵的魂魄和精神力量。

舶来的各种错误史观挑战中华文化的主体性、正统性和整体性,进而冲击中国历代中央政府对于边疆地区治理的合法性。以"新清史"学者为例,他们把元、宋朝代更迭作为"中国"灭亡的依据,认为元朝是"蒙古帝国"的组成部分,人为地割断中国历史的连续性。他们将元朝直接管辖西藏及清朝平定准格尔叛乱后加强对西域的治理,与西方帝国主义国家的殖民统治混为一谈,把西藏、新疆谬称为中原王朝的"殖民地",把挑动地区分裂行为称为"殖民地解放运动"。所谓"王朝史观""内亚史观",则进一步用所谓的"新理论""新观点",论证这些地区历史上就不属于"中国"。所谓"多元文化主义"和"族群史观"论证游牧区与农耕区的文明与文化体系是平等并列的,不存在中华文化的主体性与主导性,中华大地历史上的各政权,除在统一时期属于中国外,政权并立时期就是不同的国家;至于元朝、清朝更不是中国政权,而是"蒙古帝国""满洲人帝国"而已;历史上的不同政权,与近代以来的国际体系下的各国政府在性质上是一样的，是平等、没有隶属关系的。这就把中国历史上几千年来中原王朝代表"普天之下，莫非王土"的历史传统抛弃了，把中原政权代表全国性政权的合法性、正统性抹杀了。

5. 冲击中华文明的传承性与独特性

与传统的国家史、世界史不同，全球史观[①]一些代表人物是以"问题意识""全球视野"看待历史尤其是全球化历史的，其目的是通过新的历史观书写和教育，培养具有"全球视野"的"世界公民"。然而，所有的史学著作都是具有一定立场、价值观的学者撰写的，尽管他们不断标榜"价值中立"，否定"历史中心论"，强调用联系的、中立的价值标准研究世界历史，以所谓"文明更替论"代替"民族国家中心论"。然而，一旦"具体到历史的具体叙述中仍需要借助文明或历史上一大事件作为历史叙述的主体"，事实上仍然摆脱不了"西方中心论"的"学理桎梏"[②]。其实，全球史观对中国历史的分析研究，目的不仅仅是引进一种新的史观，其消极后果是对连绵几千年未有中断的中华文明发展观带来的冲

---

① 全球史观源于"全球史"或"新世界史"，是20世纪下半叶兴起于美国的一门世界历史课程。后来学术界、史学界把其"演变为一种编撰世界通史的方法论"，近年来发展成为一个世界历史研究中新的史学流派。20世纪90年代以来，这一流派随着全球化的进程快速发展。与全球化进程紧密相连、强调"比较、联系、传播、互动"的全球史观，确实有新颖和独到之处。但是，这种新的历史学流派也存在着削足适履、生搬硬套的问题，与强调研究分析单个国家、民族、政权等社会实体的传统历史学明显不同，存在着漠视国家、主权而片面强调所谓相互"关系"研究的倾向。全球史的主旨便是揭示这种趋势，摆脱民族国家界限对历史分析和社会想象的束缚。

② 马晓丹：《时域·概念·方法论——全球史观理论建构缺陷之探讨》，《求索》2020年第5期。

击。全球史观标榜的反中心论视野，实际上具有迷惑性和虚幻性。"新清史"中的"全球史"和"区域（地区）史"表面上反对"西方中心论"，目标则直指"中华（文明）中心论"，反对中国、中华文化和中华文明的连续性。

舶来的错误史观表面上看似乎很有"创意"，很是"创新"，但实际上是解构中国、解构中国历史、解构中华民族、解构中原王朝代表中国的正统性与合法性，不过是打着学术的幌子歪曲中国历史。

（三）深入研究阐发和树立正确的中华民族历史观

在历史发展进程中，中华民族已经结成了密不可分的共同体。共同体是以主客观方面的各种共同特征为纽带联结而成的人类群体①。"共性"在共同体的生成中起着基础性的作用，也是促使社会成员共同体意识生成的关键。以共同体视角研究中国历史尤其是中华民族的形成发展史，可以为我们树立和坚持正确的中华民族历史观提供理论支撑。

---

① 共同体概念最早由德国社会学家滕尼斯提出，作为一个基本的社会学概念，早期主要指一种共同的生活，当前共同体概念已得到极大扩展。马克思清晰地阐明了"真正共同体"的若干主要特征：首先是一切个体的自由发展；其次是各个个体的一种自由联合；再次是特殊利益和普遍利益获得有机统一。张春江认为"共同体是一种组织"。张志旻等总结共同目标、身份认同和归属感三个基本特征，提出"共同体是一个基于共同目标和自主认同、能够让成员体验到归属感的人的群体"。美国社会学家费舍尔主张"共同体应以亲密的社会关系性质来定义，而不是以地理范围界定"。参见侯才：《马克思的"个体"和"共同体"概念》，《哲学研究》2012 年第 1 期。张志旻等：《共同体的界定、内涵及其生成——共同体研究综述》，《科学学与科学技术管理》2010 年第 10 期。C. S. Fischer, "*Toward a Subcultural Theory of Urbanism*," American Journal of Sociology, 1975。

1. 坚持"历史中国"与"现实中国"的同一性

今日中国由历史中国发展而来。尽管古今"中国"概念在内涵与外延上有所不同，但其主体部分未曾发生改变，特别是"中华大地"作为自古及今境内各民族的共同生存空间，是各民族先民共同开拓的。尽管这个疆域内在不同历史时期存在不同民族统治的中央王朝政权，但这些中央王朝政权都是"中国"，不能只把其中的一部分当作中国，而把另外一部分当作与"中国"对立的外国政权。在中国大一统王朝鼎盛时期即清朝中叶有效管辖的疆域范围内，其领土都属于"中国"，是"历史中国"的一部分。把历史中国与现实中国统一起来，坚持二者的同一性与时代性，可以更好地认识各民族共同开拓中国疆域、共同建设中华大地的历史。

2. 中华大地上的各民族共同凝结成"中华民族"

中华大地上的各民族经过多元起源、自在阶段和自觉阶段的发展，已经凝结成密不可分的共同体。这个共同体内部各民族拥有各不相同的名称，但自近代以来都拥有了与自己的国家密切结合在一起的共同名称——中华民族。中华民族是历史形成的，是中国历史发展的结果，其根本原因在于中国历史上一次又一次的"民族融合"，民族融合不但是中国历史的主流，也是中华民族形成与凝聚的根本，更是中华文明得以绵延不绝、生生不息，始终保持生机与活力的关键所在。历史的融合走到今天，则是在铸牢中华民族共同体意识的引导下，不断加强各民族间的交往交流交融，正确处理"多元"与"一体"的辩证统一关系，正确把握差异性与共同性的关系，在尊重和包容差异性的同时，增加共同性，引导各民族人民在共同建设社会主义现代化强国的征程中，不断推进中华民族共同体建设。

3. 坚持中华文化的主体主导性和开放包容性

正确处理中华文化与各民族文化的关系，对于牢固树立正确的中华民族历史观至关重要。中国作为一个历史上形成的多民族国家，"多元一体"的民族格局使中国各民族培育本民族"心理素质"和本民族认同的同时，还逐步培养和发展了"中华民族"的"共同心理素质"，即中华文化和各民族共有精神家园。中华文化作为各民族优秀文化的集大成者，是引导中国前进和维系国家统一的精神力量。对此，我们要坚守中华文化立场，坚持在中华文化体系内各民族文化的"兼收并蓄"和"多元共荣"。当然，在坚守中华优秀传统文化的同时，推动各民族传统文化的创造性转化和创新性发展，把以爱国主义为核心的民族精神、以改革创新为核心的时代精神、以社会主义核心价值观为核心的道德标准融入各民族共有精神家园建设之中，正确处理民族工作中的四对关系，突出各民族共有共享的中华文化符号和形象，使各民族人心归聚、精神相依，形成人心凝聚、团结奋进的强大精神纽带，使"四个与共"的共同体理念更加深入人心，共同体建设更加顺利平稳，从自在到自觉再到自为的中华民族共同体更加牢不可破。

4. 坚持各民族共创中华的中华民族共同体史观

中华民族共同体史观是对中华民族发展史的科学总结和时代凝练。党的十八大以来，习近平总书记反复强调，我们辽阔的疆域是各民族共同开拓的，我们悠久的历史是各民族共同书写的，我们灿烂的文化是各民族共同创造的，我们伟大的精神是各民族共同培育的。这"四个共同"，是我们党以马克思主义民族观和历史观为指导，坚持用发展的眼光，在历史演进的动态过程中认识中华民族的形成与发展，从各民族交往交流交融的史实中，总结中国历史发展经验、提炼把握历史发展规律得出的客观结论。这既是对中华民族凝聚核心理论的认可，也是把中华大地上的各民族从历史中国到现实中国一以贯之的"中国史观"，更是系统全面看待中华民族发展史的"发展史观"、坚持各民族共创中华的"整体史观"。

第三章

正确把握中华民族观

　　只要有民族存在就有民族观存在，不同人群、不同时代都有不同的民族观。根据不同时代特征，我们可以把中国自古以来的民族观概括为三种类型，即古典的民族观、近代的民族观和当代的民族观。它们之间既保持了一定的历史延续性，又体现了不同的时代特征。用不同类型的民族观分析中国的民族现象，得出的结论各异；用不同类型的民族观分析"中华民族"，就形成了不同的中华民族观。从民族观演变的角度，深入阐释习近平总书记提出的铸牢中华民族共同体意识这一重大原创性论断，对于正确理解和把握"中华民族是一个休戚与共、荣辱与共、生死与共、命运与共的共同体"的新中华民族观意义重大。

一、民族与民族观

民族现象纷繁复杂，民族的概念也是一个极具争议和富有弹性的复杂概念，为民族下一个科学、全面、放之四海而皆准的定义是一件极为困难的学术命题。古今中外关于这方面的研究十分丰富，但直到今天关于"民族"的定义也没有一个统一的认识。现代意义的民族概念在中国的传播是一件相当晚近的事情，至今也不过一百多年的时间。考察现代意义的民族含义须将其放到民族国家演进的历史语境中。民族国家作为现代国家形态在全球的"普遍性胜利"距今也不到一百年的时间，现代意义的民族更是借助"民族国家"的躯壳才获得了新的生命力。

民族是一个有争议的概念，从早期的"民族主义双父"①（the twin founding fathers）到 20 世纪 60—80 年代之间涌现出的一大批民族主义研究学者②，他们虽然都试图为"民族"下一个科学而全面的定义，但事实上，"民族根本不可能具有恒久不变、放之

---

① 卡尔顿·海斯（Carleton B. Hayes）和汉斯·科恩（Hans Kohn）。卡尔顿·海斯著有 *"The Historical Evolution of Modern Nationalism"* 一书，汉斯·科恩著有 *"The Idea of Nationalism：A Study in its Origins and Background"* 一书，这两本书涵盖了有关民族主义研究的丰富史料。

② 20 世纪 60—80 年代涌现出一大批关于民族主义研究的理论大家和精彩著作，诸如厄内斯特·盖尔纳（Ernest Gellner）的 *"Nations and Nationalism"*，埃里克·霍布斯鲍姆（Eric J. Hobsbawm）的 *"Nations and Nationalism since 1780"*，安东尼·史密斯（Anthony D. Smith）的 *"Theories of Nationalism"*，本尼迪克特·安德森（Benedict Anderson）的 *"Imagined Communities：Reflections on the Origin and Spread of Nationalism"*，查尔斯·蒂利（Charles Tilly）的 *"The Formation of National States in Western Europe"*。

四海而皆准的客观定义"①。值得庆幸的是，他们得出了一些界定现代"民族"的指标谱系，譬如地域、语言、文化传统、经济生活、历史记忆和责任使命等等。

基于不同的学术视角和知识体系，学者们通常会得到不同的"民族"定义。查尔斯·蒂利将民族描述成"政治词典中最令人迷惑和最有倾向性的术语之一"。在以往关于民族概念的研究中，学者们通常聚焦于民族的"主观性和客观性"之争。埃里克·霍布斯鲍姆认为，"并不是民族创造了国家和民族主义，而是国家和民族主义创造了民族"②。本尼迪克特·安德森则直接将民族描述成"一种想象的共同体——并且，它是被想象为本质上有限的（limited），同时也享有主权的共同体"③。厄内斯特·盖尔纳认为，"民族是共享同一种文化的人的信念、忠诚和团结的产物"④。斯大林从"四个共同"的角度界定了民族，并一度成为马克思主义对民族概念界定的范本。他认为民族是"人们在历史上形成的一个有共同语言、共同地域、共同经济生活以及表现在共同文化上的共同心理素质的稳定的共同体"⑤。安东尼·史密斯主张跨越"主观—客观"的标准谱系来定义民族，并指出民族是"具有名

① ［英］埃里克·霍布斯鲍姆：《民族与民族主义》，李金梅译，上海人民出版社，2006，第5页。

② ［英］埃里克·霍布斯鲍姆：《民族与民族主义》，李金梅译，上海人民出版社，2006，第9页。

③ ［美］本尼迪克特·安德森：《想象的共同体：民族主义的起源与散布》，吴叡人译，上海人民出版社，2016，第6页。

④ Ernest Gellner, *Nations and Nationalism*, Basil Blackwell, Oxford，1983，p.7.

⑤ 《斯大林选集》上卷，人民出版社，1979，第64页。

称，占有领土的人类共同体，拥有共同的神话、共享的历史和普通的公共文化，所有成员生活在单一经济之中并且有着同样的权利和义务"①。

民族研究不是象牙塔的学问，为了对复杂多变的民族现象给出具有说服力和普遍认同的合理解释，为解决民族问题提供有益帮助，政治集团及国家民族工作部门需要建立一套满足政治认同建构和民族工作实际需要的"民族"概念和话语体系。自近代以来，世界各国的许多学者和政治家，围绕这个问题进行了艰苦的理论建构和实践探索。西方民族主义的民族国家理论成为主导近代民族国家独立建国的思想武器。俄国十月革命后，按照列宁和斯大林关于民族问题的理论，建立了社会主义的苏联加盟共和国制度。斯大林关于民族的定义，即民族是共同语言、共同地域、共同经济生活、共同文化上的共同心理素质的稳定的共同体的思想，成为最经典、最权威、最有影响力的概括和归纳。

纳入世界体系的近代中国也是如此，从晚清到中华民国建立，从新文化运动到中国共产党的成立，从第一次国共合作到抗日战争，从抗战胜利到中华人民共和国成立，从社会主义建设到改革开放，轮番登上中国近代舞台的各政治集团对此也都尝试提出一套能够团结凝聚亿万中华儿女的民族观。中国共产党自成立以来，统战和民族工作一直是十分重要的工作领域，关于民族问题的理论建设成果也成为中国共产党探索中国特色解决民族问题正确道路的理论基础，并成为马克思主义理论中国化的重大成果（毛泽

---

① ［英］安东尼·史密斯：《民族主义：理论，意识形态，历史》，叶江译，上海人民出版社，2006，第 14 页。

东思想、邓小平理论、"三个代表"重要思想、科学发展观、习近平新时代中国特色社会主义思想)的有机组成部分。革命战争时期的民族区域自治理论、中华人民共和国成立后的民族识别理论、改革开放后推进各民族加快经济发展和现代化的民族发展理论，以及中华民族多元一体格局理论，都是立足中国实际、应对实践需求，开展理论探索取得的重要成果。

从给民族下定义的角度来看，毛泽东在《中国革命与中国共产党》一文中指出，"中华民族"是"中国各民族的统称"，"中国是统一的多民族国家、各民族一律平等"。这一概括是最简洁明确的，充分彰显了中国共产党在新民主主义革命时期对中国民族现象的准确把握和关于民族政策的清晰指向。这是中国共产党人对中国特色解决民族问题的正确道路早期理论探索的重要成果。中华人民共和国成立之后党的理论探索并没有停止，相关论述不仅内容日益丰富，而且关于民族工作领域的理论政策法规更加系统完善。

在 2005 年的中央民族工作会议上，党中央研究了 21 世纪初期我国民族工作的大政方针，归纳提炼了新时期民族理论的"12条"，将民族定义为"民族是在一定的历史发展阶段形成的稳定的人们共同体。一般来说，民族在历史渊源、生产方式、语言、文化、风俗习惯以及心理认同等方面具有共同的特征"。与将民族自决权转变为民族区域自治、在民族识别中坚持各民族一律平等原则、提出民族区域自治立法与协调推进全国一盘棋（中华民族多元一体格局）思想相类似，我党在认识与解决中国具体民族问题时并不完全拘泥于马克思主义经典作家的具体论述。2005 年，中国共产党基于中国国情实际，对民族概念作出的新概括，这是在继承斯大林民族定义的同时，一定程度上实现了理论超越。今天看来，斯大林民族定义实际上对应的是中华民族这个层次的"大民族"，而民族理论"12 条"中界定的民族则是费孝通先生所论述的"多元"意义上的"小民族"①。此前，民族工作实践中的民族概念，主要是针对"少数民族"和"民族地区"这一传统民族工作的重心，而进入新时代以来，一个明显的变化是民族工作重心逐步转移到统一多民族国家中的一体即"中华民族"和"国家建设"有关的工作内容上来。

以上关于一系列民族定义的梳理，充分体现出民族现象的复杂性、民族定义任务的艰巨性、民族工作的重要性以及民族理论的发展性。冷战后提出"文明终结论"的弗朗西斯·福山（Francis Fukuyama）认为，冷战结束后资本主义与社会主义两种制度的竞争结束了，今后的国家建设更立足于国家内部。国家建设成功的关键在于并行发生的民族建设，民族建设的本质在于创建基于民族传统、符号、共享的历史记忆和共同的文化习俗而产生的民族认同②。

尽管民族现象十分复杂，但是理论界和实践部门在不同时代都需要提出自己的意见和主张，推动民族工作实践不断向前。不论是理论工作者还是实践工作者，也都需要站在新时代的角度，对民族现象及其发展规律作出新的解释和概括，对新时代党的民族工作的理论政策走向及重点内容，进行系统化的梳理和清晰化的解读。

根据前面的介绍和梳理，我们可以对纷纭复杂的民族现象和

---

① 叶江：《民族概念三题》，《民族研究》2010 年第 1 期。

② ［美］弗朗西斯·福山：《政治秩序与政治衰败：从工业革命到民主全球化》，毛俊杰译，广西师范大学出版社，2015，第 168 页。

丰富多彩的民族概念进行简要归纳，"民族"从实质上看就是一种"人群共同体"，可以划分为不同层次、不同类型。这种人群共同体的成员具有某些或一系列的共同特点或特征，这些特点或特征形成了比较稳定的群体属性（共同性）和集体认同，这种群体属性或群体共同性被称为"族性"。"族性"是区分不同群体、划分群体成员类型的基本属性或者本质规定。群体内部的成员之间如果具有完全意义上的"族性"，实际上产生了群体"同质性"。这种类型的人群共同体就成为"同质性"民族。当然，不论一个人群共同体的规模是大是小，要使这个人群共同体成员的"族性"达到完全"同质性"的程度也是不可能的。世界上没有不存在"差异"且具有完全"同质性"的"民族"。因此，各种类型的"民族"必然是"共同性"和"差异性"并存的人群共同体。区分或识别不同人群共同体或者"民族"的关键，就是如何从主客观两个层面判定其"族性"的差异，也就是在各种类型的人群共同体中区分或认定其"共同性"或"差异性"的程度。对此，理论界可以设定一系列的指标进行验证。当然，理论界对人群共同体中区分"共同性"或"差异性"的分析把握也只能是一种抽象的概括，不一定完全符合实际和社会事实（比如人们的民族身份及其主观认同都是不断变化的），所有的认识都具有时代特征和阶段性。由于民族现象的复杂性，民族现象的概念范畴和学术话语体系存在极大的多元性和差异性，对于同一现象甚至存在截然不同乃至相互对立的认识和观点，这些迥然不同的民族观可以或者成为一个民族、一个国家团结凝聚、和谐安宁的黏合剂，或者成为一个国家、一个地区分崩离析、战火纷飞的导火索，深刻影响着世界安全、稳定格局。

二、历史演进中的中华民族观

民族观是对民族现象本质属性及其内涵和外延特征的集中概括。对民族观的系统解释和理论说明，需要一系列的概念、范畴、范式，进而形成了对民族的定义、类型、变化、演进规律进行分析研究的学术系统，在此基础上，又形成研究民族现象的学科体系、学术体系、话语体系、教学教育体系、宣传传播体系等。现以"中华民族"这一概念为例，分析不同时代"民族"内涵的演进，研究不同时期的民族观，尝试把"中华民族是一个休戚与共、荣辱与共、生死与共、命运与共的共同体"概括为一种新中华民族观，更好地理解和服务于以铸牢中华民族共同体意识为主线的新时代党的民族工作。

中国是历史悠久的文明古国，对民族现象的关注和记录是人类历史上最齐全的。浩如烟海的历史文献及连绵不绝的中华文化，在全世界范围内唯此一家。限于篇幅，无法详细梳理中国历史上的民族现象及民族观。中国自秦朝开始就形成了统一的多民族国家及政治上的"大一统"思想等理念，已经演变为中华文明和中华文化的重要传统和思想基础。

大一统文化是中华文明具有了超强的内聚力，承继九州共贯、六合同风、四海一家的中华文化大一统传统，成为中华民族"向内凝聚、多元一体"的历史发展大趋势的重要体现。习近平总书记在 2023 年 6 月 2 日文化传承发展座谈会上的讲话中指出，中华文明具有突出的连续性、创新性、统一性、包容性和和平性。"中华文明的统一性，从根本上决定了中华民族各民族文化融为一体、即使遭遇重大挫折也牢固凝聚，决定了国土不可分、国家不可乱、民族不可散、文明不可断的共同信念，决定了国家统一永远是中国核心利益的核心，决定了一个坚强统一的国家是各族人民的命运所系。"① 铸牢中华民族共同体意识就是传统文化中的"大一统"思想在进入现代民族国家时代之后，强调各民族在国民身份上的一致性，进而形成维护祖国统一、共同团结奋斗的思想认同、理论认同、心理认同和情感认同。中华文明的统一性，从根本上决定了中华民族是"四个与共"共同体理念凝聚起来的大家庭和一家人，决定了国家统一的重要性。

中华大地上的各民族在几千年的演变进程中形成了"中华民族"的"多元一体格局"。各民族在漫长的历史发展中不断交往交流交融，客观上凝聚为一个"自在"的"中华民族"。近代以来，中华民族在抵御帝国主义侵略中实现了"自觉"。政治上的"大一统"或者在几个政权并列时期对政治上"大一统"的追求与维护，使中国始终保持了"大一统"格局的政治传统。这种传统与近代民族主义的按民族划定或组成国家的"民族国家"不同，属于古代的国家观，也就是维护政治上"大一统"的"天下观"。以政治"大一统"的"天下观"为核心，形成了中国古代的民族观即"五方之民共天下"的民族观。

几千年延续下来的这样一个中华民族"大一统"局面在近代遭到了严峻的挑战，中华民族的生存发展出现了严重的危机。同时，传统"五方之民共天下"的民族观也不得不面临向近代"民族国家"的民族观转型的压力。1840 年鸦片战争爆发后，外国列

---

① 习近平总书记在文化传承发展座谈会上的讲话中对中华文明的连续性、创新性、统一性、包容性、和平性作出了经典论述。见习近平：《在文化传承发展座谈会上的讲话》，《求是》2023 年第 17 期。

强的入侵一方面严重侵蚀破坏了传统乡土社会的经济社会结构，另一方面伴随西学东渐而来的西方自然与社会知识，也对传统中国固有的知识观念系统造成了前所未有的冲击。中国作为"天下观"下的"中央之国"的信念、知识、理论逐步发生动摇。特别是甲午战争后，日本在明治维新后崛起压倒"泱泱大国"的现实，导致传统封建王朝政权面临巨大"合法性"危机。这个时候从西方传来的"物竞天择、适者生存"理论和民族主义的"民族国家"理论，成为压倒传统封建帝制王朝的最后一根稻草。戊戌变法失败后东渡日本的维新派代表人物梁启超，也把近代民族主义理论视角下的"中华民族"观念引入中国，从而开启了中国社会主流民族观从"传统民族观"即"五方之民共天下"向"近代民族观"即"民族国家观"演变的历程。

在中国的近代知识启蒙和革命实践中，梁启超最先提出了"中华民族"概念。他批判那种"只知有天下有朝廷有自己而不知有国家之旧时观念拘囿"，指出国家是国民个体彼此之间"团结""补助""捍救"与"利益"的保护者，是民族立于世界之最有力的保证①，要求将中国疆域内各民族统合至"中华民族"之下。梁启超提出的"中华民族"概念及其内涵具有开创性贡献，其以民族主义为依托，为近代中国争取民族独立和国家主权完整探索了新的视角。

中国近代资产阶级民主革命的先行者孙中山，基于推翻封建王朝腐朽统治、建立民主共和国家的需要，利用近代西方民族主

---

① 梁启超：《政治学大家伯伦知理之学说》，载《饮冰室合集》文集之十三，中华书局，1989，第75—76页。

义理论，以"驱除鞑虏，恢复中华"的口号凝结革命力量。这里的"中华"显然是指汉人，与梁启超早期提出的"中华民族"的内涵有时指中国境内各民族，有时又单指汉人是不一样的。中华民国建立之后，新政权显然不能仅仅属于汉族，而是属于以"汉满蒙回藏"五族所代表的各民族。他在《临时大总统宣言书》中宣告"合汉满蒙回藏诸地为一国，即合汉满蒙回藏诸族为一人，是曰民族之统一"①，进一步提出要打造以中华民族为公民身份认同的现代主权中国。当然，这里的"五族"在新政权下并不具有各自相对独立的地位，因为这是一个"统一的民族"。至于这个民族如何概括，他当时并没有给出清晰的答案。直到第一次国共合作时期，才逐步把"统一的民族"向"中华民族"趋近。孙中山去世之后蒋介石主政下的国民党把近代民族主义倡导的"统一的民族"明确为"中华民族"，但是他的"中华民族"又与汉族等同起来，而且他不承认"中华民族"之内还有"民族"，民族只剩下"中华民族（汉族）"一种类型，民族国家内部的不同群体不能再叫民族，只能算"宗族"或"宗支"，不具备独立的"民族"地位。

俄国十月革命给中国送来了马克思列宁主义。马克思列宁主义关于阶级斗争和世界各民族（主要是指近代民族国家）一律平等原则，契合了中国共产党领导劳苦大众反帝反封建的现实需要，马克思主义的民族观成为中国共产党领导人民推翻"三座大山"的理论武器。马克思、恩格斯强调建立独立主权的现代民族国家的重要性，认为"不恢复每个民族的独立和统一，那就既不可能

---

① 《临时大总统宣言书》，载《孙中山全集》第二卷，中华书局，1982。

有无产阶级的国际联合"①；列宁则侧重于现代主权国家内部多民族治理实现民族融合的重要意义，提出"社会主义的目的不只是要消灭人类分为许多小国的现象，消灭一切民族隔绝状态，不只是要使各民族接近，而且要使各民族融合"②。毛泽东进一步强调了马克思主义的民族形式和民族特点运用于中国革命的必要性："所谓具体的马克思主义，就是通过民族形式的马克思主义，就是把马克思主义应用到中国具体环境的具体斗争中去，而不是抽象地应用它。"③ 与接受西方民族主义的孙中山及国民党不同，中国共产党则是把马克思主义的民族理论与中国多民族国情相结合，探索形成了解决民族问题的新的理论和实践道路。

这条道路经历了近百年的发展，以中华人民共和国成立为界大致分为两个时期。第一个时期的主要任务，是依靠工人阶级和劳苦大众，团结带领民族资产阶级和全国各族劳动人民，共同完成反帝反封建任务和推翻国民党反动统治，建立权力真正属于人民的社会主义国家。完成这个目标与孙中山领导革命党人推翻清朝封建帝制一样，都具有革命的意义，充分体现了这个时期"民族观"中的阶级性、民族性和革命性。然而，一旦完成推翻腐朽专制政权黑暗统治的革命、建立新的国家政权任务之后，如何对待革命过程中的"民族因素"和"阶级因素"的关系，如何确立国家内部各民族的地位并处理好"统一的多民族"国家建设中的民族关系，就成为新政权必须面对的重大问题。自中华民国建立

① 《马克思恩格斯文集》第二卷，人民出版社，2009，第 26 页。
② 《列宁全集》第 27 卷，人民出版社，1990，第 258 页。
③ 毛泽东：《论新阶段》，载《中共中央文件选集》第 11 卷，中共中央党校出版社，1989，第 202 页。

直到抗日战争全面爆发之后的国民政府在这方面的探索，有一定积极意义，但总体上看是不成功的。

中华人民共和国成立后，尽管社会主要矛盾和党的中心任务在不同时期有所不同，但民族工作在党和国家工作全局中的战略地位一直没有改变。七十多年来，我国民族工作不论是理论探索还是具体实践，都是从中国实际出发的，总体上也是成功的。中华人民共和国成立初期，党领导开展了民族识别、推行民族区域自治、确立社会主义民族关系。改革开放以来，党的工作重心转移到经济建设上来，大力发展民族地区经济、完善少数民族和民族聚居区优惠扶持政策，应该说是轰轰烈烈，扎扎实实，成就斐然，经验丰富。理论界围绕民族工作进行了大量的调查研究，特别是1988年费孝通提出的"中华民族多元一体格局"理论，对民族研究乃至民族工作的健康发展发挥了重要参考作用。多元一体思想被纳入党的民族工作会议的报告中，成为党的民族理论的重要组成部分。其实，每个时期党都擅于对民族工作的经验进行系统总结梳理。2014年中央民族工作会议把中国特色解决民族问题的正确道路，概括为"八个坚持"。2019年在全国民族团结进步表彰大会上，进一步充实"八个坚持"的内容，提出了"九个坚持"。

回顾近代以来中国民族观的历史演进，可以简要地概括为"三观两跳三个阶段"。"三观"是指古代中国天下观下的古典民族观、近代中国民族国家转型中的民族主义民族观和马克思主义指导下的社会主义民族观。"两跳"是指民族观的演进经历了从古代到近代再到当代的转换，在一百多年中先后迈上了两个台阶。"三个阶段"是指中华人民共和国成立后民族工作大体经历了社会主义革命和建设时期、改革开放时期和党的十八大以来的中国特色社会主义新时代，目前我们正仍处于中国特色社会主义新时代。理论界对于古典民族观和近代民族观的研究很多，对于社会主义民族观本身特别是马克思主义民族理论政策的研究也不少。但是，对于中华人民共和国成立以来社会主义民族观在三个不同阶段的内涵、特征及演进规律的研究相对薄弱。由于后一方面研究积累的不足，在准确理解和把握铸牢中华民族共同体意识的主线定位、全面推进新时代党的民族工作的改革与转型方面的困惑比较多。其中一个重要原因，就是理论界对铸牢中华民族共同体意识背后的历史逻辑、实践逻辑和理论逻辑探索不够，对铸牢中华民族共同体意识与推进中华民族共同体建设的关系研究还有待深入。铸牢中华民族共同体意识不仅仅要在宣传教育方面下功夫，还应该强调建设中华民族共同体、推进强国建设和中华民族伟大复兴这一根本任务和方向。中华民族是一个休戚与共、荣辱与共、生死与共、命运与共的共同体，这是中国民族观理论的新概括和新发展，是一种新的民族观或者说新中华民族观。

三、中华民族共同体观的内涵

我们尝试着把"中华民族是一个休戚与共、荣辱与共、生死与共、命运与共的共同体"作为一种新中华民族观。虽然这一立论尚待深入细致的严密论证，但这一观点却不是凭空产生的，而是在大量调查研究和研讨交流中逐步形成的。中华民族共同体观这一新中华民族观的提出，不是对以前我国民族研究理论观点的否定，而是基于调查研究提出的一些新见解，为阐释铸牢中华民族共同体意识重大论断的理论逻辑提供一种新思维、新视野。新中华民族观既是对以往民族观的承接和延续，也是创新和发展。

（一）中华民族共同体观的继承性

今日中国，是一个文化丰富多彩、文明连绵不绝、精神独树一帜的超大规模文明体。以中华文明几千年的历史积淀为根基，中国的地理版图和生存空间保持着巨大的稳定性。中华大地上的各族人民在长期交往交流交融过程中日益融合成统一的中华民族，尽管历史上的各民族与进行民族识别后的族称不完全一致，但是各民族历史上的联系和连续性是不容置疑的。受各种因素的制约，历史上的中国既存在中央政权的统一时期，也存在多种地方政权的并存时期。但是，中华大地上生存的各民族及其在历史上不同时期建立的地方性政权，都把国家统一、政治一统作为一个不变的追求。

回望中国近现代历史，既是中华民族从自在走向自觉、自强的时代潮流的革命征程，也是中华文化兼容并蓄、博观约取的建设现代文明发展历程。近现代的志士仁人，特别是以孙中山为代表的革命党人和以马克思主义为指导的中国共产党人，不仅通过旧民主主义革命和新民主主义革命实现了国家形态的转变，而且对旧的思想文化体系进行了彻底的改造。在继承和维护国家统一、坚持中华文化包容性的同时，也把近代民族国家观念和国家主权意识、民族主义思想及马克思主义民族观等，引入中国，并且结合中国国情实际和革命、建设、改革需要，进行与时俱进的改造、革新与发展。

中国拥有注重历史记载和不断总结经验的优良传统。中华文化特别强调理论叙述和社会实践的延续性、包容性，马克思主义又具有实事求是、一切从实际出发的理论品格，因此，居于核心指导地位的马克思主义民族观与源于中国古代的族类观、近代以来的民族国家观在中华大地上并行不悖。理论渊源的丰富性决定了中国特色的民族概念是多元多层的，我们可以区分不同情况确定其具体内涵。这就在保持民族概念话语体系延续性的同时，为其内容的调整与变化提供了巨大的弹性空间。中国传统思维模式的特点，决定了中国思想文化中往往把在西方文化看来界限清晰甚至相互对立的概念糅合在一起，比如"对立统一""民主集中""多元一体"等等，这或许会让不谙中国传统哲学思维的外国人摸不到头脑，但这恰恰是中国智慧的魅力所在。在民族观方面，对这一特点的继承性尤其明显。今日中国的"民族"，可以应用于古代的族类区别，也可以应用于一体化的"中华民族"。不论是古典民族观和近代民族观，还是中华人民共和国前两个时期强调的各民族一律平等的"社会主义民族观"和多元一体"中华民族观"，其共同主体是中华民族这一事实没有变，概括这一事实的观念也始终保持着连续性和一致性。铸牢中华民族共同体意识，建设中华民族共同体，把"中华民族是一个休戚与共、荣辱与共、生死与共、命运与共的共同体"作为一种新的民族观，可以更好地体现它对马克思主义民族观的继承和各类民族观的包容，更大限度地在各民族间客观存在的差异中凝聚最广泛的共识，共同推进民族团结进步事业蓬勃发展，共同为实现中华民族伟大复兴伟业团结奋斗。

（二）中华民族共同体观的创新性

继承性是中华文明的基本特征之一。与此相对应的是对变化的适应和变革性的追求。几千年来，中国的民族观一直在调整，以适应形势的变化和当下任务的需要。中国自古以来便有"民群""族""族类"等具有"民族"识别特征的思想观念和客观实体，但是单纯就概念而言，相较今天英文"nation"的民族一词在中国的普遍使用，在古代并不常见。由于自诩为"天下"的中心，清朝以前的各个朝代具体管辖的疆界范围尽管相对确定，却没有形成近代民族国家意义上的国家疆界和国家主权。完整的国家边界特别是现代国家主权意识，是在清朝晚期逐步被纳入西方主导的世界体系时才确立的。

伴随帝国主义侵略与西学传入，中国知识界逐步接触并介绍西方国家的"民族"理论，王韬、梁启超、杨度等人把西方的"民族"理论和相关概念介绍到中国。在"民族主义"思潮下，"民族"在传统人群"类别"划分之意的基础上增添了新内容，"民族国家"这种新的国家类型被纳入其内容之中。

中国古代的族类概念与引入民族国家内涵的近代民族概念面临着两大基本问题：一是民族国家的民族是多民族还是单一民族，背后隐含的是单一民族建国还是多民族共建一国的实践道路；二是如果延续历史上的多民族共建一个现代国家，如何处理内部不同民族间的相互关系。历史上的民族关系显然是不平等的，不符合现代民族国家"主权在民"的"民主"理念。源自西方古典民族主义所持的"民族"观念，基于"一个国家、一个民族、一个人民"的狭义政治空想，无法化解多民族国家内民族认同与国家认同之间的张力或冲突。以民族主义为驱动的"民族建国"观念很容易就回归到建立"单一民族国家"的逻辑上，而且把这一政权看成是唯一合法的主权国家。其目的是要求现代民族国家内的所有群体，尤其是所有公民个人必须具有非常鲜明的同质性特征。

两次世界大战后，原来的封建帝国体系、世界殖民体系逐步瓦解，民族解放运动风起云涌，越来越多的民族实现独立，组建了越来越多的所谓"民族国家"。冷战结束之后，又兴起了第三次民族独立的浪潮。但是，在这些所谓的"民族国家"内部，其"民族"也不是完全同质的，依然存在诸多具有不同文化特征的族群，有些国家的族群数量还很多。苏联解体之后，俄罗斯依然拥有上百个民族或族群。美国、加拿大、澳大利亚等所谓的移民国家，国家内部族群类型也是非常多元化的。伴随经济全球化的深入发展，跨国移民规模的不断扩大，绝大多数现代民族国家早已不是所谓的"单一民族国家"，而是日益演化为多民族的国家。在这种情况下，多民族国家建构与早期的民族国家建构，就不完全一样。一方面，需要建立一个在国家范围内所有群体和公民均认同的新观念，也就是促进政治整合、文化包容、社会团结的国族观念；另一方面，又需要对国家内部的不同群体、民族和族群实施权力均等而又在一些方面有所差异的具体政策，尤其是对少数族群文化给予承认乃至优惠扶持的特殊政策。

近代以来不同时期中华民族观的演变，在思想上主要体现了西方民族理论的影响，但也结合中国传统进行了中国化的改造；中华人民共和国成立之后民族观演进的三个不同阶段，则更多是基于中国实际和民族工作实践进行的再创造和新概括，是可以作为一种独立存在的模式与西方民族观并立的。进入新时代，以建设中华民族共同体为核心，提出新中华民族观，则是在继承基础上的创新，在总结实践经验基础上的新提炼。

这一理论创新，与"在历史上形成的一个有共同语言、共同地域、共同经济生活以及表现在共同文化上的共同心理素质"①，具有鲜明同质性的狭义民族观不同，中华民族共同体应当被理解为广义民族概念视角下的一种人群分类，指的是具有某一些或一系列集体认同的共同性的、比较稳定的人群共同体。在政治实践中，它往往表现为多民族国家内部成员对于国家作为"大民族"政治共同体的身份认同，因而具备包容性更大、凝聚力更强的政治团结性。

中华民族共同体作为一种"民族"形式的概念构建，必然与民族主义理论发生交叉。但当我们以民族主义理论审视中华民族共同体的发展历程时，必须理解中华民族共同体本身即是对具有鲜明同质性特征的狭义民族概念的超越，其回应的是现代多民族国家实现国家整合的必然诉求，彰显的是作为国族身份的共同性特征。理解中华民族共同体的共同性特征，应当注意以下三个方面：

首先，中华民族共同体的本质是中国人民在中华历史文化认同的基础上，以超越民族主义的爱国主义为纽带，对自身所处的中国社会的政治道路、经济模式以及生活方式的广泛认同，以此产生的中华民族共同体全体成员之间深厚的情感认同。

其次，中华民族共同体在既往各民族交往交流交融的历史中，始终共享着多重公共价值。中华民族作为一个自在的民族实体是在几千年的历史过程中所形成的，在生存空间场域和文明发展的进程中形成了非常深厚的共享基础：在经济、政治和社会发展上

① 斯大林认为："民族是人们在历史上形成的一个有共同语言、共同地域、共同经济生活以及表现在共同文化上的共同心理素质的稳定的共同体。"见《斯大林选集》上卷，人民出版社，1979，第64页。

共享着规范化的制度模式，切实实现各民族共同繁荣和共同发展；在语言、文化上共享着相同的发展权益，并以此为基础实现融合共享。以语言政策为例，《中华人民共和国宪法》保障各民族使用自己语言文字自由的同时，普通话和规范汉字作为统一的信息符号系统，从法律和趋势上已逐渐成为各民族共同的通用语言文字。

最后，中华民族共同体是中华民族近百年来为寻求自身民族独立、维护国家主权、实现中华民族伟大复兴而自觉建设起来的政治共同体。中华民族共同体中的每一个成员都共同拥有统一的公民身份，履行共同的权利义务，彼此之间有着共同的经济利益、政治利益、文化利益、社会利益乃至生态环境利益。中华民族共同体中的每一位成员，都与这一共同体本身的前途和命运息息相关、休戚与共，都是该共同体内部实现政治团结的重要组成力量。

（三）中华民族共同体观的主要内容

新中华民族观有着深刻的学理渊源。在理论与实践相结合的过程中，新中华民族观逐渐形成了自身特有的理论特色与现实关怀，其当代构建不断与中国特色社会主义的道路探索合二为一，最终造就了以马克思主义民族理论为指导进而付诸实践的理论底色，形成了一种具有中国特色的政治共同体主张。

综合来看，新中华民族观的核心概念是中华民族共同体。在认知性维度上，中华民族共同体概念结构中存在"中华人民共和国""中华民族"和"共同体"三个组成部分。对其进行理论厘定，不能仅以国家主义（statism）、民族主义（nationalism）和共同体主义（communitarianism）作为分析工具：一方面是三者均源于西方政治哲学基底，在对我国进行宏大结构分析时存在天然的诠释劣势；另一方面是此三者的思想背景、研究对象以及分析范式各有其局限性，无论是哪一种主义，都无法孤立、完整地表达出中华民族共同体的价值内涵和理论外延。因此，想要对中华民族共同体进行理论厘定，必须要引入马克思主义作为指引，将马克思主义基本原理同中国具体实际结合起来，同中国的优秀历史传统和优秀文化结合起来进行分析。

马克思主义在逻辑上不是像国家主义那样将国家视为集体永恒的庇护所，而是主张以反对阶级剥削的形式建立社会主义国家：在制度设计上压抑了资本家和特权者作为一个剥削阶层或者普遍现象而出现，并以构建民族平等团结关系为国家指向；在政治上不同于民族主义对民族与国家之间关系的狭义规定，而是主张现代民族国家应当采取社会主义共和国形式，以更加广义的国族概念来组建政治国家，并且认为国家应该成为无产阶级实现民族平等和民族自决的政治组织形式[①]。在价值规范性上也不同于共同体主义，它将共同体的可行性范围扩展到大型政治共同体层面，并以爱国主义、民族平等、消灭剥削等一系列价值规范作为共同体内部成员的价值原则，从而引导人与人之间实现经济、政治、文化、社会等诸方面的利益共享，进而走向政治团结。

习近平总书记在党的十九大报告中指出："深化民族团结进步教育，铸牢中华民族共同体意识，加强各民族交往交流交融，促进各民族像石榴籽一样紧紧抱在一起，共同团结奋斗、共同繁荣

---

① 任勇、付春：《马克思主义政治学视野中的民族和民族国家》，载房宁、杨海蛟主编《马克思主义政治学研究（第 1 辑）》，中国社会科学出版社，2013，第 179 页。

发展。"① 铸牢中华民族共同体意识，构建中华民族共同体民族观，是中国共产党在新时代以马克思主义为指导提出的重要理论创新。以中华民族共同体为核心的新中华民族观不以同质性为指向，而以共同性为目标，对于增进我国各民族之间的共同意识和中华民族认同，促进全国各族人民在多元一体的民族结构下进一步实现民族团结进步发展，有着深刻的理论价值和现实意义。

在 2021 年中央民族工作会议上，习近平总书记的讲话中指出，铸牢中华民族共同体意识，就是要引导各族人民牢固树立休戚与共、荣辱与共、生死与共、命运与共（简称"四个与共"）的共同体理念。这是对中华民族共同体理论的又一个创新性观点，也是推进中华民族共同体建设的重大命题。会议提出，各民族交往交流交融是推动中华民族共同体建设的重要途径，加强和改进新时代党的民族工作必须坚决维护国家主权、安全和发展利益，要坚持正确的中华民族史观，要赋予所有改革发展以彰显中华民族共同体意识的意义，要重点把握好四对关系，要加强党对民族工作的全面领导，加快推进民族事务治理体系和治理能力的现代化。会议提出的"十二个必须"，说明习近平总书记关于加强和改进民族工作的重要思想已经系统化，已经形成了比较系统完整的理论体系。

"四个与共"清晰阐明了中华民族共同体的基本内涵。"四个与共"的共同体理念是习近平总书记首次完整阐述中华民族共同

---

① 习近平：《决胜全面建成小康社会　夺取新时代中国特色社会主义伟大胜利——在中国共产党第十九次全国代表大会上的报告》，人民出版社，2017，第 40 页。

体意识的具体内容，而且也为中华民族或者说中华民族共同体"是什么"作了明确界定。针对学术理论界对中华民族的内涵与外延、性质与属性的不同认识，特别是针对相关问题的争执不休给实践部门带来的困扰，习近平总书记强调中华民族与中华民族共同体的一体性，作出了56个民族组成的中华民族就是中华民族共同体、中华民族共同体就是中华民族的论述。把这两个概念统一起来认识，两个概念之间的关系也就说清楚了。

"四个与共"为正确把握铸牢中华民族共同体意识与推进中华民族共同体建设的关系指明了方向。党的十八大以来，习近平总书记反复强调民族工作既要重视物质层面的工作，更要重视精神层面的工作。铸牢中华民族共同体意识是对精神层面工作的集中概括和理论提升。从铸牢中华民族共同体意识与推进中华民族共同体建设的关系而言，这次会议不仅进一步强调铸牢中华民族共同体意识的主线定位，而且首次提出并明确了推进中华民族共同体建设的目标和任务。铸牢中华民族共同体意识，目的是推进中华民族共同体建设。中华民族共同体建设，反过来就会进一步增强中华民族共同体意识。从提出铸牢中华民族共同体意识到强调推进中华民族共同体建设，是党在民族理论认识上的又一次飞跃。

"四个与共"为铸牢中华民族共同体意识与推进中华民族共同体建设指明了实践路径。中华民族作为56个民族组成的大家庭，是利益攸关、荣辱与共、生死相依的命运共同体。习近平总书记提出中华民族共同体意识就是引导各族人民牢固树立"四个与共"的共同体理念，为团结各族人民凝聚起维护各民族根本利益、巩固和发展平等团结互助和谐的社会主义民族关系、开创民族工作新局面、实现中华民族伟大复兴的磅礴力量提供了理论指引，也为新时代党的民族工作及所有改革发展举措赋予彰显中华民族共同体意识的意义指明了方向，即要在实践工作中推动各民族更加坚定"五个认同"。

为了更好地树立"四个与共"理念、做好新时代党的民族工作，2021年中央民族工作会议提出不断增强"三个意识"、树立正确"五观"的工作要求。"三个意识"是指国家意识、公民意识、法治意识。国家意识是一个公民对自己国家的认同和忠诚。中华民族具有爱国主义的优良传统，近代以来直接体现为抗击西方列强侵略、争取民族独立和人民解放的爱国情操。中国共产党人高举爱国主义的伟大旗帜，不仅领导中国人民推翻了三座大山，而且在中华人民共和国成立之后带领全体中华儿女在爱国主义的旗帜下最大限度地团结起来，实现了"站起来、富起来、强起来"的伟大飞跃。爱国主义是当代中国最伟大的旗帜，也是社会主义核心价值观的基本内容。爱国主义体现了牢固树立国家意识的根本要求。

公民意识也称为现代公民意识，是伴随现代民主制度和现代社会制度的建立、公民社会身份与地位的提高而产生和发展起来的价值理念和意识形态。在传统的专制社会里，人与人之间地位极不平等，壁垒森严、等级分明。取消了专制王权，建立现代民主制度、共和制度和法律制度之后，从法律的意义上来看，人与人之间实现了法律意义的完全平等，进而使社会成员（传统社会的"臣民"）转化为现代社会的"公民"，逐步培育和形成了全社会的公民意识。公民意识作为一种社会意识形态，是公民对自身的政治地位和法律地位应履行权利和应承担义务的自我认识。公民意识作为一种社会政治文化，集中体现了公民对于社会政治系统以及各种政治问题的态度、倾向、情感和价值观。公民意识与现代民主社会的核心理念和价值密切相关，也是现代民主社会的核心理念和价值得以形成、维护和发展的有力保障。在中国共产党领导下成立的中华人民共和国，颁布的各种法律法规都致力于维护每个社会成员的公民地位，确保每位公民的权利一律平等。公民意识不是与生俱来的，其发展和维护需要不断地培育和培养，因此需要大力开展公民意识宣传教育，使每位公民摆脱那些不符合现代公民意识的传统观念、习俗和行为习惯，能够正确地认识、积极而负责地参与国家和社会公共生活。在广大农村地区特别是边疆民族地区的广大农村，伴随从传统社会向现代社会的转型，传统的社会约束机制逐步瓦解、失灵，现代社会治理体制还不健全，人们的公民意识和法治观念淡漠。在一些与现代社会不相适应的传统文化观念（比如，"法不责众"的潜意识）支配下，出现一些不理性的行为甚至群体性违法行为（如拐卖妇女、儿童等等）。因此，需要持续开展现代公民意识宣传教育，提升每位社会成员的公民意识。

与公民意识一样，加强法治意识的教育与培育十分重要而迫切。在任何社会和集体中，都要有法律、法规和规则，以引导和规范人们的社会行为和人际关系。但是，有法律规则并不够。因为法律法规和行为规范要变成实践，除了外部约束和控制，还需要每位公民拥有法治意识。所谓法治意识，是人们对法律发自内心的认可、崇尚、遵守和服从，这是现代社会正常健康运行的基石。全社会信仰法律是法律发生作用的前提，如果一个社会大多数人对法律没有信任感就不可能建成法治社会。因此，加强全社会法治意识的教育引导，使人们发自内心地对宪法和法律信仰与崇敬，把宪法和法律规定内化为行为准则，积极主动地遵守宪法和法律，才能为依法治国、建立法治国家和法治社会奠定坚实的思想基础。进入新时代，党和国家高度重视依法治国和法治建设，党的十八届四中全会专门研究并通过了《中共中央关于全面推进依法治国若干重大问题的决定》，从党和国家事业发展全局的战略高度，对全面推进依法治国作出一系列新的重大部署，该决定是指导新形势下全面推进依法治国的纲领性文件。党的十九大以来，进一步明确了习近平法治思想，为推动全社会树立法治意识和全面推进依法治国、建设社会主义法治国家提供了根本遵循。在铸牢中华民族共同体意识为主线的民族工作中，强化国家意识、公民意识尤其是法治意识教育，具有十分重要的意义。

"五观"是国家观、民族观、历史观、文化观、宗教观的简称。把树立正确的"五观"作为铸牢中华民族共同体意识的重要内容，不仅是因为"五观"本身在增强"三个意识"方面所具有的重要性，而且还因为一个时期以来在"五观"方面出现了不少问题。引导各族人民树立正确的国家观、民族观、历史观、文化观、宗教观，是引导青少年和广大群众坚定"五个认同"的重要理论根基。党的十八大以来，针对民族宗教工作领域的诸多问题，习近平总书记反复强调要引导各族人民特别是青少年树立正确的"五观"，这是铸牢中华民族共同体意识、建设各民族共有精神家园、实现中华民族伟大复兴历史任务的战略举措。中国共产党带领全国人民建立的是中华民族的现代国家，而不是近代西方那种所谓的"一族一国"的"民族国家"。新中国按照马克思主义民族平等原则，建设平等团结互助和谐的社会主义民族关系，与剥削阶级建立的不平等民族关系有着本质的不同。用"四个与共"的共同体理念，看待中华大地上各民族共同开拓祖国辽阔疆域、共同书写辉煌历史、共同创造灿烂中华文化、共同培育伟大民族精神的历史与现实，就可以使各族人民更好地把握中华民族共同体意识和各民族意识、中华文化和各民族文化的关系，形成和树立正确的历史观、文化观和宗教观。有了正确的"五观"，引导各族人民坚定对伟大祖国、中华民族、中华文化、中国共产党、中国特色社会主义的高度认同，就不是简单的宣传话语或政治口号，而是拥有深厚历史底蕴和扎实现实支撑的学术话语和理论表达，是铸牢中华民族共同体意识、推进中华民族共同体建设的理论武器。

习近平总书记特别强调了正确把握中华民族共同体意识和各民族意识、中华文化和各民族文化的关系，这是正确认识和更好把握共同性与差异性的两大基本问题。正确把握中华民族共同体意识和各民族意识的关系，就是引导各民族始终把中华民族利益放在首位，本民族意识要服从和服务于中华民族共同体意识，要在实现好中华民族共同体整体利益进程中实现好各民族具体利益。同时，要坚决反对大汉族主义和地方民族主义，因为那都是不利于铸牢中华民族共同体意识和推进中华民族共同体建设的大敌。正确把握中华文化和各民族文化的关系，要认识到各民族优秀传统文化都是中华文化的组成部分，各民族文化既为中华文化的形成与发展提供了不竭源泉和动力，中华文化又成为各民族优秀文化的集大成，民族文化不能自外于中华文化而不受其引导或规范。在中华文化和各民族文化关系中，中华文化是主干，各民族文化是枝叶，根深干壮才能枝繁叶茂。有了这样的认识，把握各民族之间的共同性与差异性就有了方向和依据，那就是把"增进共同性、尊重和包容差异性"作为新时代党的民族工作的重要原则。

树立正确的"五观"、坚定"五个认同"，增强各族群众的国家意识、公民意识、法律意识，就是增进共同性的基本要求和基本任务。按照这个要求推进民族工作创新发展，"就是要坚持正确的，调整过时的"，及时调整过时的法律法规和政策规定，逐步完善差别化、精准化的区域支持政策。同时，针对各民族在建筑、服饰、饮食习惯、社会风俗等方面的差异性，还必须按照"尊重和包容差异性"的原则予以尊重和保护，不要搞一刀切、千篇一律，更好地保障各族群众的合法权益。做到这一点，才能使"四个与共"的共同体理念深入人心，中华民族共同体建设才能稳步推进，中华民族共同体才能更加牢不可破。

四、中华民族共同体观的意义

突出铸牢中华民族共同体意识的中华民族共同体观，吸收借鉴了其他民族观的有益成分。这一观点既不是简单的古代天下观，也不是近代西方民族国家的民族观，更不是简单追求推翻反动政权、实现民族平等的阶级观。新中华民族观是在中国共产党的领导下，全国各族人民为实现人民的主体性和推进社会主义现代化国家建设，而立足国情、博采众长形成的民族观。新中华民族观具有鲜明的引领性、凝聚性、能动性和创造性，为我国新时代党的民族理论创新和民族工作实践提供了理论指引。

（一）新中华民族观的理论意义：厘清了民族研究领域若干概念的关系

新中华民族观与以往民族理论研究的一个最大不同，是对民族现象中的共同性、同质性、差异性三个基本概念的关系进行了清晰准确的区分，即共同性包含同质性和差异性，共同性不等于同质性。新中华民族观追求不断增强共同性而非同质性的民族观。新中华民族观强调要把中华民族建设成为中华民族共同体，增强中华民族的共同性。中华民族自古以来是一个自在发展且经历了自觉的实体，而中华民族共同体则是一个需要在新时代围绕实现中华民族伟大复兴目标而不断建设的实体。新中华民族观关于民族现象中共同性、同质性和差异性关系的理论创新，为我们厘清中华民族和中华民族共同体的关系、中华民族共同体与中华民族外延的关系、中华民族与 56 个民族的关系，以及中华文化与 56 个民族的文化的关系提供了理论方向。

（二）新中华民族观的文化意义：一种新文化观

新中华民族观并不是"飞来峰"，也不是凭空出现的，而是对中华优秀传统文化、现代西方民族国家文化、马克思主义无产阶级革命文化、社会主义建设与改革实践文化、社会主义现代化文化的新综合。它吸收了上述各种文化的精华成分，从而对民族现象有了更加理性且符合国情的认识，是一种在文化现象中借鉴、反思、创新并彰显了鲜明自主性的新民族观，体现了社会主义现代化中国对新时代民族现象的文化解释，体现了对一与多、共同与同质、共同与差异等基本问题的辩证思考，是新时代中国特色社会主义现代化进程中推进现代文明建设的一种新文化观。

（三）新中华民族观的时代意义：为服务"两个大局"提供新的理论工具

2020 年 8 月 24 日，习近平总书记在主持召开经济社会领域专家座谈会时指出："要统筹中华民族伟大复兴战略全局和世界百年未有之大变局，深刻认识我国社会主要矛盾发展变化带来的新特征新要求，深刻认识错综复杂的国际环境带来的新矛盾新挑战，增强机遇意识和风险意识。"① "两个大局"要求我们必须统一思想认识，形成凝心聚力、团结合作的中国力量。新中华民族观以建设中华民族共同体为方向，突出强调了增强中华民族的共同性，为把实现中华民族伟大复兴和建设人类命运共同体有机结合提供了理论启迪。

（四）新中华民族观的实践意义：为推进新时代党的民族工作改革完善提供新的引领

中华民族共同体这一新中华民族观不只是中国特色民族理论上的创新，还能帮助我们形成正确的国家观、历史观、文化观、宗教观，具有鲜明的实践指导意义。新中华民族观加深了人们对中华民族共同体的认识，有利于培育中华民族共同体思维，有利于我们更加理性科学地认识新时代党的民族工作的新形势、新要求，有利于为新时代党的民族工作高质量发展、为民族工作领域的具体改革措施提供理论基础和时代方向，进而为推进各领域、各地区的民族工作发挥直接思想引领作用。

---

① 《习近平主持召开经济社会领域专家座谈会强调　着眼长远把握大势开门问策集思广益　研究新情况作出新规划》，《人民日报》2020 年 8 月 25 日第 1 版。

第四章

中华民族共同体格局的形成机理

习近平总书记在 2019 年全国民族团结进步表彰大会上指出，"一部中国史，就是一部各民族交融汇聚成多元一体中华民族的历史，就是各民族共同缔造、发展、巩固统一的伟大祖国的历史。各民族之所以团结融合，多元之所以聚为一体，源自各民族文化上的兼收并蓄、经济上的相互依存、情感上的相互亲近，源自中华民族追求团结统一的内生动力。正因为如此，中华文明才具有无与伦比的包容性和吸纳力，才可久可大、根深叶茂"[1]。

习近平总书记的这段讲话，是理解中华民族从古至今就是一个统一的共同体的科学指引，也是基于中国历史事实和发展逻辑得出的重要结论，对于凝聚全国各族人民力量、做好以铸牢中华民族共同体意识为主线的新时代党的民族工作具有重要指导意义。本章从经济、文化、心理三个方面，对中华民族多元一体格局理论进行简要的梳理分析，探讨中华民族共同体格局的形成机理。

---

[1] 习近平：《在全国民族团结进步表彰大会上的讲话》，人民出版社，2019。

一、统一生存空间内中华民族的"多元一体"

各民族交融汇聚成多元一体中华民族的学术源头是费孝通先生1988年正式提出的"中华民族多元一体格局"理论，该理论是费孝通先生关于中华民族起源及结构的整体性理论[①]。林耀华先生评价称，费孝通先生确立了"多元一体"这个核心概念在中华民族构成格局中的重要地位，从而为我们认识中国民族和文化的总特点提供了一组有力的认知工具和理解全局的钥匙[②]。作为一个关于中华民族结构的学术新体系[③]，"中华民族多元一体格局"理论对中华民族的含义与起源、结构与层次、历史上的民族交往与民族关系进行了纲要性阐释，这些阐释对理解中华民族何以是一个共同体，"多元"何以凝聚为"一体"提供了启示。

自20世纪90年代初以来，围绕"中华民族多元一体格局"理论，多个学科开展了深入研究，大致分为四类内容。第一类是阐释"多元一体"话语体系和学术思维的时代价值。例如，有人提出应当构建、完善和发展多元一体主义[④]，将"中华民族多元一体格局"理论视为推动构建全球化时代人类命运共同体的中国

---

①　费孝通：《中华民族的多元一体格局》，《北京大学学报（哲学社会科学版）》1989年第4期。

②　周星：《关于"中华民族多元一体格局"的学术评论》，《北京大学学报（哲学社会科学版）》1990年第4期。

③　陈连开：《关于中华民族结构的学术新体系——中华民族多元一体格局理论的评述》，《民族研究》1992年第6期。

④　王希恩：《再倡"多元一体主义"》，《学术界》2018年第8期。

式智慧和思想参照系①。第二类是对"多元一体"纲要性观点进行专题论证。例如，划分中华民族多元一体格局发展阶段②，分析中华民族多元一体格局形成的影响因素，深入研究民族关系史。第三类是辩证阐释中国少数民族文化和中华文化的关系。第四类是阐释"多元"何以凝聚成"一体"及新时代背景下的中华民族共同体。例如，从"多元"走向"一体"是中国各民族互动、整合和认同的历史趋势③。中华民族朝着一体化的方向发展，才能为中国崛起和中国梦的实现提供必要支持④。中华民族共同体意识是中华民族多元一体格局存续的必要条件，而中华民族多元一体格局则是中华民族共同体建设的结构性基础⑤。综上可见，虽然费孝通先生"中华民族多元一体格局"理论发表已30多年，但影响力至今不减。

费孝通先生在《中华民族的多元一体格局》一文中，首先论述了中华民族的生存空间。这是"中华民族"赖以生存和发展的"共同地域"。尽管这个共同地域的开发过程是逐步的，站在中原王朝（以黄河、长江中下游东亚平原为核心）的角度也是不断扩大的（有些时期中原王朝的版图也可能缩小，特别是分裂时期各

① 杨文炯：《理解现代民族国家的中国范式——费孝通先生"多元一体"理论的现代价值》，《青海民族研究》2018 年第 2 期。

② 高翠莲：《试论中华民族多元一体格局发展的阶段划分》，《中南民族大学学报（人文社会科学版）》2004 年第 4 期。

③ 徐杰舜：《论中华民族从多元走向一体》，《西北民族大学学报（哲学社会科学版）》2007 年第 6 期。

④ 周平：《中华民族：一体化还是多元化？》，《政治学研究》2016 年第 6 期。

⑤ 郝亚明：《论中华民族多元一体格局与中华民族共同体建设》，《湖北民族学院学报（哲学社会科学版）》2019 年第 1 期。

个政权控制的区域也是不停变动的），但是这样一个东到西太平洋、西到帕米尔高原和中亚内陆、南抵青藏高原喜马拉雅山麓以南、北到蒙古大漠的相对独立封闭和比较完整的广袤空间，为生活在这里的各族人民最终发展成统一的"中华民族"奠定了生存空间和向内凝聚的地理场域。

从地理上看，全球不少地方都可以作为一个国家的共同地域和统一场域。古往今来也有不少类似中国这样的大国。但中国却是四大文明古国中唯一一个连绵几千年历史文化没有中断的大国。近代以来，在西方民族主义浪潮中出现的众多"民族国家"，不少是从大的王国（或者说"王朝国家"）中以建设民族国家旗号独立出去的，不少是作为西方的殖民地（"殖民体系"）获得独立后组建的，还有一些是从统一国家中不断分裂形成的（如苏联加盟共和国、南斯拉夫联盟共和国等）。中国自古以来能把这样一个共同的生存空间基本延续下来，必然有很多原因①。费孝通先生从历史的角度，叙述了中华大地上各民族之间不断扩大相互交往的进程，用民族学、人类学的理论阐发了中华民族以东亚平原为核心逐步实现地区性的多元统一、各民族自发融合成中华民族、中华民族近代以来完成从自在实体到自觉实体的转变等重要论断。最重要的是，费孝通先生没有停留在"中华民族"是不是"一个"、是"实体"还是"组合体"等概念的讨论中②。而是把"中

---

① 如安德烈亚斯·威默的《国家构建》认为，秦朝以来在国家版图内使用统一文字就是一个主要原因。

② 国内学术界在很长时间内存在56个民族是实体而中华民族不是"实体"（"虚体"或"组合体"）的观点，当然也有不同意见，而且经常发生争论。

华民族"与各民族（中华人民共和国成立后通过民族识别确认56个民族）进行了分层，中华民族是上层（民族国家意义上的"民族"），56个民族是下层（其实56个民族内部还可以进一步分层）。中华民族和56个民族共同组成"多元一体"格局。这个划分解决了中华民族作为国家层面的"民族"与56个民族作为中华民族的组成部分的"民族"的概念混淆问题。既然都是"民族"，就具有宪法、法律和政治地位，而不是像"族群"那样主要是从文化意义上去理解，是具有共同文化的群体。但是，56个民族的政治法律地位与中华民族不能相提并论，不具有"中华民族"那样的"国家民族"的属性，也不可以按照"民族自决"的理论寻求独立建国、成为国际法意义上的"民族国家"。从这个意义上看，费孝通先生的"多元一体"格局理论，避免了概念的烦琐论证，实现了理论与现实的有机结合，也充分照顾了历史发展、认知状况和不同群体的民族情感，是很科学、很辩证的，也是很包容、很高明的，因而得到了广泛的认可与推崇。这个理论不仅得到了中国政府、学术界和社会各界的认可，在国际上也比所谓的"王朝国家""民族国家"理论更有包容性，备受关注和赞誉。

中国在民族结构上形成了"多元一体"格局，由"多元"组成了"一体"。这与一些历史上的王朝国家或帝国分裂为不同的民族国家很不相同。中国境内的"多民族"没有在近代建立各民族自己的"民族国家"而分裂①，而是在"王朝国家"基础上建立

---

① 近代以来，受国际国内局势影响，中国作为统一国家在向现代民族国家转型时期也出现过局部分裂。比如，中华人民共和国成立之前，分裂势力在中国版图内的一些区域寻找所谓"民族独立"或者"独立建国"的活动是存在的，有的甚至很明显、很嚣张。

了统一的多民族的现代国家。同时，在现代中国，没有因为"中华民族"具有"国家民族"的地位（费孝通先生所指"上层民族"）而否认56个民族同样具有"民族"（"下层民族"）的地位，都可称之为"民族"。从历史上看，各民族在统一的地理空间内是密切联系、相互依存的统一体，实现"大一统"是历代中央政权所追求的最高目标，并且为境内建立政权的各民族的统治者接受并付诸实践。追求团结统一的"大一统"思想在各民族根深蒂固，这是中国古代多次分裂而最终形成统一国家的最深层次的原因之一。费先生在他的文章中对中华民族多元一体格局的现状及其形成过程进行了深入梳理，从历史演进的过程中给出了他的答案。当然，他的解答并不是全部的答案，后世持续不断进行的各种讨论，说明费先生提出多元一体格局的概念和理论，除历史发展的解释之外，必然还会有很多其他的原因。除从历史角度对中华民族多元一体格局进行阐释，还可以从其他学科进行多角度的讨论和研究。

从概念上看，尽管在"多元"内涵问题上还有争论，但学术界很少有人否认中国的民族是"多元"的①。除境内外少数主张独立的分裂势力和敌对势力之外，尽管对"中华民族"的内涵也有不同的理解，甚至进行激烈的争论，但从没有否认中国、中华民族、中华文化是"一体"的论点。2015年《中国共产党统一战线工作条例（试行）》把"四个认同"提升到"五个认同"，以党内法规的形式确认了对伟大祖国、中华民族和中华文化的认同，

①　20世纪30年代，"中华民族是一个"的争论中有这样的观点；21世纪初以来，关于民族问题"去政治化"和"第二代民族政策"的讨论也有相似的观点。

还包括对中国特色社会主义和中国共产党的认同。2018 年，全国两会通过的宪法修正案，把"中华民族"的地位上升到宪法层面。中华民族多元一体格局，不仅成为学术界的共识，而且得到了国家宪法和法律的确认。

分析"多元"如何形成"一体"的进程和机制，其意义与难度不亚于提出"多元一体"概念本身。费孝通主要从中华民族多元一体格局形成的过程叙述了这一客观的历史事实，理论上的阐发特别是后续各个学科的全面论证，内容越来越丰富，论证越来越细致。这是后来的发展，在发表论文时，费先生在自己一两万字的文章中无法展开的。费先生的论文发表后在很多方面得到了进一步的研究阐发，但中华民族为什么是"多元"而"一体"的，相关研究还需要深化从经济、文化、心理三个方面的"相互性"论证。从"多元"到"一体"，可以更好地理解和把握中华民族多元一体格局的内在动力、运行机制和发展逻辑。中华民族不仅在统一的生存空间和共同地域中形成了多元一体的格局，而且在长期的历史进程中不断深化中华民族的内在联系和一体化进程，逐步形成了各民族"你中有我、我中有你、你离不开我、我离不开你"的共同经济生活、共同心理特征和共有精神家园。斯大林关于近代民族的四个标准[①]，"中华民族"的很多民族不仅全部具备而且其形成时间远远早于斯大林关于"民族"形成于近代资本主

---

① 斯大林关于民族的定义如下：民族是人们在历史上形成的一个有共同语言、共同地域、共同经济生活以及表现在共同文化上的共同心理素质的稳定的共同体。斯大林的民族定义尽管不是所有人都完全赞同，却是最具影响的，并得到广泛认可。在我国民族识别过程中，基本遵循斯大林的民族定义，并结合中国国情进行了实事求是的变通与发展。

义上升初期的论断①。中华民族是在同一生存空间内的各民族（"多元"）在数千年的发展中逐步融合为"一体"的。这是费先生从中华民族多元一体格局的形成过程的历史叙述中提供的解答。

二、各民族经济上相互依存与共同经济生活

马克思主义一个基本观点是经济基础决定上层建筑。经济活动是人类社会最普遍和最基础的活动，也是促进社会成员和群体间交流交往、相互协作，甚至相互竞争的内在动力。在东亚大地上，各民族在长期交流交往过程中，由于经济上的互补性，民族间、区域间经济联系的广度与深度不断提升，把地理上相关联的生存空间变成了经济上互补的经济空间，成为中华民族共同经济生活的基础。费孝通先生提出，"民族格局似乎总是反映着地理的生态结构，中华民族生存所处的是一个在地理上自成单元但又生态环境多样丰富的生存空间"②，共同生存空间内部生态环境的多样性使各民族的经济互补成为可能，也构成了各民族形成经济上相互依存格局的内在逻辑。

各民族经济上相互依存的程度也经历了从相对独立到经济联系不断密切的发展过程。在自然经济时代，各地区、各民族尽管相互联系，却没有像今天这样频繁和密切。同样，尽管一些民族人口数量很多，占据的地盘也不小，但都无法做到完全的自给自

①　王东平：《中华文明起源和民族问题的论辩》，百花洲文艺出版社，2004。

②　费孝通：《中华民族的多元一体格局》，《北京大学学报（哲学社会科学版）》1989 年第 4 期。

足。例如我国西部山区特别是云南等地在同一山脉上生活的不同民族，生产与生活上的相互离不开最为典型。其实，在中国广袤的土地上，不同区域生活的不同民族都需要从自己的经济活动范围之外获取物质资源、生产技术和生活用品，以满足生存发展需要。由于中国各地地理环境与生态系统差异巨大，在不同的区域形成了不同的经济类型和不同民族各不相同的生产生活方式。如赫哲族、鄂伦春族、鄂温克族等的渔猎采集经济类型，蒙古族、哈萨克族等草原民族的游牧经济类型，汉族、土家族、白族等以农耕为主的农业经济类型，回族等以经商为主的商业经济类型。当然，不同民族从事的并不是上述所指的单一经济类型活动，往往根据生产生活需要和当地资源条件从事多种经济活动。很多民族在较大的区域内因为多种产业齐全，其经济活动的类型也比较多，如汉族、藏族、维吾尔族等等。中国各区域之间资源禀赋的互补性，各民族生产生活方式的差异性，为提高生产能力和生活水平而开展经济贸易活动的互惠性，形成了各地区、各民族经济上联系不断加强、相互依存程度不断加深的客观需要和内在动力。

自古以来，中国境内各区域内部及区域之间的经济联系十分密切。区域之间的经济联系，既有和平时期的贸易互市，也有冲突战争时期的经济掠夺和人口迁徙。贸易等经济活动和人口流动，把农耕区与游牧区、中原与边疆、不同经济类型之间的各民族在经济上连为一体。

在中国历史发展进程中，各地区、各民族经济上相互往来甚至形成相互依存关系的例子不胜枚举。秦朝实行"车同轨"和"通五尺道"后，极大地促进了中原地区与周边地区的经济商贸往来，尤其是西南地区呈现"栈道千里、无所不通"的交往局面。

两汉时期，汉朝设立了"关市"①。"互市者，自汉初与南越通关市，其后匈奴和亲亦通市，后汉与乌桓、北单于、鲜卑交易……"② 两汉统治下的中原地区与周边主要少数民族地区均有商贸往来。自汉武帝时期开通，并经由西汉昭宣时期扩大经营的"丝绸之路"，更是极大地促进了中原地区与周边地区的经济文化往来。随着汉朝在与匈奴的战争中取得决定性胜利，北方地区安定和平。"丝绸之路"使关市贸易的作用得以更大发挥。汉朝与西域各民族的经贸联系不断加强，所谓"驰命走驿，不绝于时月；商胡贩客，日款于塞下"③。两汉在边境地区开设关市贸易与少数民族加强经济交往的做法，为历代历朝重视并沿袭。史称："汉魏以降，缘边郡国皆有互市，与夷狄之交易，致其物产也。"④ "后魏之宅中夏，亦于南陲立互市。隋唐之际常交戎夷，通其贸易。开元定令载其条目。后唐复通北戎互市"⑤。

唐宋时期，茶马互市成为中原王朝与周边地区经贸往来的主要体现。汉藏茶马贸易，即是古代中原农耕民族与青藏高原及其边缘游牧民族两种不同类型经济区域之间调剂余缺的一个典型例子⑥。唐朝的茶马贸易总体处于初创阶段，迄至宋朝，汉藏茶马

---

① "关市"是指设在边境关塞要地的集市，是汉族与边境少数民族进行商贸活动的场所，这种集市在西汉时谓之"关市"，东汉多谓之"互市""合市""交市"或"胡市"。

② ［元］马端临：《马氏文献通考》卷二十一—二十七，1901，第193页。

③ ［南朝宋］范晔：《后汉书》，太白文艺出版社，2006，第688页。

④ ［唐］李林甫等：《唐六典》，陈仲夫点校，中华书局，1992，第580页。

⑤ ［元］马端临：《文献通考》，中华书局，1986，第200页。

⑥ 邓前程：《从自由互市到政府控驭：唐、宋、明时期汉藏茶马贸易的功能变异》，《思想战线》2005年第3期。

贸易有了空前的发展。宋朝开始有意识地控制茶马互市，设置"检举茶监司"专门管理茶马交易。明朝基本上沿袭了宋朝的做法，设置"茶马司"。自洪武五年（1372 年）起，明朝在秦州、河州、洪州、雅州、岩州等地设茶马司，派御史巡督茶马交易，禁贩私茶，制定金牌签发之制①。清朝延续了明朝茶马交易惯例，交易规模进一步扩大。顺治四年至十年间（1647 年至 1653 年），洮州、岷州、庄浪、河州、西宁五茶马司易马 8403 匹，其中的西宁、河州茶马司易马 5566 匹②。茶马互市也推动了地区间、民族间多个层面的经济商贸活动。在进行茶马互市的同时，边疆地区的少数民族带去大量白根、麻、麝香、鹿皮、豹皮、毡、漆器、甲胄等土特产品供应给中原地区的各族群众，而中原地区商人也会向边疆地区输入铁器、瓷器、沉香、丝织品、棉织品及书籍等③。

应当注意到，唐、宋以来的茶马互市经贸活动与西南地区的藏彝民族走廊④中各民族的杂居、散居格局密切相关，在一定程

---

① 翁独健主编《中国民族关系史纲要》，中国社会科学出版社，1990，第 631—632 页。

② 林永匡、王熹编著《清代西北民族贸易史》，中央民族学院出版社，1991，第 45 页。

③ 李斡、周祉征：《羁縻制度时期的土家族经济——（公元前 316—公元 1279 年）》，《中央民族大学学报（哲学社会科学版）》1995 年第 5 期。

④ 藏彝民族走廊是费孝通先生提出的学术概念，针对以民族为单位分别进行研究存在的局限性。费孝通先生指出要注意各民族之间的相互关系和影响，要从整体上去客观把握，并主张"最好按历史形成的民族地区来进行研究"。藏彝民族走廊地理范围大体包括北自甘肃南部、青海东部，向南经过四川西部、西藏东部、云南西部以及缅甸北部、印度东北部这一狭长地带。

度上形成相互的促进①。自古以来，滇藏川交接地带就是以氐羌民族为源流的藏、彝、纳西、普米、傈僳等各族迁徙流动、繁衍生息之地。滇藏川交接的广阔区域内，民族的迁徙与流动，成为区际经济联系交流拓展的重要基础和途径。自明朝以后，随着藏彝民族走廊社会经济的发展，藏、纳西、白、回等民族中一些专事贸易活动的本土商人开始崛起。这些穿梭于高黎贡山、雪域高原、横断山区各民族村寨间的民族商人，成为各民族生产生活物资调剂余缺、保障供给的运输队，促进了民族经济的发展与进步。明至清朝中期，藏彝民族走廊的商业和商业市场都曾有一个延续性的发展，并相继在一些交通沿线和府城市兴起了一批区域中心市场，如大理、丽江、巴塘、西昌、康定、昌都等等②。这些贸易节点和商贸网络的形成，不仅拓展了各民族人口的频繁迁移与流动范围，也增强了对周边地区各民族经济生活的辐射带动。藏彝民族走廊中各民族人口迁徙与经济上的相互依存，是我国自古至今各民族交往交流交融的典型写照。

除了较大区域间存在的各民族经济上的相互依存，较小的甚至是相对独立稳定的地域范围内各民族间经济上相互依存的现象也普遍存在。以云南为例，地理和生态的差异性、互补性更加显著。各民族居住上的交错杂居和经济上的相互依存情况更加明显。滇西北地区冬长夏短，草场优良，适合种植高寒农作物和畜牧业，主产牛羊等肉类食品和皮毛山货；滇南地区则气候炎热，降水充

---

① 费孝通：《谈深入开展民族调查问题》，《中南民族学院学报（哲学社会科学版）》1982年第3期。

② 周智生：《藏彝走廊地区族际经济互动发展研究》，《中国社会经济史研究》2010年第1期。

沛，主产稻米、蔬菜、热带水果等。南北两地之间物产从而具有了差异性和互补性。云南的热带亚热带地区盛产茶叶，而高寒地区则可以用畜牧产品交换便于运输和保存的茶叶以弥补蔬菜的不足，由此形成了低海拔地区和高海拔地区的经济互补。云南的山区半山区种植旱地作物，生产粗放，粮食短缺，但却有丰富的药材、山货和土特产品资源，而坝区精耕农业的生产技术先进，粮食富裕，但皮毛山货资源不足，因而山区和坝区之间的物产交换也就自然形成了。山区的各族群众经常以茶叶、山茅野菜等土特产品向坝区群众交换粮食、食盐、布匹等物品①。

近代以来，各民族经济上的相互联系，在内容、形式和运行机制上，与早期的统一市场相比发生了很大变化。一般来说，仅仅是各区域间和各民族间经济上的自然联系和贸易活动，并不能为区域内的各民族塑造一个国家的共同经济生活。共同经济生活一般是指一个国家在近代形成的统一市场。但是，中国在某种程度上来说是一个例外。中国境内统一市场的形成早于近代。秦统一之后，车同轨、书同文、统一货币与度量衡、统一法律，奠定了中国早期的统一市场的雏形。历代中央政权为统一市场的发展不断注入新的活力。鸦片战争之后，中国被强行卷入西方主导的资本主义经济体系，并逐步沦为半殖民地半封建国家。在国外资本主义坚船利炮的侵略和先进生产方式的冲击下，传统经济模式难以为继，国家主权和经济利益大量丧失，各族人民被迫承担不平等条约强加的赔款等各种负担，人民群众生活水平急剧下降。

---

① 杨佳鑫：《经济交往对云南多元宗教和谐共存的影响研究》，硕士学位论文，云南民族大学，2013。

在与外国列强的抗争中，经济上相互依存的各民族人民意识到，中华民族是休戚与共、利益共享、风险共担的命运共同体和利益共同体。正如费孝通先生所言："近百年来，中华民族在与近代帝国主义列强的对抗中，由一个自在的实体变成了自觉的民族实体。"① 各民族经济上的相互依存和利益命运上的休戚与共，为中华民族形成近代意义上的共同经济生活，也就是形成中华民族共同体意识的"自觉"提供了外在动力。

中华人民共和国成立以来，我国地区间和民族间的经济联系更加密切，国内统一市场不断发展，大大增强了各民族共同经济生活的广度、深度和一体化程度。大规模的工业化建设和人口流动，比如国家在边疆地区的兵团屯垦戍边、知识青年上山下乡、三线建设，尤其是改革开放以来商品经济的发展，交通、通信技术进步和基础设施的极大改善，使全国各地成为相互联系、相互离不开的现代国民经济体系的有机组成部分。地区之间、民族之间的资源、能源、资金、技术、人才流动更加频繁，经济交往更加密切，相互依存程度进一步加深。在中国共产党统一领导和社会主义制度的大家庭中，"全国一盘棋"、财政转移支付乃至"统收统支"、民族地区开发支持援助政策，进一步增强了各地区经济上的互补性和全国经济体系的一体性。各民族作为中华民族大家庭的成员角色更加显著，各民族成员越来越成为"一个锅里吃饭"的"一家人"。由国家主导区域发展规划，通过市场和政府合理配置地区资源要素，发展现代产业，建设现代经济体系，实现城乡

---

① 费孝通：《中华民族的多元一体格局》，《北京大学学报（哲学社会科学版）》1989 年第 4 期。

之间、地区之间的协调发展，发展改革成果实现全民共享。在社会主义大家庭中，各民族经济上的相互依存关系发生了质的变化，经济上的相互依存使各民族形成了相互离不开的经济共同体，为巩固平等团结互助和谐的社会主义民族关系、推进中华民族共同体建设奠定了坚实的物质基础。

三、文化上的兼收并蓄与共同文化和共有精神家园

（一）准确把握中华文化与各民族文化的关系

文化是人类创造的一切物质产品和精神产品的总和，大致可分为物质文化、制度文化、精神文化等类型。从日常生活角度理解，人们一般把世界观、价值观、信仰习俗、文学艺术等精神活动过程及其产品称作文化活动或精神文化。各民族文化上的兼收并蓄不仅促进各自民族文化的丰富与发展，在这个过程中和在各自民族文化的基础上，还共同培育发展了在 56 个民族文化之上的中华民族共同体精神文化，即各民族共有精神家园和中华民族的精神文化，也就是中华文化。

作为人类社会生产和生活实践的产品，文化是群体（共同体）成员共享的。由于群体的范围可大可小，而且成员的身份虽然相对固定但也不是一成不变的，这就使文化的内涵与外延不断发生变化。正如汉语语境下"民族"概念有不同内涵一样，"文化"一词在不同场合下也有不同的意义，哲学、社会学、人类学、民族学、民俗学等学科对文化给出了几种定义，说明在文化概念上形成共识也是不容易的。尽管如此，人们对文化的功能作用和基本特点还是作了很多探索，相关论述和各类成果可以说数不胜数。

关于文化的功能作用，虽然论者侧重点有所不同，但共识大于分歧。费孝通先生在读研究生期间就翻译了他博士导师马林诺夫斯基的《文化论》。他们擎文化功能论的大旗，在文化研究领域影响深远。不仅是学界重视文化价值及其功能作用，古往今来卓有建树的政治家均十分重视文化问题，或者本人就是文化大家，或者亲身参与并引领文化建设。当今世界各国政府不仅从政治和社会角度高度重视文化的教化、引领、凝聚、团结作用，而且十分看重文化的经济产业价值及其在就业、财政等方面的作用，大力推动和扶持文化产业的发展。当然，从一般意义上看，社会更加看重文化的引领作用和精神价值。习近平总书记曾多次指出："文化是一个国家、一个民族的灵魂。历史和现实都表明，一个抛弃了或者背叛了自己历史文化的民族，不仅不可能发展起来，而且很可能上演一幕幕历史悲剧。""文化兴国运兴，文化强民族强。"[1] "一个民族的复兴需要强大的物质力量，也需要强大的精神力量。""每到重大历史关头，文化都能感国运之变化、立时代之潮头、发时代之先声，为亿万人民、为伟大祖国鼓与呼。""没有中华文化繁荣兴盛，就没有中华民族伟大复兴。"[2] 习近平总书记从正反两个方面，充分强调了民族文化对于一个国家、一个民族所产生的巨大作用。

然而，自古以来，人们对于文化的内涵、特点和运行机理的

----

[1]　习近平总书记 2016 年 11 月 30 日在中国文学艺术界联合会第十次全国代表大会、中国作家协会第九次全国代表大会上的讲话，见习近平：《坚定文化自信，建设社会主义文化强国》，《求是》2019 年第 12 期。

[2]　习近平总书记 2014 年 10 月 15 日在文艺工作座谈会上的讲话，见习近平：《坚定文化自信，建设社会主义文化强国》，《求是》2019 年第 12 期。

认识就不一致，而且一直伴随着很多争论。在某种程度上说，人类文明史就是人类文化不断发展、变迁和演进的历史，也是不同文化类型彼此接触、交流、互鉴，甚至相互竞争或者矛盾冲突的历史，这就必然涉及如何看待文化的内涵与特点，如何划分不同的文化类别，如何界定各种文化的范围，如何看待一种文化与另一种文化的关系等问题。在这些问题上，角度不同，理解各异，讨论不尽，辩诘不止。有时候讨论并不完全是理性的或者是学术性的，还掺杂着情感、立场乃至意识形态的成分。立场决定观点，视野影响深度，要想得到完全一致的意见，几无可能，无穷无尽的辨析和论争成为常态。

为了避免对上述问题及有关争论的冗长介绍，我们主要从各民族文化兼收并蓄的特点入手，简要介绍各民族的文化如何在漫长的历史长河中通过相互吸收借鉴，不断丰富发展各自的民族文化，并通过交融汇聚形成了各民族共建共享的中华文化。与此同时，各民族文化并没有因为兼收汇聚融合而丧失自己的个性，而是"并蓄"地体现出千姿百态的丰富色彩。反过来，作为整体的中华文化所具备的诸多共性特征，不仅为各民族提供了共同文化产品，而且塑造了共有精神家园，成为各民族共享的中华民族精神，在世界上形成了独具特色的中华文化或中华文明类型。

中华文化作为更大范围、更高层次、更具引领功能的各民族共享的文化，尤其是其中与国家政权特点紧密结合在一起的政治文化、意识形态、价值理念、法律规范等等，又超越了各民族自身文化的范畴，成为在各民族文化之上、代表整个中华民族文化精神的国家文化，引领并规范着各个民族文化的灵魂和发展方向。由此可见，吸纳并蓄汇聚各民族文化的中华文化，其内涵和外延与各个民族文化不尽相同，两者之间既属于整体与局部的关系，又是不同层次之间的关系。中华文化往往与中国各个地域、国家政权结合在一起，民族文化一般属于地方文化或者区域文化，从属于整体文化和国家文化，在这个意义上说，中华民族的多元一体格局，也体现为中华文化的多元一体特征。

费孝通先生把各民族与中华民族的关系区分为下层与上层的关系，而且指出下层也可以再区分为更多的层次，由此推论，各民族文化与中华文化的关系，也可以区分为很多层次。如果把文化的层级与中国不断细分的地理单元相比较，这个特点更加鲜明。如同不同层级的地理单元具有不同的行政级别一样，中华文化在不同级别的地理单元内也形成了不同的圈层。越接近国家权力中心，就越接近中华文化的上层与核心层；越到底层的地理单元，就越接近文化的基层。基层文化或下层文化是作为局部范围的文化，既是上层整体文化的组成部分，又被上层整体文化所规范和制约。中华文化与各民族文化的关系既是整体与局部的关系，又是不同层级的关系，更是主干与枝叶不同性质的关系。习近平总书记在2014年中央民族工作会议上指出，各民族文化既不能等同于中华文化，也不能自外于中华文化，这是对中华文化与各民族文化的辩证关系的精辟概括。

（二）各民族文化共同培育和发展了中华文化

文化是群体的，群体不同，文化各异。费孝通先生在《中华民族的多元一体格局》中也是从文化的角度探讨中华民族的"多元起源"的。在文字正式出现之前的数千年甚至更早的时间内，中华大地上聚居的许多"族团"形成了统一生存空间内的多元文化区，不同文化区的竞争与交流，形成各民族文化兼收并蓄的原

147

初表象。他认为"文化具有历史性和社会性","文化是流动和扩大的,有变化也有创新"①。中华民族同处一个地理生存空间但又属于多元起源的史实,决定了各民族文化的形成必然受到其他民族文化的影响。相互影响就是各民族文化的兼收并蓄,这是各民族文化的基本特点,也是中华文化的本质特征和发展规律,更是其永葆活力的根本路径,各民族文化都是在兼收并蓄过程中形成与发展的。如在整合濮、越、巴、蛮等先民文化的基础上,我国土家族自元明时期就开始接受汉文化的深度影响,认同共享儒释道为核心的中原文化。至清朝改土归流后,自觉内化儒家道德伦常到日常生活和思想行为,愈使土家族文化受汉文化影响,使其主流意识形态中融入中原文化的内涵,除春节、端午和中秋等中华民族共有的传统节庆外,还有独特的"赶年"等民族节庆,显其文化兼收并蓄的品质。我国彝族自苍山洱海散入黔西北等地,三国时期的先民首领济火帮助诸葛亮七擒孟获,唐宋时期为罗氏鬼国、罗殿国的主体民族,被元朝土司制度整合到统一的王朝国家,受"以文化民"策略和"崇儒兴学"制度的影响,认同共享中原文化,至清朝改土归流后,历史悠久的游牧传统逐渐被定耕种植的生产方式取代,但仍然养殖"水西马"作为生产、交通的工具,文化上兼收并蓄特征同样明显。

文化上的兼收并蓄,贯穿于各民族文化和中华文化的形成与发展过程。从历史上看,民族文化的发展与民族的形成相辅相成。中国今天各民族都具有非常古老的源头,或者都可以把族源尽量

---

① 费孝通:《对文化的历史性和社会性的思考》,《思想战线》2004年第2期。

往前追溯。但从民族形成的角度分析，各民族的文化应该从该民族形成之后算起。作为人口最多、区域分布最广、文化体系发达的汉族来说，其形成时间应该是秦汉时期，其他民族的形成时间要更晚一些，有不少是在中华人民共和国成立之后才确认为单一民族的。秦汉以降，通过不断民族融合像滚雪球一样发展壮大的汉族，其文化体系已经超越了民族文化的范畴。汉朝之后，儒家文化成为国家的主流文化。中国本土的儒、道文化与外来的佛教文化、伊斯兰文化等逐步融合，形成了传统中华文化的基本内容，并成为凝聚各民族到统一王朝国家的文化纽带。伴随大一统国家的建立与发展，"中原"文化（或者说汉文化）在很长时间内成为"中国"文化（或中华文化）的代名词，具备了民族文化与国家文化相结合的特点。近代之后，中华文化逐步向现代文化转型，其内涵和外延与古代传统文化有明显差异。

作为整体的中华文化，是各民族共建共有共享的文化。各民族文化都为中华文化的形成与发展作出了自己的贡献，各民族都是中华文化的创造者和贡献者，每个民族的文化都是对中华文化的独特贡献和必要组成。中国文学是中华民族传统文化最具魅力的组成部分，包括以唐诗宋词及四大名著为代表的古典文学，尽管以中原地区的生活为原型，却不仅仅为中原地区或者汉族独有。传统中国文学的很多经典篇章都是各民族在互相吸收借鉴的基础上共同创造的。少数民族悠久历史和独特文化进入汉文诗词歌赋，少数民族作家借助汉族语言文字展现风采是各民族文化上兼收并蓄的重要成果。诗经、楚辞、汉赋、唐诗、宋词、元曲、明清小说等中的伟大作品，与《格萨尔》《江格尔》和《玛纳斯》等伟大史诗，既是世代汉族作家呕心沥血的艺术结晶，更是各少数民族作家艺术才情的生动呈现。诸如中国少数民族的"英雄史诗"，为少数民族民间文学的代表之作和典范之作，共同标志着中华民族在世界各民族文学艺术上的伟大成就。

先秦时期下里巴人歌唱响楚地，唐代"洛阳家家学胡乐"，宋代"万里羌人尽汉歌"，鲜活地反映了中华民族民间文艺活动的开放性和包容性。万里长城、都江堰、大运河、故宫、布达拉宫、坎儿井等伟大工程，同样凝聚了各民族的聪明才智，体现了各民族文化上兼收并蓄的包容性。武陵山区的苗族、土家族和汉族聚居杂居在大致相同的文化场域，歌舞文化上兼收并蓄，既跨民族存在傩戏、阳戏等民间文艺形式，也无法简单地界定《黄杨扁担》等民歌为哪个具体民族的文化遗产。

各民族在其他领域也体现出了文化上的兼收并蓄。如服饰方面，有赵武灵王倡兴胡服骑射，边疆民族习用"上衣下裳"和"雅歌儒服"，中原盛行"上衣下裤"与胡衣胡帽。在建筑方面，伴随佛教、伊斯兰教传入中国，各类宗教寺院的建筑风格融合了中国当地的建筑式样，成为中外文化相互融合的典范。各民族传承至今的文化遗产，是中华民族贡献给全人类的宝贵财富，其分布区域成为中西方文化交流的桥接地带，我国与西方借此实现交流。今天常见的舞狮、胡琴、旗袍等，直接呈现各民族文化的互鉴融通。由此可见，中华文化植根于交相辉映的各民族文化，因兼收并蓄而历久弥新。各民族文化间的相互吸收，促进了民族文化的繁荣发展，在此基础上诞育、成长、发展、兴盛的中华文化，在全球不同文化类型和文明体系中，独树一帜。兼收并蓄、开放包容、融会贯通、与时俱进，既保障了中华文化的连绵不绝，又形成了不断更新发展的内在机制，成为中华民族文化自信的强大根源。

（三）中华文化：各民族的共同文化和中华民族共有精神家园

自古以来，中华文化有时也被称为"中国文化"，或者被称为"汉文化"，其实并不完全准确。在中华大地上，汉族和诸多其他民族共同居住，具有密切的经济社会联系。汉族从血统意义上看并非纯粹的单一民族，而是以"中原""华夏"为核心，融合历史上很多民族的产物，包含着多民族的基因和多文化的内涵。就像不能把汉族等同于中华民族一样，也不能把汉族文化等同于中华文化。

中华文化不单纯是民族学意义上的民族文化，而是具有多重属性和复杂内涵的中华民族总体文化。在古代中国，中华文化是指中华民族自在状态下的整体文化。近代以来，与外国文化相比，中华文化又成为自觉的中华民族的整体文化。中华人民共和国成立之后，中华文化包括56个民族的民族文化，同时又是位居各民族文化之上的整体文化和国家文化。从国家层面看中华文化比简单从民族层面看中华文化更容易看清其内源和本质。从结构上或范围上看，中华文化可以指56个民族文化的总和，当然包括56个民族文化的"公约数"或相互间的交集部分，更是指高于民族文化的与国家主权、政权、制度相关联的国家文化，还可以包括延伸至国家主权范围之外的海外华人所代表的海外中华文化。国家层面的中华文化和民族精神，就不能单纯看成是民族的，更不能看成是某个民族的，它既包括56个民族的民族文化，又是民族国家层面的整体文化。从国家层面和政治角度来看待中华文化，而不是单纯地从历史和民族的角度来解读中华文化，这使中华文化既有内在的清晰结构，又保持多元的特色和发展的动力，这与"五个认同"所倡导的精神具有内在一致性。

自秦统一之后，以中原地区为核心不断发展壮大的汉族文化与国家政权的结合日益密切。为巩固统一局面，秦朝推行车同轨、书同文、统一货币和度量衡等举措，建立了国家统一的制度基础，特别是书同文，"把多种语言的语音异质性与书写文字的同质性结合起来，所有的中国王朝大部分都在这种统一的书写文字中管理他们的行政事务，哲学家、诗人和散文家们也用统一的中文进行写作"①。统一文字，不仅有利于国家政令的颁布实施，而且有利于将全国各地的精英纳入地方和国家的治理体系。董仲舒"独尊儒术"的主张得到最高统治者采纳，随后的封建王朝政权一般都接受儒家文化为正统文化，"大一统"思想根深蒂固，不论哪个民族获取政权，均视天下一统为己任，都要把管辖范围内的各民族视为自己的子民，都要促进民族间的交往交流交融，确保境内经济发展和社会安定。中华文化具有兼收并蓄、和而不同的基本特点，强调"中庸"，不走极端，具有相互包容、共生共存的品格。中华文化的发展受益于各民族文化的滋养，而中华文化也为各民族文化生存与发展提供了基本框架和良好生态。"历史经验千百次地证明了，乐于接受其他民族的特长，兼容并包，是有利于本民族经济文化的发展的。"②尽管历代统治者把儒家思想作为国家主流文化和基本道德规范，但还是对各民族的特色文化采取包容性

---

① ［瑞士］安德烈亚斯·威默：《国家建构：聚合与崩溃》，叶江译，格致出版社，2019，第132页。

② 费孝通主编《中华民族多元一体格局》，中央民族大学出版社，2018，第136页。

的策略、承认差异、包容多样，使各民族文化共生共存，在交往交流交融中不断去粗取精、不断发展凝聚成为中华民族的优秀传统文化，突破了民族的、地域的界限，成为各民族都认同的"最大公约数"，形成了中华传统文化的共性表达。

中华文化在近代遭遇了数千年未有的变局与危机。鸦片战争之后，中国不仅在经济上、技术上落后，清朝在西方列强的打压下不仅国家主权逐渐沦丧和经济上损失惨重，而且文化上也节节败退，不得不试图进行调整（如洋务运动）甚至变革（如戊戌变法），但并没有取得像日本明治维新那样的成功，最后导致了清朝灭亡和传统文化主导地位丧失。也就是在这个时期，中华民族从自在阶段向自觉阶段转变，中华传统文化开始了艰难的现代化转型。

鸦片战争后，中华民族一方面不屈不挠地进行反帝反封建的伟大斗争；另一方面不断对传统文化进行痛苦的反思、局部的调整、全面的改革，乃至彻底的革命。中国共产党成立之后，带领各族人民在艰难困苦的斗争中建立了中华人民共和国，为实现中华文化的现代化奠定了政治前提。各民族在马克思主义指引和中国共产党领导下，共同创造伟大的革命文化，丰富了中华文化的时代内涵。在社会主义建设、改革开放的伟大实践中，各民族在中国共产党的领导下共同创造中国特色社会主义文化，在马克思主义、列宁主义、毛泽东思想和中国特色社会主义理论体系指导下自觉建设中华民族的现代文化，实现传统文化的创造性转化和创新性发展。当代中华文化更是超越了民族的、地域的、传统的范畴，成为国家的、整体（中华民族）的、自觉的现代文化。在这个意义上看，不论是国家意识形态等主流文化和公共文化服务体系，还是丰富多彩的地区文化、区域文化和民族文化，不论是公共财政支持的文化事业，还是依托市场发展的文化产业，都脱离了传统文化的地域性和自发性特点，并试图克服传统文化的束缚、制约与局限。现代文化建设成为国家文明建设的有机组成部分，许多当代文化项目和文化产品，如北京奥运会开幕式、《文成公主》实景剧等，虽然表面上具有一定程度的民族的传统色彩，但其表现形式和具体内容都被赋予了时代内涵，成为代表当代中国的文化符号。这些作品和成果，显然不是属于哪个民族的，而是属于当代中国和中华民族整体的。在全球化时代，中华文化的影响力超越了国界，成为全球人类文化的重要组成部分。当代公共文化服务体系，特别是现代文化产业的快速发展，使各民族的共同文化生活内容越来越丰富，时代特点越来越鲜明。在社会主义核心价值观的引领下，优秀传统文化逐步实现两个转化，更加彰显了中华现代文化的主体性，提升了各民族的文化自信，共有精神家园基石更加牢固。

如果说近代以来中华民族逐步实现了从自在到自觉的转变，那么，中华人民共和国成立以来，中华民族就是在丰富多彩的民族文化和地域文化基础上自觉建设和塑造属于中华民族整体的现代文化的。自觉塑造的中华现代文化覆盖范围更广、层次更高、引导规范作用更强、影响更广，不仅成为维系国家统一、民族团结的精神纽带，而且成为各民族的共同文化生活和共有精神家园，对各民族交往交流交融具有更大的引领和促进作用。

四、情感上的相互亲近与共同心理素质

费孝通先生的论文虽然没有开辟专节论述各民族情感上的相

互亲近，但却在多个方面对各民族情感上相互亲近的表现、形成的原因和过程进行了表述。费孝通认为"中华民族这个名称，……为全国各族人民所乐于接受"①。现在看来可以将其视为各民族情感上相互亲近最重要的表征，而"自秦汉以来，中国就是一个统一的多民族的国家"，则是各民族情感上相互亲近的根本的基础。

（一）"四个共同"是各民族情感上相互亲近的客观基础

党的十八大以来，习近平总书记多次强调中华民族多元一体是先人们留给我们的丰厚遗产，也是我国发展的巨大优势。一部中国史，就是一部各民族交融汇聚成多元一体中华民族的历史，就是各民族共同缔造、发展、巩固统一的伟大祖国的历史。习近平总书记以"四个共同"总结了这一过程：我们辽阔的疆域是各民族共同开拓的，我们悠久的历史是各民族共同书写的，我们灿烂的文化是各民族共同创造的，我们伟大的精神是各民族共同培育的②。

中国是有着960多万平方公里的陆地面积的泱泱大国。中国的疆域虽然不是世界上最大的，但一直哺育着世界上最多的人口。自古以来，中国的人口规模就在世界各国中名列前茅，世界上的大国"你来我往、我来你往"，各领风骚数百年，但中国却是世界大国中生生不息的大国，也是唯一连绵至今的文明古国。不少封建王朝在统一时期创造了令人赞叹的辉煌成就，就是在其衰落甚

---

① 费孝通：《中华民族的多元一体格局》，《北京大学学报（哲学社会科学版）》1989年第4期。

② 习近平：《在全国民族团结进步表彰大会上的讲话》，人民出版社，2019。

至分裂的时候，中华民族依然屹立不倒，并为重新崛起和实现复兴积蓄着力量。这片广袤的国土就是中华民族的生存之本，而这片国土是各民族共同开拓的。各民族共同开拓的疆域是我们的共有家园，各民族都是拥有共有家园的一家人，具有天然的亲近感。

我国今天的 56 个民族，尽管族源不同，规模有大有小，发展水平也有很大差异，但作为中华民族大家庭的平等一员，都对中国历史发展作出了各自的贡献。各民族共同创造了辉煌灿烂的古代历史，共同遭遇了近代以来外敌的侵略与压迫，共同对外国列强的侵略进行了不屈不挠的英勇抗争，在中国共产党领导下共同缔造了中华人民共和国，共同承担着建立社会主义制度、推进改革开放、实现中华民族伟大复兴的历史使命。同呼吸、共命运的"共同"历史，使各民族凝聚成"三个离不开"①的关系。中华民族命运共同体是各民族血浓于水的关系的真实写照。

各民族共同创造的灿烂文化和中华文明，不仅是中华民族屹立于世界民族之林的历史见证，也是各民族在多元一体格局中保持生机活力的内在源泉。共同文化给各民族的思维方式与行为习惯方面带来的一致性，使我们这样一个拥有 14 亿多人的人口大国在重大历史关头（比如 2020 年暴发新冠疫情期间）步调一致，形成一个团结统一的整体，与其他国家明显区分开来。这不仅体现了各民族的"中国人"意识，还拉近了彼此之间的距离，进一步增强了各民族的亲近感、凝聚力和向心力。

民族精神是一个民族的"民族性格"（民族性）或"民族群体

---

① "三个离不开"：汉族离不开少数民族，少数民族离不开汉族，各少数民族之间也相互离不开。

人格"的集中表现。民族性是指"一个民族由于其共同的文化背景、共同的生活环境以及共同的（宗教）信仰等造就了这个共同体的（基本特征）与对待他人的共同态度及行为表现"①。不同的民族性，是把各个民族与世界各国（民族国家）区分开来的显著标志。从民族的角度看，尽管56个民族在不少方面表现出较大的差异性，相互之间也存在各自的民族性格，表现出各民族性格方面的多元性和复杂性，但与外国民族（特别是民族国家）相比，由56个民族组成的中华民族又是一个大的比较稳定的共同体。各民族的民族性格又表现为很强的一致性和共同性，即由于地理、历史、（宗教）信仰、风俗、法律等共同因素的作用而在心理特点上表现出共同性。"中华民族"作为各民族共同的实实在在的"大家庭"，也形成了各民族共同培育的民族精神，即具有鲜明历史特点和时代特征的"中国人"的民族群体人格。

　　情感上相互亲近的各民族，在长期的历史发展中逐步培育出中华民族的共同心理素质或民族性格。中华民族一家人的意识使各族人民不断感知共同体内外不同的民族特性，也就是一个共同体成员内部的共同特点，即呈现出政治心理、文化价值理念、民族思维方式以及民族性格、民族精神上的共同性。政治心理上的共同性，即形成了"五个认同"，构筑了国家统一、民族团结、社会稳定的思想基础，构成了坚定中国特色社会主义道路、弘扬中国精神、凝聚中国力量的源泉。文化价值理念上的共同性，即"天人合一""物我统一"等文化理念，"仁、义、礼、智、信""中庸"等文化品质，"崇德求善"等心理准则，以及新时代积极培育和践行社会主

---

① 李静：《民族心理学》，民族出版社，2009，第360页。

义核心价值观，成为国家主流价值观和凝聚全党全国人民团结奋斗的共同思想基础，决定着各民族共有精神家园的发展方向。民族思维方式上的共同性，即根植于各族人民内心的思维方式，对整体大于个体，国家、集体优先的高度认同与行为塑造（集体主义、爱国主义），追求变革、强调创新。正如习近平总书记所指出的"中华民族充满变革与开放精神"。民族性格上的共同性，即勤劳善良、秉持诚信、守则、求和的心理特征①。毛泽东同志在赞扬中华民族的优良传统时，也概括出我们这个伟大民族性格中千百年来保持不变的刻苦耐劳、勤劳勇敢、谦恭谨慎、团结互爱、自强不息等特点。民族精神上的共同性，即各族人民在长期奋斗和融合发展中形成的特质、禀赋和独特的历史文化模式。习近平总书记站在中国特色社会主义进入新时代和实现中华民族伟大复兴中国梦的战略高度，在历史和现实的紧密结合中，将其深刻地阐释为："中国人民具有伟大创造精神、伟大奋斗精神、伟大团结精神、伟大梦想精神。"②

这种精神从历史发展进程来说，就是指在几千年中国文化中孕育发展并经过近现代革新转化延续至今、依然保持旺盛生命力和辐射力的中华民族精神。习近平总书记在党的十九届四中全会第二次全体会议上把这种精神概括为以11种思想观点为代表的中华优秀传统文化和一以贯之的价值理念：大道之行、天下为公的大同理

---

① 张健：《文化符号、文化心理与中华民族共同体意识》，《光明日报》2020年5月8日。

② 《习近平：中国人民具有伟大创造精神、伟大奋斗精神、伟大团结精神、伟大梦想精神》，新华网，https://www.xinhuanet.com/politics/2018 - 03/20/c_1122562898.htm。

想，六合同风、四海一家的大一统传统，德主刑辅、以德化人的德治主张，民贵君轻、政在养民的民本思想，等贵贱均贫富、损有余补不足的平等观念，法不阿贵、绳不挠曲的正义追求，孝悌忠信、礼义廉耻的道德操守，任人唯贤、选贤与能的用人标准，周虽旧邦、其命维新的改革精神，亲仁善邻、协和万邦的外交之道，以和为贵、好战必亡的和平理念，等等①。

习近平总书记提出的"四个共同"，尽管不是从心理学方面论述中华民族的共同心理素质的，但却成为阐释我国各民族共同心理素质和心理认同的精辟概括。但是，"四个共同"并不意味着"中华民族是一家"的意识是与生俱来的和一成不变的。历史上不同朝代也存在统一与分裂的斗争，自秦朝统一之后就存在大一统王朝与割据政权的循环交替局面，中国的疆域在不同历史时期也是经常变化的，中华文化的发展也非一帆风顺，共同的民族心理素质包括民族精神也是动态发展的，每个时代都需要不断地培育和塑造。

（二）各民族情感上相互亲近与共同心理素质的形成

"四个共同"在客观上促进了各民族情感上的相互亲近。"长期的共同生活，使同一民族的人在心理上形成了共同的意识，将本民族看成是利益一致的群体"②，但在此过程中各民族"我们"意识和"共同体"意识的增强却依赖于各民族间"共同性"的不断提升。从费孝通先生的论述中，我们可以看出在从地方性的多种文化区和不同的民族集团向中华民族作为一个民族实体演化，

---

① 《坚持和完善中国特色社会主义制度、推进国家治理体系和治理能力现代化》，《求是》2020年第1期。

② 李静：《民族心理学》，民族出版社，2009，第141页。

从自在的民族实体向自觉的民族实体转变，中华民族形成多元一体格局的发展过程中，各民族间情感上的相互亲近正是伴随着共同性不断增强而不断提升的，并最终促使中华民族共同心理素质的形成。在这个过程中，各民族间的接触、交往和互动，共同意义空间的形成，近代以来共同的抗争历史和包容差异、相互尊重则形成了各民族情感上相互亲近的内生动力、心理基础、记忆基础和情感基础。这四个方面相互交织、互相促进，共同构成了各民族情感上相互亲近的主要原因、特征表现和实现途径，并成为中华民族共同心理素质形成的基础。

各民族间的接触、交往和互动是情感上相互亲近的重要驱动力，是中华民族共同心理素质形成和发展的动力源泉。马克思在《历史学笔记》中深刻地指出，交往的不断深入与扩大、生产的不断发展，是世界历史形成和发展的动力源泉。马克思站在世界史观的高度分析了人类各个国家和民族间的交往历史，认为交往不断推动历史从原初各民族自给自足、闭关自守、相互隔离的地方性、区域性历史向各民族互相往来、互相依赖的世界历史转变[①]。在中华民族多元一体格局形成的历史过程中，各民族间的接触、交往和互动使得文化间出现的竞争机制总是"相互吸收比自己优秀的文化而不失其原有的个性"。即使是在历史上少数民族参与争夺中华大地统治权的时期或处于封建政权割裂的分裂时期，许多少数民族也以统一天下为己任，以中华文化正统自居，体现中华民族共同体的亲和力和凝聚力；而各族人民之间相互移民、互相

---

① 马克思：《卡尔·马克思历史学笔记》，中央编译局马列著作编译部译，中国人民大学出版社，2005。

"输入新的血液"带来的各民族大交流、大杂居和大融合，"蛮夷汉化""华夏夷化"和"蛮夷互化"的"民族熔炉"现象在各个历史时期都不曾中断。改革开放以来，我国更是进入各民族跨区域流动的历史活跃期，越来越多的各民族同胞走出传统聚居地，在全国各地流动。越来越多的地方成为多个民族共同居住、共同学习、共同工作、共同生活的地方。各民族在政治、经济、文化领域内广泛交往交流交融，大大深化了"你中有我，我中有你，谁也离不开谁"的命运共同体关系，深化了情感上的亲近关系。

各民族间共同意义空间的形成是情感上相互亲近的心理基础。共同意义空间包含对符号意义拥有共通的理解和相近的生活经验或文化背景两个层面。尽管我国各民族或各地居民大多都拥有自己的语言或方言，但很多民族的语言或拥有相同的主要来源，或存在密切联系，或具有近亲性，在不同少数民族间通话的媒介也多种多样，有以汉语交谈，有各用自己的语言交谈，也有用对方的语言交谈，也有用当地通用的某一种少数民族语言交谈。一般来说，"汉语已经逐渐成为共同的通用语言"[①]，长期使用通用语和跨民族共同语，显示整体内部和各成员间的亲近情感。同时，秦朝建立统一的多民族国家之后，统一了文字，更加有利于加强各地和各民族的相互联系与国家政令的统一。中华民族的形成过程中，汉族成为多元一体格局中的一个凝聚的核心，这一核心凝聚力来源于几千年精耕细作的农业经济的主导性和各民族生产方式上的互补性。费孝通先生指出，平原地区适合农耕，汉族"两

---

① 费孝通：《中华民族的多元一体格局》，《北京大学学报（哲学社会科学版）》1989 年第 4 期。

腿深深地插入了泥土"，农业经济最发达，文化发展水平相对更高。游牧民族"只要进入平原，落入精耕细作的农业社会里，迟早就会服服帖帖地主动地融入汉族之中"①，没有进入农业经济的民族一方面与汉族形成"居得很密"的格局，通过贸易等形式把彼此联系起来。相近的生活经验和文化背景"把东亚这一片土地上的各民族串联在一起，形成了中华民族自在的民族实体"，"并取得了大一统的格局"。从社会心理学来看，共同意义空间的形成有助于各民族减少因偏见带来的"刻板印象"，从而产生文化和心理上相互认同的发展机理，"不同民族群体的接触，增加对外群体的了解，减少对群际互动的消极期待；个体感知到内群体和外群体的共同性，降低群际焦虑水平，实现相互共情和观点的互相采纳"②。

各民族在近代以来共同抵御西方列强的抗争中形成的命运共同体，是情感上相互亲近的记忆基础认同，被认为是"人类共同体最稳固而长久的黏合剂"，而在共同体内部创造、传承、遗忘、唤醒或修复的社会记忆，则将认同实现路径建立在记忆的支点上。只有当各民族对历史上的民族交往交流交融存有记忆，对其他民族的特征有清晰且深层次的认知，才能产生相互尊重的心理基础，进而在历史记忆的强化下形成相互亲近的感情。而中华民族多元一体形成过程中的"四个共同"，尤其是中华民族"这个自在的民族实体在抵抗西方列强的压力下

---

① 费孝通：《中华民族的多元一体格局》，《北京大学学报（哲学社会科学版）》1989 年第 4 期。

② 万明钢：《从社会心理学的视角看民族间交往流融》，《中国民族教育》2017 年第 4 期。

形成了一个休戚与共的自觉的民族实体"① 的过程，为各民族对中华民族的认同和相互认同提供了记忆基础。近代以来的百年抗争，各民族为了保卫家乡和祖国并肩作战，与侵略者进行了英勇斗争，作出了巨大牺牲，使各民族同呼吸，共命运，心相交，血相融，实现中华民族"从自在到自觉的伟大转变"，形成"你中有我，我中有你"的共同体，各民族间在情感上相互亲近，表现出强烈的认同意识。

　　各民族间包容差异、相互尊重是情感上相互亲近的情感基础。一方面，历史经验表明，通过"夷夏之防"、民族歧视和政治命令，这种直接政治干预的效果不大也是不好的。另一方面，在《中华民族的多元一体格局》一文"瞻望前途"的内容中，费先生认为"中华民族进入 21 世纪以前已产生了两个更大的质变"。其中第一个就是"过去几千年来的民族不平等的关系已经不仅在法律上予以否定，而且事实上也做出了重大的改变"。民族平等成为根本性政策，被明确地写入了宪法，尊重差异、包容多样的民族政策和平等、团结、互助、和谐的社会主义民族关系得以建立和巩固。中华人民共和国成立后，党和政府尊重各民族的文化，采取各种措施，从财力、物力、人力以及科学技术手段等方面保护、继承和发展民族文化，"少数民族的语言和风俗习惯要受到其他民族尊重，改革与否由各民族人民自己决定"，而"很多过去隐瞒自己民族成份的人敢于和乐于公开要求承认他们是少数民族"也使各民族情感上相互亲近。在这一时期的重要表现，从各民族日常

---

　　① 费孝通：《中华民族的多元一体格局》，《北京大学学报（哲学社会科学版）》1989 年第 4 期。

交往的实际情况来看，城镇化、市场化、信息化等的发展对各民族情感上的相互亲近，具有良好的促进作用。城镇化打破了传统的居住格局，使得互嵌式社会结构更为普遍，各族人民交往的机会与频次大大增加，各民族群众共居、共学、共事、共乐的局面容易形成；市场经济和现代治理体系的形成也在促进各族人民的相互交往和融合，更容易打破民族身份间的区隔，形成手足相亲、守望相助的格局；信息化形成的互联网环境既提供了一个不同民族群众相互交往交流交融的新场域、新生态和新途径，将不同民族的人带到相同的场景，从而模糊了社会角色的身份、等级等因素，因个人爱好、共同经历、共同兴趣等形成新的身份认同，同时也打破了个人身份的限制，在拥有民族身份的同时，还可以扮演多种角色，在各种社群中找到归属感；人口大规模跨区域流动打破了传统民族交往的地理界限，既带来了居住格局的变化，也增强了各族成员在日常生活中的交往。在不断接触和交往的过程中，各族人民情感上的相互亲近体现在日常生活的相互亲近、交友和通婚等方面。人口的散居化分布使各民族之间社会交往明显增多，各民族的婚姻观也出现了很大变化，跨族婚姻数量大幅度上升。

各民族情感上的相互亲近和共同性的不断增强，为中华民族共同心理素质的形塑和发展提供了共同情感的基础。共同情感作为共同体的基本要素之一，在民族共同体中也是"共同的心理素质"形成的主要驱动力之一[①]。涂尔干甚至将其视为维系社会团

---

① 中央社会主义学院马克思主义理论教研部编《马克思主义中国化研究（第 1 辑）》，中国言实出版社，2018，第 212 页。

结的核心和基础①，而"经由缓慢的遗传累积"，获得"情感、观念、信仰和利益的一致性"，才会让一个民族的心理特点出现高度的认同感和稳定性并最终形成"集体精神"②。在民族心理学中，也将民族情感、价值观念、社会情趣等比较不固定的民族心理状态与民族气质、性格、能力等较为稳定的心理特征视为民族心理结构的构成要素。两者是辩证统一的关系，前者对后者有制约作用，同时后者可以转化为前者，当民族心理状态长期反复不断地出现，也就逐渐形成了相应的民族心理素质③。

（三）以社会主义核心价值观为引领建设各民族共有精神家园

"共同心理素质"是一个民族在历史上形成，并在相当长时间内保持基本稳定的共同体意识、思维方式和民族（性格）精神，主要包括共同的祖先崇拜、历史记忆、制度规范、道德观念、价值判断、精神追求、风俗习惯。这是认同"我们"、区分"他者"的主要标准。这些被共同体成员所遵守并延续而来的群体性的思维习惯和行为方式，主要通过"文化上的共同性表现出来"，但其背后是群体性心理机制在发挥作用。群体性心理通过某种类型的文化载体表达出来，既是一种心理现象，也是一种历史文化现象。这种在某种文化精神或价值观引导下群体性心理产生、培育与发展的机制，就是形成民族精神或共同体群体意识的"共同心理过程"。"共同心

---

① ［法］埃米尔·涂尔干：《社会分工论》，渠东译，上海三联出版社，2000，第 42 页。

② ［法］勒庞：《法国大革命》，青闰译，天津社会科学院出版社，2016，第 272—274 页。

③ 丁少锋：《民族先进精神论》，中央编译出版社，2004，第 42 页。

理过程"一般表现为民族成员的共（同认）知、共情、共思（群体思维）和共（同记）忆，在共知、共情、共思、共忆的基础上，共同培育了一个群体或者一个民族的价值观和精神追求。

中国作为一个古老的多民族国家，"多元一体"的民族格局，使中国在支持各民族培育和发展本民族"共同心理素质"的同时，还培育形成了更大范围的一体化的"共同心理素质"，即中华民族的共同文化和共有精神家园。1949年中华人民共和国的成立，标志着中国历史开启了新的篇章，已经站起来的中华民族在中国共产党的领导下，不仅要独立自主地建设社会主义国家，而且要克服各种困难、干扰与艰难险阻，加快推进现代化建设，奋力实现中华民族伟大复兴的中国梦。第一个百年奋斗目标即全面建成小康社会已实现，建设社会主义现代化强国的蓝图和路径已经明确。

在这个历史发展过程中，民族间的接触、交往和互动越来越密切，各民族交往交流交融程度是空前的。改革开放以来，我国经济快速发展，进入了各民族人口跨区域流动的历史活跃期，越来越多的各民族同胞走出传统聚居地，在全国各地流动，越来越多的地方成为多个民族共同居住、共同学习、共同工作、共同生活的地方，各民族在政治、经济、文化领域内广泛交往交流交融，共同性逐步增强。平等、团结、互助、和谐的社会主义民族关系的发展，深化了各民族之间"你中有我，我中有你，谁也离不开谁"的命运共同体意识，加深了彼此间的经济社会文化联系，增进相互之间的情感。从百姓日常生活的角度看，当今中国人与人之间、群体与群体之间、民族与民族之间、地区与地区之间相互联系、相互依赖的程度，不论是范围还是深度，都远远超过历史上任何一个时期。

增强各民族间的接触、交往与互动，不单纯是一个自发、自在和自然而然的过程，还需要引导与塑造。从大的方面看，中华民族的成员由于具有共同地域、共同经济生活、共同文化、共同心理素质，可以把自己与国外民族区别开来。但在中华民族大家庭内部各民族之间，民族性格、风俗习惯、思维逻辑、行为方式等方面依然存在一定程度的差异，在日益密切的交往互动过程中，由于在资源利益竞争、生产生活方式、思维方式及行为方式等方面的差异而带来的误解、矛盾或冲突还是不能完全避免，对中国现代化进程和中华民族伟大复兴大业造成不利影响。要建设良好和谐的民族关系与社会关系，就必须做好民族工作，就必须创造一系列的外部条件，通过有意识、有针对性地开展民族团结进步各项工作，尤其是要靠卓有成效的教育工作来推动。社会学有一个"社会化"理论，其意是指一个个体生命需要经历不间断的"社会化"培育过程才能使其成为合格的社会成员。由此类推，塑造一个群体、一个民族乃至一个国家全体国民的国家共同体意识和共同心理素质，需要进行持续不断地"建构"与建设。党的十八大以来，习近平总书记反复强调"铸牢中华民族共同体意识"，把它上升到新时代党的民族工作主线的高度，要求各级党委、政府做好物质和精神两个方面的工作。尤其强调下大力气做好精神层面的工作，强化各民族及每一个公民的民族团结意识，巩固民族大团结局面，把全部力量都凝聚到建设社会主义现代化强国和实现中华民族伟大复兴中来。

加快建设新时代中华民族共同意义空间，就是推进以"社会主义核心价值观"为核心的中华民族共有精神家园建设。一般来说，一个民族的共同意义空间，其核心内容与基本精神在相当长的时间内会保持基本稳定，但是在不同时期完全保持共同意义空间不变是不现实的。由于时代不断发展，共同意义空间的一些内容及表现方式发生变化也是自然的，中国特色社会主义进入新时代，"四个全面"战略布局和"五位一体"总体布局要落地，国家治理体系和治理能力要实现现代化，推进强国建设、民族复兴新征程，任务艰巨，工作繁重，凝聚大家力量既要靠经济利益，更要靠坚定的信仰和价值观引领，使树立信仰、坚持信仰成为中华民族共同意义空间即各民族共有精神家园建设的核心任务。

社会主义核心价值观是新时代各民族共有精神家园的内核、精髓、真谛。24 个字的社会主义核心价值观内容十分丰富，具有鲜明的共识性、导向性、时代性，把国家价值目标、社会价值取向和公民价值准则有机结合在一起，既是对中华优秀传统文化的继承、扬弃和超越，又是从现实问题和实际需要出发引领当代中国文化建设的纲领，对以铸牢中华民族共同体意识为主线的新时代党的民族工作也是指引与导向。在从传统社会走向现代社会的现代化过程中，中国面临着百年未有之大变局，物质技术的现代化带来了显而易见的发展进步，但也造成了精神文化层面的巨大冲击。一方面，中国人的价值观和西方价值观直接相撞，西方文化对中华文化的冲击更加直接；另一方面，在中国现代化进程中，物质技术的现代化和精神文明的现代化并不同步，总体上是精神文明建设滞后于物质文明发展。在市场经济发展中，一些消极腐朽的糟粕文化沉渣泛起，甚嚣尘上，对优秀的传统文化和社会主义文化形成了巨大冲击。中国文化的现代化和当代民族精神建设，迫切需要社会主义核心价值观。

社会主义核心价值观是现代化进程中加强精神文明建设的重大举措，更是凝聚中华民族和全体人民的精神力量。社会主义核心价值观充分继承了优秀传统文化的精髓，既体现了对公民个人权利的尊重和正当利益的保护，也体现了中华文化集体主义和社会公共利益优先的价值导向，更体现了全面建设社会主义现代化国家的追求。这是对当代中国发展目标、发展要求和民族精神的集中概括，是塑造当代民族精神和建设共有精神家园的核心内容，也是塑造新时代中华民族共同心理素质的迫切要求。从加强新时代共同心理素质建设的角度看，弘扬社会主义核心价值观就是从根本上强化对中华文化的认同，是推进建设社会主义现代化强国进程中的"四个自信"。这是新时代中华民族时代精神建设的需要，更是调动各民族群众的积极性、形成中华民族伟大复兴磅礴力量的客观要求。

由于国内国际环境正在发生剧烈变化，世界面临着百年未有之大变局，使文化领域成为不同社会制度、不同文明形态竞争的重要战场。我们看到改革开放以来中国文化的发展繁荣，也感受到"历史虚无主义""文化虚无主义""文化保守主义""文化狂热症"等错误思潮以不同形式冲击着主流价值观。市场经济受社会价值观的引领，形成了利益和思想的多元化，甚至出现了多元价值观念的对立和冲突。随着改革开放的不断深入和全球化发展，中国与世界交往、联系日益紧密，各种社会思潮不断涌入，冲击着我国社会的主流价值观。习近平总书记指出："社会多样化发展使人们思想多元化、复杂性的特征越来越明显。"[1] 面对来自内外部环境变化带来的冲击，中华民族的共同心理素质也面临着一定

---

[1]　习近平：《在十八届中央政治局第十六次集体学习时的讲话》，载中共中央文献研究室编《习近平关于全面从严治党论述摘编》，中央文献出版社，2016。

的冲击和影响。我们在文化领域、价值观与社会共识领域，面临着一些亟须解决的问题。社会主义核心价值观引领着中华民族现代文化的发展方向，既是塑造公民文明行为的标准规范，又是建设各民族共有精神家园的科学内涵，更是解决经济、社会、文化领域诸多问题的行动指南。

总之，伴随古代国家的形成与发展，生活在同一地域的各民族逐步形成了统一的国内市场和共同的经济生活、文化生活，培育了中华民族的共有精神家园和共同心理素质。经济依存、文化共塑、情感共育三大机制持续增强了中华民族的共同性，实现了中华民族在近代由自在到自觉的转变。新中国成立以来，在中国共产党领导下，中华民族经过 70 多年的艰苦奋斗，实现了从站起来、富起来到强起来的历史阶段，中华民族伟大复兴进入了不可逆转的历史进程。在这种情况下，重温习近平总书记"各民族文化上的兼收并蓄、经济上的相互依存、情感上的相互亲近"使中华民族从"多元"聚为"一体"，对准确把握中华民族多元一体格局的形成和发展趋势，增强铸牢中华民族共同体意识、推进中华民共同体建设的自觉性，具有重要指导意义。

第五章

中华民族共同体的结构分析

费孝通先生在《中华民族的多元一体格局》中把中华民族的结构分为两个层面：中华民族是上层，是一体；56 个民族是下层，是多元。当然，56 个民族内部还可以分为不同的层次。这种结构划分已经明确了"一体"和"多元"的"上下"秩序，在某种程度上界定了作为上层的"中华民族"具有"民族国家"意义上的民族属性（"国家民族"），对应英文中的 nation。同时，对于 56 个民族依然称之为"民族"，而没有使用世界很多国家流行的"族群"（英文中的 ethnic group）。这种划分体现了他对 56 个民族平等地位的尊重，也是中国在开展民族识别工作后各民族一律平等地位的体现。然而，56 个民族的平等地位并不意味着哪个民族可以等同于或者自外于中华民族，中华民族与 56 个民族具有的不同地位和层级，体现出中华民族内部复杂的结构关系，体现在各自不同的"民族属性"及其表现形式各方面。

一、中华民族是具有复杂内部结构的共同体

"民族"作为一种人类群体，是与国家联系在一起的。"中国"这一概念有其产生、发展和形成的过程，"中华民族"亦然。中国自秦汉以来成为统一的多民族的国家①，已有两千多年的统一的多民族国家的历史。中华民族作为一个自觉的民族实体，是近百年来在中国和西方列强的对抗中出现的，但作为一个自在的民族实体则是在几千年的历史过程中所形成的②。历史上形成的各个民族群体之所以接受"中华民族"这个族称，是由于中国境内的各个民族群体在长期的交往交流交融过程中，已经朝着"多元一体"的方向发展③。

马克思把欧亚大陆东部的大国称为"中国"，或称为"古老的中国""世界上最古老的帝国"，他把清朝称为他所处时代中国的"现存政权"或"中华帝国"，把满族称为"当今中国统治民族"④。陈连开先生认为，清朝本质上与北魏、辽、金、元等相同，都是以中国历史上早已加入多民族中国的少数民族作为统治民族的封建王朝。也就是说，在某一个历史时期，所有活动在中国这个领域内的民族和其建立的国家，不管相互之间如何对立，

①　陈连开：《怎样阐明中国自古是多民族国家》，《历史教学》1979 年第 2 期。

②　费孝通：《中华民族的多元一体格局》，《北京大学学报（哲学社会科学版）》1989 年第 4 期。

③　周平：《中华民族：中华现代国家的基石》，《政治学研究》2015 年第 4 期。

④　陈连开：《统一多民族中国的历史不容割裂——斥"四人帮"割裂中国历史破坏民族团结的谬论》，《思想战线》1978 年第 5 期。

都是中国的民族和中国的国家，这就是"当时的实际情况"。民族关系史的研究只能依据这个实际情况而不能是别的什么情况①。历史上建立过王朝的少数民族，大部分进入内地，与汉族在交往交流的过程中相互融合在一起。

冯友兰先生认为，人类按照组织单位区分，可以有部落、部族、民族等差异，现在的世界有中国、日本等民族。这里他将民族与国家结合在一起，在他的文章中，民族也指中国作为"国族"的各个组成部分。如他提到汉、满、蒙古、回、藏"五族共和"是在中国历史中出现的第三次民族团结，将五个民族联合为一个民族，称为中华民族②。也有学者认为居住和生活在中国领域的民族，包括现有的和曾经存在现已消失的民族，都属于中华民族③。中华民族是中国古今各民族的总称，是由许多民族在结合成统一国家的长期历史发展过程中逐渐形成的民族集合体④。

中国境内有 56 个民族，每个民族都有着各自的族名，同时，56 个民族又有一个共同的族名，即中华民族⑤。56 个民族共同组成了中华民族共同体。中华人民共和国成立后，我国进行了民族识别，把历史上形成的不同文化群体经过界定确立为某个民族，作为国族的中华民族就成为各个民族组成的整体——各民族的大

---

① 陈梧桐：《关于处理我国民族关系史若干原则的商榷》，《中央民族学院学报》1981 年第 2 期。

② 冯友兰：《从中华民族的形成看儒家思想的历史作用》，《哲学研究》1980 年第 2 期。

③ 田继周：《我国民族史研究中的几个问题》，《文史哲》1981 年第 3 期。

④ 陈连开：《关于中华民族的含义和起源的初步探讨》，《民族论坛》1987 年第 3 期。

⑤ 谷苞：《论中华民族的共同性》，《新疆社会科学》1985 年第 3 期。

家庭，或"多元一体"结构。中华民族与各民族的关系，是一个大家庭和家庭成员的关系，从形式上看也就成了整体与部分的关系①。费孝通先生在 1988 年明确提出的"中华民族多元一体格局"理论，认为要从中华民族整体上研究国内的民族问题，从动态的、变化的观点来看问题，从历史演进的进程中把握中华大地上各民族间的往来，各自的形成、合并和分化的趋势与规律，以近代为标志划分了中华民族的自在阶段与自觉阶段，从"一"与"多"的关系入手把中华民族与 56 个民族的关系区分为"上层"与"下层"的内部结构②，引发了后续一系列的学术讨论，引领了中华民族或者说中华民族共同体的理论研究。

中华民族的多元一体格局也可归纳为"各民族共创中华"及"中华民族的基本结构"。

"各民族共创中华"是由兰州大学杨建新于 1999 年提出的学术观点，核心观点是论述中国历史上的各民族在族体上的相互吸收、祖国领土上的共同开发、经济生活中的相互促进和发展。主要内容包括族体上的相互吸收，祖国疆域的共同开拓，经济上的开放和相互促进，对中国政治历史文化传统的维系，对中华文化宝库的丰富，反对侵略、保卫中华，对中国民族革命作出的贡献，维护祖国统一、反对分裂，共铸中华民族精神③。2020 年，杨建

---

① 周平：《中国民族构建的二重结构》，《思想战线》2017 年第 1 期。

② 费孝通：《谈深入开展民族调查问题》，《中南民族学院学报（哲学社会科学版）》1982 年第 3 期。

③ 杨建新：《论各民族共创中华》，见《各民族共创中华》丛书（10 卷本）"序言"，甘肃人民出版社，1999。引见杨建新：《各民族共创中华——杨建新先生九十诞辰文集》，兰州大学出版社，2023。

新在《再论各民族共创中华》一文中，从"中华民族的发展阶段、中华民族形成的环境和基本特征、中华民族的基本结构"三个方面，对上述论点进行补充。杨建新从基础性稳定性结构、多元性多样性结构、同质性一体性结构、自调性自保性结构四个特点，论述了中华民族的基本结构①。

以杨建新的观点为基础，李静对中华民族基本结构的表述进行了微调，将其概括为基础性稳定性、自调性自保性、同质性一体性、多元性聚合性，系统论述了上述结构的相互联系和相互作用。李静认为，"这些结构是各民族在交往交流交融过程中共同建立和完善的，由各民族共同参与、创建和维护，在历史上的不同时期有不同的特点和变化，但其内部主要结构保持了基本不变，是促进中华民族在历史长河中得以形成并稳态延续的关键因素和重要推动力量"。由此，中华民族展现为"一个稳定的命运共同体"②。在近期试用的《中华民族共同体概论》讲义中，编委会认为，"文明是中华民族共同体形成的基础，国家是中华民族共同体形成的主脉"。中华文明突出的"统一性"及其形成的中华"大一统"传统，不仅促进了中华民族政治共同性的发展，而且促进了经济共同性、文化共同性、社会共同性的发展。大一统成为各民族共同的社会理想和政治追求，这是中华民族五千多年文明一脉相承、源源不断、生生不息的奥秘所在③。这一切归功于华夏共

---

① 杨建新：《再论各民族共创中华》，《中央民族大学学报（哲学社会科学版）》2020 年第 4 期。

② 李静：《中华民族共同体概论》，商务印书馆，2023，第 139 页。

③ 本书编写组：《中华民族共同体概论》，高等教育出版社、民族出版社，2023，第 38 页。

同体独特的"向心发展"的初始格局与演化路径，归功于在不同历史时期从多元向一体发展的主动选择和历史道路，归功于近代以来没有按照西方一族一国的民族国家理论建设现代国家，而是创造性地实现了"多民族国情"与"单一制国体"的有机结合，各民族共同选择和建设了以中华民族为现代国家民族的统一的多民族国家。这样充分说明，中华民族建设的统一多民族国家是中华大一统历史传统的客观继承，更是近代以来特别是中国共产党成立之后带领各民族共同的自觉选择。

二、中华民族共同体的多重结构

民族现象十分复杂，费孝通先生将我国的民族情况概括为"历史长，渊源久；幅员广大，民族众多；以及各民族社会经济发展不平衡"等特点①。中华民族共同体作为一个有机整体，需要调整整体与局部以及局部之间的关系，以避免结构紊乱，使民族关系向有序的方向发展。

有些民族现象表面上看来似乎是杂乱无章的，但其背后总是存在着一定的规则和秩序。秩序和无序相对应，秩序有次序、规则、条理之意，是指人们在长期社会交往过程之中形成的相对稳定的关系模式、结构和状态。秩序也指自然和社会进程中存在着某种程度上的一致性、连续性和确定性。把民族关系纳入社会的整体框架之中，或者社会秩序之中去分析，需要从学术话语上把

---

① 费孝通：《关于我国民族的识别问题》，《中国社会科学》1980 年第 1 期。

民族现象从看起来杂乱无章的状况中，梳理出有条理不混乱、有先后不颠倒的秩序。政治、地理、经济、社会、文化、心理、语言、历史等均是梳理和理解民族关系秩序的不同维度。

（一）政治维度

民族现象的本质是群体与群体的关系问题，群体与个体不同，必然涉及秩序安排的问题，这就涉及政治资源配置和权力结构，所以不完全是一个学术问题，还应该从政治的角度去理解。脱离政治理解民族现象，会影响对民族理论政策的理解和把握的准确性。民族现象不是纯客观的自然现象，或纯学理的实验室研究对象，它和理论政策、资源配置，人们的社会生活、工作实践等都有密切的联系。中国共产党自成立以来，坚持和发展马克思主义民族平等原则是一以贯之的。"必须坚持各民族一律平等"是习近平总书记关于加强和改进民族工作重要思想中的一项主要内容。如果把中华民族和各民族的关系放在"各民族一律平等"的次序中理解，相当于把各民族和中华民族并列起来，56 个民族加中华民族就是 57 个民族。显然，民族关系不是这样的次序，中华民族不是 56 个民族的简单加总，中华民族与各民族也不是相互并列关系。

费孝通先生 1988 年在香港中文大学发表讲演时谈道："把中华民族这个词用来指现在中国疆域里具有民族认同的人民。它所包括的 50 多个民族单位是多元，中华民族是一体。它们虽则都称'民族'，但层次不同。""虽则中华民族和它所包含的 50 多个民族都称为'民族'，但在层次上是不同的。而且在现在所承认的 50 多个民族中，很多本身还各自包含更低一层次的'民族集团'。所以可以说在中华民族的统一体之中存在着多层次的多元格局。"①也就是说，费孝通先生看到了我国民族现象上下层关系，下层结构即56个民族，同时他还看到了56个民族之上的上层结构，即中华民族。他将其表述为"多元一体格局中，56个民族是基层，中华民族是高层"②。

56个民族是相互依存、统一而不可分割的整体。从政治的角度，把中华民族和56个民族的关系分成上层和下层的关系，这样一个次序的建构有助于理解"中华民族共同体"和"中华民族大家庭"所具有的不同于56个民族的内涵与属性。这个次序设定之后，对深入理解"五个认同"以及理解民族现象的其他多个维度均有帮助。

（二）地理维度

中华大地第一个地理特点是四周都有天然屏障，内部构成体系完整的地理单元③。这是一个半封闭的、内向型的区域④。区域内各地区各民族之间交往密切，自古已有"四海之内皆兄弟"的说法。传统的"四海"范围内的多民族内向汇聚，共同创造着中华民族的历史⑤。分处于地理单元局部区域的不同民族群体，有的相对聚居，大多数处于散居状态，且在城镇化、工业化过程之

①　费孝通：《简述我的民族研究经历和思考》，《北京大学学报（哲学社会科学版）》1997年第2期。

②　费孝通：《中华民族的多元一体格局》，《北京大学学报（哲学社会科学版）》1989年第4期。

③⑤　陈连开：《中华民族的结构》，引自《中华民族多元一体格局》，中央民族大学出版社，2003。

④　杨圣敏：《多元一体：中国民族关系的历史传统》，引自张岂之等《中华文明十二讲》，上海交通大学出版社，2019。

中，越来越多不同民族的人口散居在全国各地，甚至散居到世界各地。这种分布状态说明人口突破了山脉、海洋等天然屏障和交通受阻状况，向经济文化繁荣的地区流动。各民族人口流动的传统自古有之，即便在相对孤立、封闭的乡土社会、部落社会，也存在北方和东北的游牧和狩猎民族向华北平原流动、西北边陲的部落与民族以东部的中原和蒙古草原为主要的交流和发展方向、西南边界的民族活动和发展方向是东北方的中原等规律①。也就是说，各民族数千年来在中华大地上的流动，早已打破民族或区域的局限性。如今，在中华人民共和国的国土内，只要是中国公民，就可以在中国境内自由流动、自由选择工作和生活区域，这是与公民身份产生关联的一种公民权利。

民族有生态结构和地理空间分布，但是，中华民族的地理空间是以国家为单元的。尽管有些民族的生活空间、生产空间在过去，或现在依然处于局部区域，但无论历时地看民族流动，还是共时地看统一的多民族国家，只能说这个区域是国家的，某个民族生活在以国家为地理单元的局部区域，而不能说哪个区域属于某个民族。

（三）经济维度

习近平总书记 2019 年在全国民族团结进步表彰大会上指出："各民族之所以团结融合，多元之所以聚为一体，源自各民族文化上的兼收并蓄、经济上的相互依存、情感上的相互亲近，源自中

---

① 杨圣敏：《多元一体：中国民族关系的历史传统》，引自张岂之等《中华文明十二讲》，上海交通大学出版社，2019。

华民族追求团结统一的内生动力。"① 经济，也就是过去讲的生计模式和生活方式，是各民族每个个体生活的物质基础。一个国家、一个民族或者一个区域、一个群体，它的生计模式的相对独立性和与外部联系的互补性之间到底是什么关系？一个群体内部是靠自给自足还是必须和外部进行联系才能够维持生存和发展，获得必备的生活条件、生产资料呢？费孝通先生在《中华民族的多元一体格局》中提到，长城南北的经济与自然条件相适应，有以农业为主和以牧业为主的区别。农业是离不开土地的，而游牧经济中，牲口在草地上移动，一旦遭逢灾荒，北方草原上的牧民就会成群结队，南下就食农区②。牧民的南下某种程度促进了经济上的交流，但是，当双方的经济和人口发展到一定程度，农牧矛盾就会尖锐起来③。我国目前南北方在经济上相互依存，生产模式更加多元。就斯大林关于民族定义里的"共同经济生活"而言，各民族到底有没有共同经济生活，中华民族有没有共同经济生活，中华民族作为一个有机整体，与各民族以及各民族之间，有没有"谁离不开谁"的关系。如果离不开，就可以说明中华民族、各民族之间是一体的，且有共同经济生活。

当然经济上的联系程度、共同经济生活的融入深度各有不同，各民族对共同经济生活的理解也有不同，但是一个国家的国界，一个国家国民共同经济生活的边界，在现代国际体系里是清晰的，每个国家内部一定要形成这个国家特有的共同经济生活的一系列

---

① 习近平：《在全国民族团结进步表彰大会上的讲话》，《人民日报》2019 年 9 月 28 日第 2 版。

②③ 费孝通：《中华民族的多元一体格局》，《北京大学学报（哲学社会科学版）》1989 年第 4 期。

制度和经济安排。在斯大林关于民族的定义里，"共同经济生活"是指民族国家的整体，而不是民族国家之内的某个局部。所以，如果把共同经济生活放在国家内部的各个区域、各个局部考虑，未必具有和国家一样的关联程度。在国家内部的经济生活中，国家为每个在国土上生活的国民提供的公共服务、财政保障，以及交通、通信等一切和生活生计所关联的安排，会形成一个国家共同经济生活的基础。但是，一个国家的局部或区域的共同经济生活的广度和深度都不比国家。各民族、各区域、各群体或个体与国家的共同经济生活都有交集，每个民族、每个公民都离不开国家，但是密切联系程度在区域之间、民族之间、群体之间、个体之间存在差异。

（四）社会维度

一个民族的内部和外部结构，以及其在国家内部的结构也可以从社会结构、群体关系、亲属制度等社会关系的角度去理解。社会的范围很广，关系也很复杂，但在社会层面仍可探寻到各种关系之间的主从次序及关系层级，国家决策乃至制定研究社会政策、公共政策时，一定会遵循社会规则及社会层面的次序。比如，在族际婚姻非常普遍的情况下，通婚家庭子女的社会身份选择有没有优先次序？社会政策对不同民族身份的选择有没有诱导性？尽管当代社会的身份选择是一个很普通的社会现象，但这个现象背后包含着家长对子女未来成长，获得生计、发展机会等条件的考量。虽然我们赋予了子女成年之后在一定条件下可以自我选择民族身份的机会，也给予个人一定的自主权，但仍需符合社会秩序规则和一定的次序。从形式上看，子女民族身份并不是国家政策安排哪个民族身份优先，只是作为个体、家庭对某些民族身份选择的自愿考虑，事实上国家政策的导向作用还是清晰的。过去一个时期，民族工作中强调各民族的差异性多了一些，一定程度上影响了中华民族共同体意识的铸牢。所以，要减少民族身份与就业、教育和社会分层的重合，同时防止出现民族身份与社会角色、阶层的固化和刻板印象①。

（五）文化维度

文化是民族学或民族研究的核心问题，是一个精神、认同、价值、信仰等的意义与象征体系，社会的互动依据它而发生②。文化认同是最深层次的认同，是铸牢中华民族共同体意识的重要前提。在中华民族多层次的民族结构中，文化必然涉及不同层次的民族文化。

我国 56 个民族都有将自身区别于其他民族的民族文化，在 56 个民族文化之上，还有中华文化。56 个民族的文化共同形成了中华文化，中华文化又引领着各民族文化的发展。可以肯定地说，中华文化和 56 个民族的文化是包含与被包含的关系。就包含与被包含的方式而言，有"拼盘式"的理解，也有"切割式"的理解。"拼盘式"的理解是把 56 个民族的文化堆积在一起，组成中华文化，即 56 个民族的文化之和就是中华文化。与之相反的是"切割式"的理解，即把中华文化切割成 56 个民族的文化。56 个民族的文化看得见摸得着，在吃穿住用、风俗习惯、建筑艺术等方面，很多民族都有明显的文化特征，中华文化的影子似乎只能在各民

---

① 杨盛益：《试论中华民族共同心理素质及其在实现祖国统一中的作用》，《贵州民族研究》1986 年第 3 期。

② ［美］克利福德·格尔兹：《文化的解释》，韩莉译，译林出版社，1999。

族文化中看到。但是，不论是"拼盘式"还是"切割式"理解中华文化，都只能看到中华文化的局部和多元性，看不到整体。那么中华文化有没有整体性，该如何看待中华文化的整体性呢？根据"文化上兼收并蓄"，可以对中华文化的整体性作如下理解。

一是交叉共同性的中华文化，是指各民族文化之上交融性或交叉性的那部分文化。各民族在交往交流中，除了形成自己的民族文化之外，还有不同民族共享的文化。几个、多个，甚至56个民族共享的那部分文化是相对具体的，比如春节吃饺子。随着各民族人口的跨区域流动，这种共享的文化越来越多，各民族文化和中华文化的共同性、整体性越来越强。

二是国家属性的中华文化，是指在制度、物质、精神层面不属于民族文化层次，而是和国家、政权、制度关联在一起的国家文化。这些文化是各民族和每个个体都要共享的。个体成员作为中华人民共和国公民，属于某个民族，同时也是中华民族成员。国家的政治制度、法律法规等一系列和国家关联在一起的机制，属于国家文化，它是一个国家国民整合的需要，是个体作为公民身份所享有的文化属性。国家认同包含对作为民族共同体（nation）的认同，也包含对国家政治制度（state）的认同[①]。国家文化的内容包罗万象，核心是政治、政权。政治和政权作为文化要求每个公民都必须遵循、遵守，违反时会受到惩罚。这些我们看到的政权文化、制度文化也是中华文化。

三是社会核心价值观或国家政权意识形态层面的中华文化，

---

① 郝亚明：《论中华民族多元一体格局与中华民族共同体建设》，《湖北民族学院学报（哲学社会科学版）》2019年第1期。

核心价值观或意识形态是精神理念，也就是最深层次的文化，也是影响甚至塑造全体国民精神的灵魂，是影响乃至决定国民价值导向与国家认同的直接因素。文化固然有很多类型或很多层次，但最深层的东西是价值观和精神理念，这也是国家意识形态的核心内容。找到每一个民族的意识形态比较困难，但是一个政党、一个国家的意识形态是比较清晰的。作为文化体系的国家意识形态，是精神文化的内核部分。它不属于哪个民族单独享有，而是这个国家的公民、国民共享的。

四是包容性的中华文化，或整体性的中华文化。在数千年的文明史中，各民族都为创造灿烂辉煌的中华文化作出了自己的贡献，中华文化是各民族优秀文化的集大成，各民族优秀文化共同汇集成整体性的中华文化。正是在这个意义上说，中华文化是整体性的文化，各民族文化都是中华文化的有机组成部分。中华文化是主干、各民族文化是枝叶，只有根深干壮，才能枝繁叶茂。

（六）心理维度

共同心理素质对构成民族共同体的重要性不言而喻。一个民族的共同心理，在不同时间、不同场合，可以有深浅强弱的不同[1]。中华民族内部不同文化群体情感上相互亲近可以从心理层面理解。尽管共同心理形成过程很难看到，但社会学、心理学等学科有很多测量工具，比如，用"社会距离"测量群体之间的融合或者隔离，反映群体之间关系的亲密程度。"社会距离"能够"使得我们开始自觉不自觉地意识到自身与我们所不能完全理解的

---

[1]　费孝通：《关于我国民族的识别问题》，《中国社会科学》1980年第1期。

种族和阶级之间的区别或隔离"①。也就是说，个体与个体的关系并非完全等距，而是有远近之分。一个民族为了加强团结，总是要强调一些有别于其他民族的风俗习惯、生活方式上的特点，并赋予强烈的感情因素，这些其实都是民族共同心理的表现，并且起着将群体维持和巩固成一体的作用②。

处理好民族关系必须了解掌握民族心理。不同民族之间都有各自的民族性或民族心理。有些心理特征是差异化的，也有很多不同民族共享的心理，还有很多心理特征属于国家国民共同的心理。不同民族在心理方面有个性，也有共性。以大家庭及家庭成员关系形成的同胞观念，就是深深扎根于中华民族共同心理素质中的一种思想意识③，爱国主义是中华民族精神的核心。

爱国主义并不是时时刻刻刻意展露，它往往是内化于心的。比如，讲到中国古代历史时国民的自豪感和讲到近代史时的屈辱感，都是在爱国主义教育下油然而生的情感。民族现象在心理层面上体现出民族情感、爱国主义和公民之间的关联性。"自豪感""屈辱感"这种共同的心理积淀容易形成内在心理机制的共同性。内在心理机制的不同表现为思维方式、表达方式、行动方式的不同。中华民族的共同心理素质与中华各民族的心理素质，是一般和个别、共性和个性的关系，它融合了各民族心理素质的精华。

---

① Karakayali，N，"Social Distance and Affective Orientations," *Sociological Forum*，2009，24（3）.

② 费孝通：《关于我国民族的识别问题》，《中国社会科学》1980 年第 1 期。

③ 徐杰舜：《同胞观念与民族意识》，《广西民族学院学报（哲学社会科学版）》1985 年第 3 期。

因此，不能把它看作是各民族心理素质的简单叠加，否则，就不能从总体上把握辩证运动着的中华民族的共同心理素质①。

（七）语言维度

民族通常也被称为是一种文化现象，语言是文化现象的本质特征之一，所以很多研究把民族和语言关联在一起。西方民族国家一个很重要的论点就是一个民族、一个国家，一种文化、一个民族，一种语言、一种文化。到最后，最极致的就是从一种语言开始，将语言共同体推广成一个民族国家。近代以来，欧洲是以语言为界分成不同的民族国家。但是，语言在民族分类中的重要性似乎有所夸大，有的把语言分类等同于民族分类。这是一种绝对化的办法，容易导致语言与民族捆绑，似乎语言是不能随环境与时代的变化而变化的静止状态。这是不准确、也是不科学的。事实上，人类社会中的语言变化是很常见的，而且语言与民族之间的关系绝非单一的线性关系，而是非常复杂的多元关系。民族身份和民族意识与是否掌握本民族语言并不能画等号。因为语言也是后天产生的，而且是经常变化的，是人们在后天通过自觉的文化建设制造和通过传承保留下来的文化符号系统，用于人际交流互动，传达思想、观念、情绪和欲望的方法。文化和语言的关系与种族和语言的关系一样。在原始的水平上，特别容易说明语言和文化没有内在联系，因为这时"民族"观念还没有兴起来并干扰那种我们不妨叫作自然分布的潮流。完全不相干的语言在同一种文化里共存，密切相关的语言——甚至同一种语言——属于

---

① 杨盛益：《试论中华民族共同心理素质及其在实现祖国统一中的作用》，《贵州民族研究》1986 年第 3 期。

不同的文化区域①。

语言文字是社会文化现象，语言秩序形成了一种复杂的社会秩序，也是一种社会制度安排。不同民族、群体的语言在社会中形成一种秩序结构。有的语言可能具有很强的适用性，使用此语言的人口数量很大，就被称为强势语言；有的语言可能受制于人口分布等方面的原因而没有得到广泛发展，甚至在历史长河中逐渐消失了。每个国家都有主体性语言，现代国家通常用制度规定语言多样性和语言主体性的关系，规定语言使用功能和规范标准等，并以法律、政策等形式确定不同类型语言在使用和功能上的次序关系。就我国而言，语言的多样性是客观存在的，这既是非常值得重视的文化宝藏，也需要处理好不同类型语言之间的关系。为使国家通用语言文字在社会生活中更好地发挥作用，促进各民族、各地区经济文化交流，制定了《中华人民共和国国家通用语言文字法》，规定普通话和规范汉字是国家通用语言文字。我国还有几种法定的少数民族语言文字，可作为法律语言、会议语言等等。

（八）历史维度

新石器时代的考古材料与各民族关于远古的传说，都证明中华民族的众多成员，都是共同起源于中华大地②。早在战国末期，荀子就提出了"天下从之如一体，如四肢之从心"的命题。据史料记载，"天下"的范围包括了当时的"九州"之域和"中国"

---

① ［美］爱德华·萨丕尔：《语言论》，陆卓元译，商务印书馆，2003。
② 陈连开：《关于中华民族的含义和起源的初步探讨》，《民族论坛》1987年第3期。

（当时中国不是一个国家概念，它包括了若干在中原地带建立的国家）夷、蛮、戎、狄"五方之民"①。

近代以来，在西方民族主义或者民族国家的话语体系冲击下，中国学术思想界不断尝试把中国的多民族与近代一个国家的建构有机结合起来的话语建构。由此产生了"中华民族"的概念，并试图从"一个民族"的角度对其进行解读或阐释，以符合"一个民族、一个国家"的所谓现代民族国家的理念。梁启超先生认为："现今之中华民族，自始本非一族，实由多数民族混合而成。"②依据上述思路，很多政治派别乃至学术流派都提出了很多类似或相同的看法，当然也有许多不同乃至相反的认识。比较典型的就是国共两党对于汉族与中华民族关系的认识。

抗战时期国共两党都提出了"中华民族生死存亡"或"全民族抗战"的问题。那时"全民族"就是中国土地上的各民族，就是中华民族，是超越地域、超越主义、超越族群、超越单个民族的更大的共同体，是一个由多元组成的一体。抗日战争使中华民族从自在的民族共同体觉醒为自觉的命运共同体。

20世纪50年代，党中央特别是毛泽东主席提出"中华民族大团结万岁"。"中华民族大团结"虽然当时没有称为中华民族共同体，实际上也传递了中国境内的各民族在一起，是一个民族大家庭的构想。

费孝通先生也是从中华民族形成与演变的历史进程中总结和概括出"中华民族多元一体格局"理论的。中华民族多元一体格

---

① 杨盛益：《中华民族系统初论》，《民族论坛》1986年第3期。

② 梁启超：《历史上中国民族之观察》，引自《饮冰室合集·专集》第11册，专集之41。

局的形成是一幅丰富多彩的历史长卷，有时空两个坐标。费孝通先生在《中华民族的多元一体格局》中开宗明义地指出，位于东亚大陆的相对封闭、完整的中华大地，就是中华民族及其先民的生存空间。他是从历史的角度来论述了中华民族多元一体格局的形成，他解释了中华民族在多元一体格局形成过程之中，作为多元的各民族在历史上以滚雪球的方式不断壮大和形成中华民族多元一体结构，他同时还把人数最多的汉族视为中华民族的凝聚核心。"汉族不断吸收其他民族的成分日益壮大，而且渗入其他民族的聚居区，构成起着凝聚和联系作用的网络，奠定了以这疆域内部多民族联合成的不可分割的统一体的基础，形成一个自在的民族实体，经过民族自觉而称为中华民族。"① 各民族之间长时间的交往交流交融乃至杂糅是中华民族作为一个共同体的历史基础。汉族在形成和发展过程中大量吸收其他各民族的成分时，不应忽视汉族也在不断给其他民族输出新的血液。从生物基础，或所谓"血统"上讲，可以说中华民族这个一体中经常发生混合、交杂的作用，没有哪一个民族在血统上可以说是"纯种"②。他把中华民族与各民族一样都看作民族实体，并在理论上、实践上、历史事实上进行了充分论证，以消弭对中华民族作为实体的异议。只有把中华民族作为实体，中华民族共同体建设才有根基。中华民族和中华文化多源区域性不平衡发展，又互相依存，互相渗透，内向汇聚与四周辐射的特点，贯穿着中国历史的全过程③。各民族

---

① ② 费孝通：《中华民族的多元一体格局》，《北京大学学报（哲学社会科学版）》1989 年第 4 期。

③ 陈连开：《关于中华民族的含义和起源的初步探讨》，《民族论坛》1987 年第 3 期。

正是在共同缔造统一的多民族国家的长期历史过程中，不断强化经济上的联系和文化上的交流，在近代终于形成了中华民族的自觉意识，也就是中华民族与各民族是整体与部分、上层与下层关系的认识。

今天我们对中华民族性质与内涵的认识进一步升华，把其上升到"一个共同体"的高度。中华民族共同体是一个由 56 个民族组成的，并且通过各种密不可分的联系凝聚在一起的共同体（自觉的实体和整体），是一个历经 5000 年风雨锻造而成的"多元一体"的命运共同体①。根据第七次人口普查，我国内地总人口14.118 亿，汉族人口占总人口的 91.11％，各少数民族人口占总人口的 8.89％②。各民族人口的长远和根本利益一致，关系不可分割。这与一些历史上的王朝国家或帝国在民族国家时代分裂为不同的民族国家大有不同。中国境内的"多民族"没有在近代建立各民族自己的"民族国家"而分裂，而是建立了统一的多民族现代国家，即中华民族现代国家③。

三、中华民族共同体结构中的秩序

每个民族都是诸种要素结合而成的复杂系统，但相对于高层次的中华民族来说，每个民族都是子系统或要素。从民族现象背

---

① 王延中：《铸牢中华民族共同体意识　建设中华民族共同体》，《民族研究》2018 年第 1 期。

② 国务院第七次人口普查领导办公室编《2020 年第七次人口普查主要数据》，中国统计出版社，2021。

③ 王延中：《从"多元一体"到共同体》，《今日民族》2021 年第 7 期。

后的结构安排、秩序安排中我们看到中华文化对社会稳定、对社会和谐的追求和涵化。这种对稳定与和谐的内在追求源于中华文化的内在结构特征，它不同于西方的所谓"一捆干柴"的社会结构和关系，用法律把它捆起来，各个干柴不是相互从属的，他们强调的是 independent，是相互独立；而中国强调的是 dependency，是相互依赖、相互依存，是你中有我、我中有你，你离不开我、我离不开你，在这种交往交流交融中形成了中华民族的整体结构，虽然整体结构内部可能有各种各样的安排，但这些安排符合"差序格局"的中国伦理。

用费孝通先生提出的"差序格局"的理论看待中华民族共同体的内部结构，可以看出中华民族与 56 个民族的关系不是简单的"一与多"的关系，两者之间也不是平面或平行的关系，而是存在着上下层的结构关系，存在总体与局部的包容关系。就是在 56 个民族之间，虽然在中国共产党的领导下建立的社会主义大家庭中，各民族政治上是平等的，但是在发展程度、现代化的动力机制等诸多方面，也是存在着巨大差异的。因此，如果我们仅仅从"一与多"的关系或者 56 个民族之间的平等关系去理解费孝通先生的"中华民族多元一体格局"理论，是无法理解他提出的民族结构或民族关系理论的。

其实，自从费孝通先生提出"中华民族多元一体格局"理论后，学术界开展了大量的研究并对其进行阐释。一种阐释是从政治学的角度去分析，强调 56 个民族在政治上是一体的，在文化上是多元的。这种解释不是把中华民族与各民族之间的关系简单地看成民族关系，而是引入了国家的概念，变成了"国家与民族"的关系问题。另外一种阐释，是继续沿用中华民族的"民族"属性，但是却不是一般意义上的"民族"，而是与国家关联在一起的"民族"。有些学者干脆把"中华民族"的性质确定为"国家民族"。"国家民族"的性质显然与 56 个民族的"民族"不是同一层次上的，更不是同一性质的。当然，也有很多人继续从概念上开展讨论，主张 56 个民族不是国家性质的共同体，主要是文化属性的共同体，可以借鉴很多国家的"族群"概念而不是沿用"民族"概念，以此把二者清晰地区分开来。这些意见都具有一定的价值，但也引起了很多争论，要达成认识上的一致或者形成共识，还是不容易的。

理论问题从来都不是单一的学术问题，而是与现实及实际工作紧密关联。党的十八大以来，我们党先后于 2014 年和 2021 年召开了两次中央民族工作会议，研究当前我国民族领域的重大理论和实践问题，根据形势变化和主要问题提出了一系列新认识与新举措。习近平总书记高度重视民族工作，在民族工作领域发表了一系列重要讲话，提出了很多重要论断和理论观点，形成了习近平总书记关于加强和改进民族工作的重要思想，成为习近平新时代中国特色社会主义思想的重要组成部分，也是指导新时代党的民族工作高质量发展的行动指南。

习近平总书记关于加强和改进民族工作的重要思想的精髓和纲领，归根结底一句话，就是强调"铸牢中华民族共同体意识"。他始终强调中华民族是一个共同体，中华民族一家亲，各民族要像石榴籽一样紧紧拥抱在一起，为实现中华民族伟大复兴的中国梦团结奋斗。"铸牢中华民族共同体意识"作为习近平总书记提出的重大原创性论断，不仅是马克思主义民族理论特别是中国化的民族理论的最新发展，而且成为中央确定的新时代党的民族工作的主线。

以"铸牢中华民族共同体意识"的精神为指导，进一步分析中华民族共同体的结构体系，我们不仅可以关注其中的上下层结构关系、不同类型"民族"的属性异同问题，而且可以进一步注意到中华民族与各民族之间的秩序安排，以及这些秩序如何影响今后的民族工作方向等重大问题。新中国开展民族识别工作之后，我国从法律上、政治上认定了社会生活中的 56 个民族。针对一些专家提出把 56 个民族层面的民族改为"族群"的意见，我们认为继续保持 56 个民族已经获得的相应地位是稳妥的，在相关法律政策话语体系中把 56 个民族的民族性质降格为"族群"是行不通的。沿着民族结构的理论，我们可以继续深化对中华民族性质和功能的认识，进而强化中华民族的共同体特点和整体性特征。尽管 56 个民族之间各不隶属，各有各的差异性，但是不影响他们共同隶属于中华民族大家庭的本质特征。由于中华民族是一个共同体，各民族之间的差异性也是一个共同体内部的差异性，这样差异性从属于共同性的秩序结构就理清楚了。2021 年中央民族工作会议提出"要正确把握共同性和差异性的关系""要正确把握中华民族共同体意识和各民族意识的关系""要正确把握中华文化和各民族文化的关系""要正确把握物质和精神的关系"①。这四组关系模式是理解中华民族的民族结构和民族关系领域秩序的指引。同时，也为我们做好新时代党的民族工作指明了方向，那就是坚持"增进共同性的导向"。这不是不承认各民族历史的、现实的、

---

① 《以铸牢中华民族共同体意识为主线　推动新时代党的民族工作高质量发展》，《人民日报》2021 年 8 月 29 日第 1 版。

客观的差异性，而是要转变对待差异性的态度，强调我国面临的任务是中华民族伟大复兴。

党的二十大标志着中国开启了全面建设社会主义现代化国家新征程，中华民族作为一个整体，面对的是以美国为首的西方资本主义国家几百年来确立的国际秩序。要在美西方遏制围堵打压下实现中华民族伟大复兴的目标，任务是十分艰巨的。虽然目前我们不像抗战时期面临着国破家亡的生死存亡考验，但中华民族要想实现伟大复兴绝不是"轻轻松松""敲锣打鼓"就可以实现的。面对西方国家经过几百年建立的世界秩序，我们首先要加强内部团结，这就要铸牢中华民族共同体意识。铸牢中华民族共同体意识就是要引导各族人民牢固树立"休戚与共、荣辱与共、生死与共、命运与共"的四个理念。理念巩固了，"五个认同"才能更加坚定，中华民族共同体建设才能不断推进。只有中华民族总体上强大起来，中华民族的国家才能屹立于世界民族之林，56 个民族才能更好地维护各民族的根本利益，才能朝着伟大复兴的目标推进。

四、从多元一体到中华民族共同体

费孝通先生 1988 年提出的"中华民族多元一体格局"理论，摆脱了过去很长一个时期过于注重各民族之间差异的思维，是从中华民族的整体角度，以结构论的方法把各民族的"多元"与中华民族的"一体"有机结合在一起，开辟了认识中华民族的新境界。进入新时代，民族工作的主线转到铸牢中华民族共同体意识方面来，同时提出扎实推进中华民族共同体建设。我们从费孝通先生中华民族多元一体格局的结构论角度出发，仍然可以得到很多启示。

（一）站在中华民族整体视角树立正确的民族观、历史观和文化观

民族作为在某些方面具有共同特征的共同体，是自古就存在的社会现象。近代以来，民族问题日益成为一个十分流行的现代话语。伴随近代民族主义的兴起，在西方国家的话语中，民族与国家之间似乎成为同一件事情，民族既是国家，也就是现代民族国家。这与古代一般包含诸多群体或民族的王朝国家有很大不同。西方民族主义浪潮的不断发展导致很多传统的王朝国家解体，追求"一族一国"似乎成为一种潮流，实在无法融为一体的多族群（或多民族），也往往由于各种原因纷纷解体，新涌现了很多民族国家。

作为中国历史上最后的封建王朝的清朝，也在这种潮流中逐步从传统王朝国家向现代民族国家转换。辛亥革命后建立的中华民国已经具备了现代民族国家的很多特征。但是，伴随外国列强尤其是日本帝国主义的侵略加剧，中国不仅要向现代民族国家转变，而且还面临如何维护历史上多民族国家的版图完整和国家统一的巨大压力。这种压力，在一定程度上成为如何看待历史上的多民族国家和已经建立起来但还不稳定的中华民族现代民族国家之间关系的切入点。是多个民族共存于一个国家，还是在各种内外势力的作用下解体为欧洲那样的多个民族国家，成为一个十分重大而又迫切的理论问题和现实问题。中华民国成立之后直到中华人民共和国成立之前，不论是国内盛行的"五族共和"理论还是"中华民族是一个"主张，或者是影响深远的"民族自决权"理论或民族平等理念，都反映出理论界、政界如何看待和处理"多民族"与"一个国家"关系的

不同方法，这的确是一个十分棘手的问题。

1939 年，费孝通回国没多久，与古史学者顾颉刚先生发生了关于"中华民族是一个"问题的讨论，费孝通很早就对这个问题展开了思考。中华人民共和国成立之后，费孝通先生参加了中央民族慰问团、民族历史语言文化调查和民族识别等工作，进一步加深了对中国民族状况特别是民族工作情况的了解和认识。他既看到甚至参与了在中国共产党领导下建立社会主义民族关系的生动实践，也看到了民族识别、制定差别化支持政策可能带来的问题。改革开放初期，他以"民族识别"为题对上述两个问题进行了评述和反思，这为他形成比较系统的中华民族多元一体格局理论做了铺垫。特别是 20 世纪 80 年代他在民族地区"行行重行行"，看到祖国大家庭各地发展不平衡、西部地区人才大量"孔雀东南飞"的状况，提出了"全国一盘棋"的思路和主张。他在 1988 年的演讲和随后发表的论文中，提出了不少真知灼见，时至今日仍然散发着真理的光芒[1]。

多元一体格局理论在国内外学术界作为独树一帜的民族理论，提出了很多振聋发聩的新见解和系统化的理论主张。在民族观、国家观方面，他以中华民族的形成与发展历史为线索，提出了比较系统的"民族过程论""民族融合论""民族实体论""民族自觉论""民族结构论"。他认为，在中华大地上各民族自发融合成中华民族，并自近代以来完成了从自在实体到自觉实体的转变。最

---

[1]　费孝通：《关于我国民族的识别问题》，《中国社会科学》1980 年第 1 期。费孝通：《中华民族的多元一体格局》，《北京大学学报（哲学社会科学版）》1989 年第 4 期。费孝通主编《中华民族多元一体格局》，中央民族大学出版社，2018。

重要的是，费孝通先生没有停留在中华民族是不是"一个"、是"实体"还是"组合体"等概念的讨论中①，而是把中华民族与各民族（中华人民共和国成立后通过民族识别正式确认 56 个民族）进行了分层，提出中华民族和 56 个民族共同组成多元一体格局。这个划分既解决了中华民族作为国家层面的"民族"与 56 个民族作为中华民族的组成部分的"民族"的概念混淆问题，也指出 56 个"民族"层次的"民族"不具有"中华民族"那样的"国家民族"属性，因而不可以按照"民族自决"的理论寻求独立建国、成为国际法意义上民族国家。从这个意义上看，费先生的多元一体格局理论避免了概念的烦琐论证，实现了理论与现实的有机结合，也充分照顾了历史发展、认知状况和不同群体的情感，是科学的、辩证的，也是包容的、高明的。在多元一体格局理论中，56 个民族与中华民族的张力得到理论上的解决，为形成正确的民族观、国家观奠定了坚实的理论基础。

费孝通先生多元一体格局理论中的民族结构论，并不拘泥于把民族的结构局限于 56 个民族与中华民族两个层次。在此基础上，他还提出了"民族圈层"和"民族认同"等许多理论问题。他认为，"现在所承认的 50 多个民族中，很多本身还各自包含更低一层次的'民族集团'，在中华民族的统一体之中存在着多层次的多元格局。各个层次的多元关系又存在着分分合合的动态和分而未裂、融而未合的多种情状"。费先生在《乡土中国》中对中国人人际关系的论述就是"多圈层"的"差序格局"理论，用在形

---

① 国内学术界在很长时间内存在 56 个民族是"实体"而中华民族不是"实体"（"虚体"或"组合体"）的看法，当然也有不同意见，而且经常发生争论。

容不同的层面的民族也是很贴切的。在此基础上的民族认同问题就不是僵化的或者是一成不变的。事实上，人们的民族认同、地域认同，乃至国家认同都有可能随着不同场景而发生改变。这对正确处理民族认同与国家认同之间的关系，进而消除内在紧张或对立、建设多层次认同和谐共处的理论也有重要的启发意义。

20 世纪是民族国家理论盛行的世纪。两次世界大战和冷战结束后众多民族国家的纷纷建立，标志着民族主义运动的高峰，但也暴露出西方"一族一国"的民族国家理论特别是极端民族主义主张的内在缺陷。自古，世界上绝大多数国家都是多民族国家。如今，全世界 2500 多个民族群体生活在 200 个左右的国家实体之中，没有一个国家是由纯而又纯的单一民族组成的。特别是在快速工业化、城市化及经济全球化导致的大规模人口流动背景下，民族国家理论的"一族一国"主张不仅是空想，而且危害甚大。事实上，多民族国家是常态，这也说明了多元一体格局理论具有更广泛的解释力和包容性，因而是更具生命力的民族理论。习近平总书记在 2019 年全国民族团结进步表彰大会上指出，"一部中国史，就是一部各民族交融汇聚成多元一体中华民族的历史，就是各民族共同缔造、发展、巩固统一的伟大祖国的历史。各民族之所以团结融合，多元之所以聚为一体，源自各民族文化上的兼收并蓄、经济上的相互依存、情感上的相互亲近，源自中华民族追求团结统一的内生动力。正因为如此，中华文明才具有无与伦比的包容性和吸纳力，才可久可大、根深叶茂"①。习近平总书

---

① 习近平：《在全国民族团结进步表彰大会上的讲话》，《人民日报》2019 年 9 月 28 日第 2 版。

记的这段讲话，不仅肯定了中华民族的多元一体格局理论，而且指明了中华民族从"多元"聚为"一体"的内生动力和发展机制。

基于中国作为统一的多民族国家的历史与现实，费孝通先生提出了中华民族多元一体格局理论，从实际出发完成了对上述西方民族国家理论的升华与超越。该理论不仅对中国的历史与现实具有很强的解释力和政策意蕴，而且可以较好地解释世界上大多数多民族国家民族问题的症结与根源，具有很强的普遍性。产生于中国的多元一体格局理论不应该局限于中国，而是应该成为世界民族问题研究的一种新流派。

（二）强化公民意识和中华民族共同体意识

在现代化的过程中，尽管出现了许多超国家或全球性的机构与组织，但当今世界的基本框架中，仍然是主权国家占据主导地位。国家依然是一个区分全球居民、群体和民族的基本单位。除了极少数的无国籍或跨国籍人士外，全世界几乎所有人都生活在某个具体的国家。公民身份是每个人最重要的社会身份之一，也是凭借该身份享有某个国家权利义务的基本依据。虽然说这个身份在某些特定情况下是可以改变的，但对于一个国家的绝大多数公民来说，公民身份几乎是与生俱来的、终生不变的。

一个人可以同时具有性别、年龄、地域等自然身份之外的多种社会身份。公民身份作为公民个人的国家身份，超越了个人所属的家庭、邻里、社区、地域、文化、信仰习俗等身份属性，构成现代民族国家的人口基础。不同国家的公民具有不同的公民身份。公民意识就是不同公民的主观意识和国家认同，是形成或建构个人与国家相互关系的关键环节。

公民意识是指一个国家的公民对自己国家的归属感和忠诚度，

是一个国家民族的人民具备的最主要的内在特征。公民意识是国家认同的基础，最能体现爱国主义精神，是现代民族国家建设可以依赖的最深厚的情感基础和精神力量。公民意识教育，对于形成正确的国家观、民族观、文化观、历史观、宗教观，增强"五个认同"、铸牢中华民族共同体意识、培育爱国主义精神、维护国家统一和民族团结具有至关重要的作用。在一定程度上说，公民意识教育就是形成现代国家认同、夯实国家凝聚力的重要基础，塑造公民意识是形成国家意识的主要途径，也是现代民族国家建设的重要任务。

铸牢中华民族共同体意识成为新时代党的民族工作的主线。这一要求在党的重要会议和文献中多次得到强调。党的十九大报告明确提出，"深化民族团结进步教育，铸牢中华民族共同体意识，加强各民族交往交流交融，促进各民族像石榴籽一样紧紧抱在一起，共同团结奋斗、共同繁荣发展"。党的十九届五中全会通过的《中共中央关于制定国民经济和社会发展第十四个五年规划和二〇三五年远景目标的建议》再次强调，坚持和完善民族区域自治制度，全面贯彻党的民族政策，铸牢中华民族共同体意识，促进各民族共同团结奋斗、共同繁荣发展。

面临中华民族伟大复兴战略全局和世界百年未有之大变局的新形势，铸牢中华民族共同体意识，成为全党和全社会高度关注的话题，更是各级党委、政府推进民族工作的中心任务。中华民族共同体意识属于精神层面，把铸牢中华民族共同体意识的各项工作抓牢做实，要全面贯彻落实好习近平总书记2014年在中央民族工作会议和2019年在全国民族团结进步表彰大会上的重要讲话精神，扎实推进各项工作部署尤其是精神方面的工作要求。加强公民意识教育，是铸牢中华民族共同体意识的关键环节和有效抓手之一。

以公民意识教育为抓手，可以把"深入民族团结进步教育"做实，同时摆脱由民族概念的多重内涵引发的误解、歧义、混乱。从全球角度看，民族是影响世界许多国家各族社会关系和政治关系的重要因素之一。尽管费孝通先生在《中华民族的多元一体格局》一文中从理论上阐释了"民族认同"与"国家认同"是相互包容而不是相互对立的道理，但在实践中很多人一般把"民族认同"理解为 56 个民族层面的"民族认同"而不是"中华民族认同"。"五个认同"其实包括了上述两个含义，即本民族认同与中华民族认同。在一般情况下看这样也没有太大的问题，但从"铸牢中华民族共同体意识"的角度分析，当前民族工作更强调推进"中华民族认同"而不是泛泛的"民族认同"。并且，"民族"作为一个政治性很强的概念，一旦误用就会带来很大危害。比如，不恰当甚至别有用心地滥用"民族自决权"概念，对国家统一与主权都会带来巨大危害，甚至成为国际敌对势力进行瓦解、破坏另一个国家的主权、统一和稳定的借口，"民族牌"就成为西方反华势力干预我国内政的工具。类似的例子也不胜枚举。

推进公民意识教育，显然更有利于把"五个认同"更好地贯通起来。公民身份是中华人民共和国的公民暨所有认同中国为自己祖国的"中国人"的共同身份。这样一个共同身份，是所有中国人所共同拥有的，是最大的公约数。这为强调各民族之间的亲和性、共同性、一体性奠定了最根本的身份属性、政治前提和法律保证。公民意识可以把"民族认同"与"中华民族认同"有机结合起来。同时，可以更好地从国家的角度、法律的角度、国际比较的角度弘扬爱国主义精神，推进中华民族凝聚力建设。夯实以"国家认同"为基础的"五个认同"教育，在中华民族多元一体格局中可以实现"一体是主线和方向、多元是要素和动力"的辩证统一，进而把"尊重差异、包容多样"与"增强共性、增进一体"有机结合起来。

当今世界正经历百年未有之大变局，单边主义、保护主义、霸权主义盛行带来的动荡与不稳定性不确定性明显增加。近年来，以美国为首的反华势力对我国的打压不断加码，中国发展的外部环境明显恶化。加强爱国主义教育，强化各族人民尤其是每一个中国人的公民意识、国家意识，可以使14亿多人民更好地团结起来。世世代代在中华大地上繁衍生息的各民族，在漫长历史岁月的交往交流交融过程中逐步形成了中华民族。中华人民共和国成立之后，建立了社会主义民族关系，实现了各民族一律平等。56个民族共同组成了中华民族大家庭，各族人民成为法律地位平等的公民，都是国家的主人翁。这样的历史性转变，促进了中华民族的大团结、促进了中国人民的大团结。依靠团结的力量，我们克服了重重困难，迈过了道道沟沟坎坎。在中国共产党的坚强领导下，中华民族实现了从"站起来""富起来"到"强起来"的飞跃，并且一步步为伟大复兴奠定坚实基础。所有这一切，都是各族人民依靠不怕困难和不怕牺牲的艰苦奋斗换来的。在这个过程中，公民进一步增强了各族人民都是中国人和一家人的意识。在与外国的比较中，每一个中国人的"公民意识"也不断提升。"中国护照""中国公民""中华民族"的身份标签都日益强化了公民意识。伴随着改革开放以来对外开放力度的不断增大，出国留学、务工经商、旅游购物的中国公民增多，不仅开阔了眼界，而且强化了中国人的公民意识和国家意识。对内,大家属于 56 个民族中的某一个民族;对外,大家都是中国公民、中国人、中华民族。人民是国家的根基和依托,基于公民身份不断增强的公民意识和爱国主义精神,是中华民族绵延不绝并在全球化时代屹立于世界民族之林的力量源泉。不论是在困难时期还是辉煌时期,只要人心不散,中华民族就能生存发展。这里的人心,就是中华民族的凝聚力和向心力,就是现代化中国公民的根本属性,就是公民意识或国民性。塑造和培育公民意识,是维系一个国家国民的精神纽带,也是一个民族取之不尽、用之不竭的力量源泉。在现代民族国家建构过程中,公民意识不断发展丰富,现代公民意识的培养和塑造,又成为推动国家现代化进程的动力和标志。

(三)进一步夯实中华民族共同体的思想基础

中华民族共同体要具备共同的思想基础。"五个认同"是作为 56 个民族的每一个公民都应该知道和掌握的最基本的共同思想。2015 年中共中央发布的《中国共产党统一战线工作条例(试行)》,第一次完整地提出了"五个认同"。这是中国共产党统战工作的基本原则,也是打牢中华民族共同体思想基础的根本。深刻理解"五个认同",有助于各民族树立正确的国家观、民族观、文化观、历史观、宗教观。

中国是统一的多民族国家,中华民族是包括中华大地上已经消失的历史民族和今天 56 个民族在内的各民族的总称。中华民族的家园坐落在亚洲东部,以黄河中下游和长江中下游地区为核心,西起帕米尔高原,东到太平洋西岸诸岛,北有广漠,东南是海,西南是山。在这样一块广袤的东亚大地上的各民族,在漫长的历史长河中逐步形成了多元一体的中华民族。中华人民共和国成立后，经过民族语言和社会历史文化调查，加之科学的论证，我国共识别出 56 个民族。这是我国民族领域的基本国情，56 个民族共同组建了中华民族大家庭。各民族共同开拓、共同守护的世世代代赖以生存和繁衍生息的这块疆土，叫作"中国"。"中国"一词的内涵尽管在不同时期有变化，但以清中期疆域作为统一多民族国家的共同地理空间，作为现代中国领土的基础一直未曾改变。这就是中华各民族共同开拓的祖国疆域，也就是中华民族共同体的生存空间。各民族都是这块祖国大地的共同主人，每个个体都是这个国家的公民。

正如"中国"一词在不同历史时期有不同内涵一样，作为中华民族总称的"中华"，先秦时期主要指中原居民或称"华夏"，秦汉隋唐时期又被称为"秦人""汉人""唐人"等。在很长时期内，封建王朝的汉人政权往往以"中华"正统自居，对周边少数民族存在歧视性称呼。到清晚期引进近代意义上的"民族"一词后，不同地区具有某些共同特征的居民，往往被称为"××民族"。辛亥革命胜利后，如何在传统封建王朝的基础上建立现代民族国家，成为革命党人的首要任务。面对各民族共同拥有的历史文化和列强瓜分中国带来的巨大压力，革命党人将"恢复中华"转换为"五族共和"，建立了中华大地上各民族共同拥有的"中华民国"。在这里，"中华"一词已经从"汉族"之意转换为包含了中国境内的汉、满、蒙古、回、藏这五族，乃至中国境内各民族的总称。抗日战争时期中国共产党倡议建立抗日民族统一战线，并提出全民族抗战。这里的"全民族"就是中华民族，中国境内的各民族都成为中华民族的组成部分。中国共产党坚持马克思主义民族平等观，在中华人民共和国成立后，我国不仅通过民族识别确认了境内的 56 个民族，而且在少数民族集中聚居的地区推行了"民族区域自治"，共陆续建立了 5 个省级自治区、30 个自治州、120 个自治县（旗）和一些民族乡。且不说古代的汉族就是中原居民在与周边少数民族居民相互交融的过程中发展壮大起来的（当然汉族也不断充实了周边少数民族），其中包括了中华大地上许多民族的成分，至少自中华民国以来，"中华民族"就不再单指汉族，其内涵逐步向中国境内各民族总称转换。从这个意义上说，中国境内的各民族（现在指 56 个民族）中的任何一个民族都不能把自己等同于"中华民族"，也不能认为自己不属于"中华民族"的一部分而自外于"中华民族"。56 个民族与中华民族形成了"多元一体"的格局，中华民族就是包含 56 个民族的大家庭即中华民族共同体。

每个民族都有自己的文化。中华民族既然作为中国境内各民族共同组成的大家庭共同体，当然也拥有了自己的民族文化，即"中华民族文化"或简称"中华文化"。与 56 个民族的"民族文化"相比，中华文化是与各民族共同开拓的伟大祖国和整个中华民族共同体关联在一起的"整体文化"或"国家文化"。疆域之内每个地区、每个国民皆须服从于国家的法律法规，也要受占据主导地位的官方意识形态的规范和影响。比如，延续 1000 多年的科举制度，使得四书五经成为全国各地学子入仕必读的官方教材。今天的高考制度等一系列国家制度，也是各民族都遵循的通用制度。从这个意义上讲，中华文化既是包含各民族文化在内的中华民族的整体文化，又是高于各民族文化之上的国家文化。在平等、团结、互助、和谐的社会主义民族关系原则下，56 个民族是平等的，相互之间兼收并蓄、相互依存，各民族文化作为中华文化的组成部分，均不能外在于、等同于更不能高于全体中华民族共同体的"中华文化"。

一个相对完整的文化体系一般包括物质文化、精神文化和制度文化三大组成部分。经过数千年的发展演变，中华文化体系中的制度文化尽管在近代经历了现代化、革命化的转型，但依然保留着整体大于部分、社会大于个人、个人价值在于奉献的基本理念和价值遵循。在马克思主义理论指导下建立的中国共产党，把马克思主义基本原理与中国实际特别是中华文化精髓相结合，自成立之日起就不断探索独立自主地走自己的路，在百年的实践中带领中国人民和中华民族取得了革命、建设、改革的伟大胜利，开创和发展了中国特色社会主义。中国特色社会主义是中国共产党领导的产物，是历史的结论，也是人民的选择。实践证明，只有社会主义才能救中国，只有中国特色社会主义才能发展中国。中国特色社会主义是中国共产党领导中国人民团结的旗帜、奋进的旗帜、胜利的旗帜，是改变中国人民和中华民族前途命运的根本力量。只有在中国特色社会主义的旗帜下，中华民族才能屹立于世界民族之林。近代以来备受外国列强侵略、欺凌、剥削、压迫的中国，依靠中国共产党的坚强领导和中国人民的艰苦奋斗，在社会主义制度下取得了一个又一个震惊世界的伟大成就。在百废待兴、经济凋敝的薄弱基础上，经过 70 多年的发展，2010 年我国超过日本，成为世界第二大经济体，2020 年我国生产总值突破 100 万亿元大关，与世界头号强国美国的综合实力逐步接近。中国特色社会主义是中国人民和中华民族不断前进的旗帜，也是实现中华民族伟大复兴的制度保障。

中国共产党的领导是中国特色社会主义制度的最本质特征，

也是实现对伟大祖国、中华民族、中华文化、中国共产党、中国特色社会主义的认同的政治前提和根本保证。政党在现代国家政治和社会生活中占据核心地位。得到民众支持的现代政党，是团结人民、凝聚人心、领导国家前进的根本力量。中国共产党成立以来，特别是中国共产党领导中国人民建立中华人民共和国以来的70余年，勇于自我革命、从严管党治党的中国共产党不仅在各种风险挑战面前脱颖而出，而且能够始终走在时代前列，成为中国人民和中华民族的主心骨。事实一再证明，办好中国的事，关键在于把中国共产党建设得更加坚强有力。

作为历史悠久、民族众多、文化多样、地区发展不平衡的人口大国，中国在积贫积弱的基础上和并不安全的国际环境中迈向现代化，其难度可想而知。然而，已经实现民族自觉的中华民族，在中国共产党领导下不仅建立了社会主义的中华人民共和国，而且在革命、建设、改革的伟大实践中逐步发展和完善了中国特色社会主义制度，并在建设社会主义现代化强国的新征程中把56个民族建设成包容性更大、凝聚力更强的中华民族共同体。

第六章

铸牢中华民族共同体意识的重大关系

2021 年中央民族工作会议明确提出，要以铸牢中华民族共同体意识为主线，推进新时代党的民族工作高质量发展。全面准确把握和贯彻落实好中央民族工作会议精神，必须正确把握和处理好铸牢中华民族共同体意识的一系列重大关系。其中，特别提到要处理好共同性和差异性的关系、中华民族共同体意识和各民族意识的关系、中华文化和各民族文化的关系、物质和精神的关系。这些关系虽然不在一个层面上，属于不同的类型，具有各自的内涵，但对于如何做好铸牢中华民族共同体意识、推进中华民族共同体建设的工作，具有直接影响。从政策的角度看，正确把握这四对关系对铸牢中华民族共同体意识至关重要。同样，这四对关系也是推进中华民族共同体建设不得不面对的重大问题，我们主要从推进中华民族共同体建设的角度对此加以论述。

一、正确处理共同性与差异性的关系

在 2021 年中央民族工作会议上，习近平总书记强调，"党的民族工作创新发展，……要正确把握共同性和差异性的关系，增进共同性、尊重和包容差异性是民族工作的重要原则"①。习近平总书记从马克思主义唯物辩证法的视角，全面阐释了民族工作看待和正确处理"同"和"异"二者关系的基本方法，指明了正确引导"同"和"异"的方法策略。

（一）准确把握共同性与差异性的内涵

"同"和"异"是客观存在于自然界与人类社会的基本现象，保持"同""异"共存共生，是自然界物种进化、人类社会进步的基本策略。如何界定"同"和"异"，并正确看待和处理"同"和"异"的关系，是中西方哲学研究的基本命题。例如，德国哲学家莱布尼兹曾经提出"凡物莫不相异""世界上没有两片完全相同的树叶"等论断，并称之为"相异律"。早在战国时期，墨家经典著作《墨经》就论述了"同"和"异"对立统一的辩证思想。例如，《经上》说"同，异而俱于之一也"，即"同是相异的事物具有一致的方面"。《大取》进一步提出"有其异也，为其同也，为其同也异"，解释了"同"和"异"的辩证关系。《墨经》借"同"来规定"异"，不仅由"异"追溯到"同"，并且把"异"从属于"同"。《小取》提出"夫物有以同而不率遂同"，即"事物有相同的一面，但不能由此而引申出它们在一切方面都相同，所以同必

---

① 《习近平出席中央民族工作会议并发表重要讲话》，中国政府网，http://www.gov.cn/xinwen/2021 - 08/28/content_5633940.htm。

然伴随着异"①。

"同"和"异"是辩证统一、共存共生的关系。"同"不仅仅指两个客观存在的物体之间属性的完全相同，还包括两个客观存在的主体为了各自的需求而达成的共识或目标，是一种不同于客观性的主观能动创造的结果。"共同"和"同一"内涵不同，"同一"是客观存在的一种属性或结果，"共同"是在形式上不同或相异的事物中扩大实质上相近或相同的部分，是为促进"同一"进行的主观能动创造，与"同一"的结果之间存在差别。这表明"同一"和"共同"在内涵上还不是完全相同的。而"异"虽指属性的"不同"，某些时候还是"矛盾"形成的根源，但"异"只有放在"同"的规约下，"异"才能成立。这就意味着，我们既要尊重"同"和"异"作为一种客观存在，也应当基于所要达到的目标或者价值，来积极引导"同"和"异"的关系状态。而在对"同"和"异"的关系引导中，到底是把"同"理解为"共同"还是"同一"，是把"异"理解为"矛盾"还是"差异"，则取决于具体的讨论范畴。

民族是一种划分人群或人群共同体的一种类型，不同民族之间也存在"同"与"异"的关系问题。人类社会是由各种人群组织组成的，比如，家庭、家族、氏族、部落等。民族是更大规模的一种人群共同体，而且是由具有某些共同特征的相对稳定的人群共同体。民族不同，必然存在一定的差异性，从而可以用来区分"我们"和"他们"。但无论是将民族看成是不同的群体，还是

---

① 孙中原：《略论〈墨经〉中关于同和异的辩证思维》，《社会科学》1981年第4期。

将民族间共同性增加看成人类进步的一种规律性事实，我们都应当认同或承认民族本身就是共同性和差异性共生共存、辩证统一的共同体。

把握"同"和"异"的关系是认识民族现象、处理民族问题的重要内容。一些民族理论学者强调血缘、族源、族裔等天然因素在民族形成中的自然作用。马克思主义经典作家更强调经济因素主要是生产资料占有状况和社会发展进程对民族形成的决定作用。斯大林提出的"共同语言、共同地域、共同经济生活、共同文化基础上的心理素质"的民族定义，是用多种共同因素确定"民族"的内涵和属性。我国古代强调以文化区分族群，形成了"华夷之辨"。这些理论都提出了在民族现象中如何看待共同性和差异性及其关系问题。尽管中西方观点有差异，但可以看到的是，共同的内容和差异的内容并非完全一成不变，而是在不同情境下可以变化的。

共同性与差异性是对"共"和"异"的状态特征描述，二者经常被拿来解释社会凝聚以及政治融合的形式。共同性和差异性始终存在于民族发展演变的过程中。一般而言，考察人们关于共同性（或者说身份认同）和差异性的看法，是研究社会与政治融合之不同形式的关键所在[1]。基于国家体制和国家治理的需要，不同的国家在共同性与差异性的理解上相差很大。一些民族国家基于建构国家民族或者政治统治的需要，将民族现象中的"共同性"理解为"同质化"，使用同化手段将不同民族身份或国外移民

---

① 李峻石：《论差异性与共同性作为社会融合的方式》，吴秀杰译，《青海民族大学学报（社会科学版）》2018年第3期。

的身份强制转化为主体民族的民族身份。更为极端者，则通过采用"种族灭绝""族群清洗""屠杀宗教异见者"等残忍手段完成纯粹单一民族的民族国家建构。也有一些国家强调了"差异性"对于民族发展的重要性，例如以加拿大为代表的一些国家实行"多元文化主义"政策处理民族问题，试图将民族问题"文化化"，但"多元文化主义"强调民族现象差异性并非置国家政权统一与国家公民身份于不顾。因此，从当代国家建设实践来看，几乎没有国家过分强调或者放大民族"差异性"在国家建设中的作用。极端强调"差异化"会造成族群撕裂、社会对立乃至社会冲突的危害已是大众共识。

德国学者李峻石（Günther Schlee）从"共同性"和"差异性"是否促进社会融合的假设出发，推演提出了四种结论，即共同性促进社会融合（例如通过社会化过程习得某种文化，进而掌握共同的规则与价值观）、共同性阻碍社会融合（例如"同胞竞争"困境）、差异性促进社会融合（例如"有机团结""结构功能主义"与优势互补）、差异性阻碍社会融合（例如"差异即矛盾""身份认同冲突""基于资源争夺的冲突"）[①]。"共同性"和"差异性"之所以在促进社会融合方面形成四个象限的不同结果，根源还是在于我们如何理解民族的"共同性"和"差异性"，并且如何保持合适的"共同性"与"差异性"，以发挥二者促成国家统一、社会稳定、民族团结和个人全面发展的积极作用。讨论民族的"共同性"和"差异性"需要放到具体的情境之中。只有放到

---

① 李峻石：《论差异性与共同性作为社会融合的方式》，吴秀杰译，《青海民族大学学报（社会科学版）》2018 年第 3 期。

一个具体的情境中讨论"同"和"异"才有意义。例如，中国有56个民族，基于不同的维度可以找出饮食、服饰、建筑风格、语言、文化、习俗等诸多差异。但如果我们想让这种找寻差异和比较变得有意义，就首先得确认56个民族同属于中国和中华民族大家庭。否则，纯粹地找差异、找不同就会使更大的共同体失去了基本的边界和参照。

在中国这样一个历史上形成的统一多民族国家，如何认识民族的共同性和差异性呢？这一直是一个基本问题，也是我们期望回答的问题之一。中国自古以来的民族演化与发展和西方资本主义产生后的民族国家建构在路径上是完全不同的，在民族事务治理上也采取了完全不同的体制与方法。自古以来，中国各民族以中原大地为中心，以儒家文化为核心进行充分的交往交流交融，既形成了作为整体的中华民族共同体，也不断推动了各民族自身演化与发展。一些古代民族在历史上的交往交流交融中融入了其他民族，一些民族因吸收了其他民族不断壮大而保留至今。在各民族的共同努力下，中华民族共同体由自在走向自觉，由自觉走向自为。中国古代以来各民族历史的发展和中华民族共同体的形成表明，中华民族中的"共同性"内涵不是指"同一化"或"同质化"，更不是西方人类学意义上的"同化"，而是指自古以来各民族为了守护家园、共生共存而在历史文化、语言、地域、经济生活等方面形成的共同内容以及所产生的共同实践，也指各民族在交往交流交融中形成的共同公民身份、共同发展目标、共同价值观和共识。这种共同性既有物质上的，也有精神上的。中华民族中的"差异性"内涵则是各民族在历史演进发展中所形成的在民族语言或方言、服饰图样、饮食习惯、民居风格等层面的差异。

各民族之间上述方面存在的差异，是历史发展的结果，既非"铁板一块"不可改变，也非"非此即彼"绝对不同。各民族在语言、服饰图样、饮食习惯、民居风格等方面都能找到可以相互学习与借鉴的地方。

（二）正确处理共同性与差异性的辩证关系

共同性与差异性辩证统一是认识事物的基本逻辑。在复杂多样的民族问题上，正确把握共同性与差异性的辩证统一，对科学认识民族与民族之间、民族与国家之间的关系具有重要意义。基于对中华文化和中国民族结构特征的把握，费孝通先生提出了"中华民族多元一体格局"理论，概括了中华民族多元一体格局中，多元与一体的辩证关系与互动进程，为我们理解中国各民族的共同性与差异性互动关系提供了借鉴。费先生指出，"中华民族多元一体格局形成过程。它的主流是由许许多多分散存在的民族单位，经过接触、混杂、联结和融合，同时也有分裂和消亡，形成一个你来我去、我来你去，我中有你、你中有我，而又各具个性的多元统一体。这也许是世界各地民族形成的共同过程"①。在《中华民族的多元一体格局》一文中，费先生从"中华民族的生存空间""多元的起源""新石器文化多元交融和汇集""凝聚核心汉族的出现""地区性的多元统一""中原地区民族大混杂、大融合""北方民族不断给汉族输入新的血液""汉族同样充实了其他民族""汉族的南向扩展""中国西部的民族流动"十个方面，阐释了中国古代以来，起源于各地的民族如何在共同的生存空间（民族格

---

① 费孝通：《中华民族的多元一体格局》，《北京大学学报（哲学社会科学版）》1989 年第 4 期。

局）中通过优势互补与相互借鉴，逐步增强共同性，促成中华民族共同体这个"一体"的形成与发展。

费先生基于时空两个坐标维度对中华民族多元一体格局形成的阐释，启示我们：第一，承认一个共同的边界（诸如共同的生存空间）是进一步探讨差异性的基本前提，这也印证了"同为异提供规约"的基本哲理。只有在各民族共同的自然生存空间之内，各民族的差异性、多样性才有了内涵，并且才可以进行有意义的比较。第二，承认差异性并发挥其引致的"互补效应"，共同性才有了持续巩固与发展的基础。费先生指出，"中华民族的先人在文明曙光时期，公元前五千年到前二千年之间的三千年中还是分散聚居在各地区，分别创造他们具有特色的文化，这是中华民族格局中多元的起点。在这多元格局中，同时也在接触中出现了竞争机制，相互吸收比自己优秀的文化而不失其原有的个性"①。多元文化的交融与汇聚，不同民族、不同地区之间人口流动与迁徙，为不同文化之间的相互学习、经贸的互通有无提供了平台和载体。尽管差异性会引起竞争效应与互补效应，但随着碰撞交流的深入，相互借鉴、优势互补成为差异性主体之间保持可持续发展的合理选择。

在中华民族多元一体格局中，各民族是多元，中华民族是一体。虽然二者均称民族，但二者的层次是不同的。中华民族是上层，各民族是下层，而且还可以继续进行更细的分层。这就充分说明，在分析民族关系的时候，既要看到 56 个民族之间的相互关

---

① 费孝通：《中华民族的多元一体格局》，《北京大学学报（哲学社会科学版）》1989 年第 4 期。

系，或者说相互差异性，又要看到中华民族作为 56 个民族的整体，他们之间又有内在的共同性。在 2014 年中央民族工作会议上，习近平总书记进一步指明了"多元"与"一体"的辩证关系，一体包含多元，多元组成一体，一体是主线和方向，多元是要素和动力。

进入新时代，习近平总书记从"四个共同"阐释了我国各民族共同性的生成机制，是我们理解各民族共同性的内涵、差异性促成共同性机理的思想指导。在 2019 年全国民族团结进步表彰大会上，习近平总书记强调，我们辽阔的疆域是各民族共同开拓的，我们悠久的历史是各民族共同书写的，我们灿烂的文化是各民族共同创造的，我们伟大的精神是各民族共同培育的。辽阔疆域、悠久历史、灿烂文化、伟大精神是中国各民族共同性的内涵的集中体现。而从习近平总书记关于何以形成共同开拓疆域、共同书写历史、共同创造文化、共同培育精神的机理来看，多元基础上的差异性恰恰是历史长河中的重要动力机制。习近平总书记强调："一部中国史，就是一部各民族交融汇聚成多元一体中华民族的历史，就是各民族共同缔造、发展、巩固统一的伟大祖国的历史。"[1]

由此表明，从中华民族共同体的发展演进来看，中国各民族的共同性虽有与生俱来的一些因素（如共同的生存空间），但共同性更多的是各民族在交往交流交融的历史中主观能动地创造出来的，是各民族共同参与、共同实践、共同努力顺应历史

---

① 习近平：《在全国民族团结进步表彰大会上的讲话》，《人民日报》2019 年 9 月 28 日第 2 版。

大势的结果。共同性不是强制同化的结果，更不是物理属性方面的同质化。中国各民族的差异性是多元起源作为一种自然状态的必然结果，也是中华民族共同性形成和发展的动力。差异性的存在，使相互借鉴并且保持发展活力成为可能。差异性出现的必然性并不意味着差异性与生俱来"铁板一块"不可改造。为了实现各民族生存和发展，差异性特征是可以调整与改变的。在古代中国的历史上，北魏、元、辽、清等朝代官方推动差异性改变的实践比比皆是，民间层面潜移默化的差异性融合现象也十分普遍。在差异性的改变与融合过程中，都围绕着共同的目标或期待进行，如共同的家园、共同的稳定、共同的和平、共同的生存等等。简言之，在民族作为一种共同体的发展进程中，共同性规约了各民族差异性的意义及价值，是引导各民族差异性发挥互补效应的"主轴"；差异性则为共同性的形成和发展提供动力，不断夯实共同性的基础。

（三）坚持增进共同性、尊重和包容差异性的基本原则

在 2021 年中央民族工作会议上，习近平总书记明确了"增进共同性、尊重和包容差异性是民族工作的重要原则"①。统筹"两个大局"，在中国特色社会主义新时代增进共同性、尊重和包容差异性具有现实必然性。

进入新时代以来，党对国内外形势和发展环境出现的一系列新变化有了更加精准的认识。党的十九届五中全会指出，"当前和今后一个时期，我国发展仍然处于重要战略机遇期，但机遇和挑

① 《习近平出席中央民族工作会议并发表重要讲话》，中国政府网，http://www.gov.cn/xinwen/2021 - 08/28/content_5633940.htm。

战都有新的发展变化。当今世界正经历百年未有之大变局，新一轮科技革命和产业变革深入发展，国际力量对比深刻调整，和平与发展仍然是时代主题，人类命运共同体理念深入人心，同时国际环境日趋复杂，不稳定性不确定性明显增加"，"全党要统筹中华民族伟大复兴战略全局和世界百年未有之大变局，深刻认识我国社会主要矛盾变化带来的新特征新要求，深刻认识错综复杂的国际环境带来的新矛盾新挑战"[1]。统筹"两个大局"，应对国内外发展环境的变化，需要凝聚起中华民族团结奋斗的磅礴伟力。一方面，国外反华势力打压遏制中国的态势有增无减，通过打"民族牌""宗教牌""人权牌"的手段，企图给我国民族工作制造杂音，破坏中华民族共同体的团结发展良好格局。另一方面，受国外反华势力挑唆，国内仍有极小部分人员思想摇摆不定，甚至存在与国外反华势力勾连破坏民族团结和社会稳定的举动。这些依然是影响我国发展稳定大局的不利因素，也是实现社会主义现代化强国建设与中华民族伟大复兴的重大障碍。随着我国开启全面建设社会主义现代化国家新征程，在新发展阶段，贯彻新发展理念和构建新发展格局，都要求我们加强国内统一经济市场的建设，推动各地区积极融入好、服务好国家构建新发展格局。增进各民族的共同性，增强各民族之间的共同团结奋斗、共同繁荣发展的自觉行动，是完成上述目标的基础保障。

立足当前我国民族工作的新形势和新任务，我们要在尊重和包容各民族的差异性的前提下，努力增进各民族的共同性，也就

---

① 《中国共产党第十九届中央委员会第五次全体会议公报》，人民网，http://cpc.people.com.cn/n1/2020/1029/c64094-31911510.html。

是"求同容异"，共建中华民族共同体。为了贯彻习近平总书记强调的"增进共同性、尊重和包容差异性是民族工作的重要原则"，当前要切实把握铸牢中华民族共同体意识是新时代党的民族工作的"纲"，所有工作要向此聚焦。

在增进共同性方面，一是要为正确处理各民族的共同性与差异性的关系奠定思想基础。要坚持以铸牢中华民族共同体意识为主线，明确实现中华民族伟大复兴是各民族共同的目标与使命，共同建设中华民族共同精神家园，增强"五个认同"和牢固树立国家意识、公民意识、法治意识。二是形成全社会范围增进共同性的社会氛围和实践自觉。要全面深入加强国家通用语言文字教育，使各族群众的交往没有语言障碍。推进互嵌式社会的全方位嵌入。统筹城乡发展规划与资源配置，逐步实现各民族在空间、文化、经济、社会、心理等方面的全方位嵌入。持续开展民族团结进步创建，使民族团结成为各族群众的自觉意识与实践。完善中华民族共同体意识的宣传教育体系，以干部教育、党员教育、国民教育等教育方式实现教育对象全覆盖。三是动员全党全国各族人民为实现全面建成社会主义现代化强国的第二个百年奋斗目标而团结奋斗。实现全面建成社会主义现代化强国是各民族共同实现中华民族伟大复兴的重要任务，在新发展阶段，各民族之间、各地区之间要围绕融入好服务好构建新发展格局总体要求，增进合作与共享，实现经济社会发展进程中的互利互惠。

在尊重和包容差异性方面，一是坚决反对两种"民族主义"。要切实贯彻各民族一律平等原则，坚决反对大民族主义尤其是大汉族主义和地方民族主义，自觉维护国家最高利益和民族团结大局。二是坚持民族因素与区域因素相结合、自治与统一相结合。

我国已经实现了消除绝对贫困并全面建成了小康社会，但是在发展能力和发展质量方面，各地区之间、部分民族之间的差异依然存在。为了促进民族之间、地区之间的协调发展，共享改革发展成果，要坚持民族因素与区域因素相结合，完善差别化区域支持政策，提升发展扶持政策的精准度。要根据不同地区、不同民族实际，以公平公正为原则，突出区域化和精准性，更多针对特定地区、特殊问题、特别事项制定实施差别化区域支持政策①。三是落实对各民族优秀传统文化的保护与传承，尊重和保障少数民族语言文字学习和使用。各民族的差异性表现之一是民族文化和民族语言文字的不同，尊重和保障少数民族语言文字学习和使用是我国法律规定的各民族拥有的基本权利，也是实现各民族一律平等的基本体现。

二、正确处理中华民族共同体意识与各民族意识的关系

在多元一体格局基础上，中国 56 个民族共同构成中华民族共同体的基本国情，决定中华民族共同体意识与各民族意识关系是一对十分重要的关系，这一关系能否处理好，直接影响国家统一、民族团结和社会稳定与否。习近平总书记指出，党的民族工作创新发展，要正确把握中华民族共同体意识和各民族意识的关系，引导各民族始终把中华民族利益放在首位，本民族意识要服从和服务于中华民族共同体意识，同时要在实现好中华民族共同体整

---

① 《习近平出席中央民族工作会议并发表重要讲话》，中国政府网，http://www.gov.cn/xinwen/2021-08/28/content_5633940.htm。

体利益进程中实现好各民族具体利益，大汉族主义和地方民族主义都不利于中华民族共同体建设①。正确处理中华民族共同体意识与各民族意识的关系，除了要全面理解中华民族认同与各民族认同的关系，最关键的还是需要引导各民族群众产生中华民族共同体整体利益优先的意识，并且能够形成与之相匹配的实践，为实现中华民族伟大复兴凝聚磅礴力量。但是也要看到，意识作为一种思想观念，其产生具有自身的规律，要引导每个个体在不同意识之间形成一种良性关系，则需要把握民族意识形成的客观规律，并结合中华民族共同体建设的现实需要，采取一系列有效的措施。

（一）准确把握民族意识与中华民族共同体意识的不同内涵

通常而言，民族意识是一个民族成员的族属意识，主要体现为一个民族的人们基于对共同语言、共同文化和心理特征、共同地域、共同经济生活等的认知和认同，自觉认同自己属于某个民族，认同某个民族的文化，民族认同是民族意识的核心内容。除了极少数情况下中途出现修改民族身份的情况，绝大多数情况下一个人自出生就自然获得了某个民族的身份，并在家庭教育、学校教育等场合中形成对自己所属民族的认同，对自己所属民族的来源（历史）、民族特点、本民族与其他民族的关系状况形成比较清晰稳定的认知。但是这些内容只是民族意识内涵中关于"我所属的民族是什么""为什么我所属的民族和其他民族不一样"等问

---

① 《习近平出席中央民族工作会议并发表重要讲话》，中国政府网，http://www.gov.cn/xinwen/2021-08/28/content_5633940.htm。

题的反映，民族意识还有一个更为深刻的内涵是所属成员对所属民族的利益的认知，以及在实现所属民族的利益时采取何种实践，这是民族意识内涵关于"怎么办"这个层面的问题。民族认同是民族利益认知的核心前提，因为只有在形成对所属民族的认同的基础上，才能进而形成对所属民族应该有哪些利益的认知，也才能形成对个体如何采取正确的实践去维护和实现所属民族的利益的认知。

出于落实各民族一律平等原则和开展民族工作的需要，我国自20世纪50年代开始了历经近30年的民族识别工作，识别出了我国56个民族。随着对各民族的历史、经济社会文化状况的调查研究与描述叙事的清晰化，全国56个民族的成员民族身份不同了，都有了与民族身份关联的各自的民族意识。这一时期各个民族意识一方面表现为民族认同的差异。例如，很多民族在风俗习惯、饮食服饰、文化认同等方面会进行归属与认同，外在地体现出"我和你有所不同"。另一方面，这一时期各个民族的民族意识也有共性，那就是大家都意识到自己是中华人民共和国的主人，自己也是需要大家共同建设的中华民族大家庭中的一员。也正是在这个层面上，在我国成为独立统一的现代多民族国家后，我国各民族群众既拥有了"我是中国人，我要维护国家统一、建设社会主义中国"的国家意识，也拥有了"我属于某个民族，我所属的民族是中华民族的一员"的民族意识。在日常生活中，经常面对强调民族差异的社会氛围和民族政策，后一种民族意识似乎更强烈一些。只是在党的十八大以来，民族政策发生了重大调整，增进共同性成为民族工作的方向，铸牢中华民族共同体意识才逐步成为民族工作的主线，社会舆论氛围出现新的变化。

因此，在我国谈论民族意识，既要注意到个体对自己民族身份的认同，也要注意到个体作为公民对中华民族共同体这一集体和共同身份的认同；既要注意个体为维护和实现所属民族的利益形成了何种价值观并采取了何种实践，也要注意个体为维护和实现中华民族的利益形成了何种价值观并采取了何种实践。"五个认同"的提出，从历史发展的角度强调了各民族成员拥有的共同历史记忆和共同身份。这就意味着，我们在认同自然拥有的民族身份的时候，更应该把中华民族共同体认同摆在更高层次、更加优先的位置，对中华民族共同体的利益的认知以及实践，要在层次上、顺序上高于和优先于对本民族的利益的认知和实践。尤其是当个体在具体抉择的情境下，能够清晰理性地分辨出什么是中华民族共同体的利益，什么是所属民族的利益，并且能够使个体的价值观和实践都能够统一到中华民族共同体利益之上。顺此逻辑，中华民族共同体意识的内涵，体现为 56 个民族的群众都自觉认同中华民族共同体是经历着由自在到自觉、由自觉正走向自强的实体，自觉将自身归属为中华民族共同体的一员，自觉认同共同缔造、发展、巩固统一的伟大祖国的历史，自觉体会到中华民族共同体认同和利益在更高层次、更优顺序，自觉为中华民族共同体的壮大和发展贡献力量。

全面完整地把握民族意识问题，既要把握民族意识的基本特征，又要清晰认识到民族意识与中华民族共同体意识的层次性，更要明确认识到民族意识和中华民族共同体意识都认同中华民族多元一体格局、中华民族自古以来就是一个命运共同体。尽管个体对所属民族的民族意识较强（或增强）会使得人们在某些情境中强调差异性，但个体如果同时拥有正确的民族意识和中华民族共同体意识，那么一些情境下的差异性的存在并不妨碍其对中华民族共同体利益应当摆在优先位置的体认。中华民族共同体意识不是哪个单一民族的民族意识，而是属于 56 个民族共同塑造的共同体意识，是一个拥有开放包容品格的意识。"美人之美，各美其美，美美与共，天下大同"是中华民族共同体意识开放包容品格的集中体现。

中华民族共同体意识在古往今来的历史进程中不断凝聚各族群众，在古代中国表现为凝聚各族群众实现和维护"大一统"格局，在近代中国表现为凝聚各族群众团结一致抵御外侮谋求国家独立解放，在现代中国表现为凝聚各族群众共同团结奋斗、共同繁荣发展，建设社会主义现代化中国。在这些伟大历史进程中，实现国家统一和民族团结，一直是自古以来生活在中华大地上的各民族正确处理民族意识和中华民族共同体意识关系的最高价值准则。在中国谈论各民族意识和中华民族共同体意识，必须客观准确把握各族群众的本民族意识、中华民族共同体意识的关系，进而处理好和国家意识三者之间的关系。尤其是要注意到，中华民族共同体意识在引导我国各族群众处理好各民族意识和国家意识关系中的重要地位和作用。简单采取二分法视角，单纯谈论本民族意识和国家意识可能存在的张力，容易钻入学术论争的牛角尖，也不利于我们对"中华民族是一个命运共同体"和"铸牢中华民族共同体意识"形成客观正确的认识。

（二）发挥中华民族共同体理念的引领作用

处理好中华民族共同体意识和各民族意识的关系，归根结底是各族群众要把中华民族共同体利益摆在首要位置，铸牢中华民族共同体意识，并积极形成实现好中华民族共同体整体利益、建设好中华民族共同体的实践。习近平总书记在 2021 年中央民族工作会议上明确了铸牢中华民族共同体意识的目标与任务"就是要引导各族人民牢固树立休戚与共、荣辱与共、生死与共、命运与共的共同体理念"，并且用"四个必然要求"强调了铸牢中华民族共同体意识的引领作用，成为新时代我们处理好中华民族共同体意识与各民族意识关系的基本遵循。习近平总书记强调，"铸牢中华民族共同体意识是维护各民族根本利益的必然要求，只有铸牢中华民族共同体意识，构建起维护国家统一和民族团结的坚固思想长城，各民族共同维护好国家安全和社会稳定，才能有效抵御各种极端、分裂思想的渗透颠覆，才能不断实现各族人民对美好生活的向往，才能实现好、维护好、发展好各民族根本利益。铸牢中华民族共同体意识是实现中华民族伟大复兴的必然要求，只有铸牢中华民族共同体意识，才能有效应对实现中华民族伟大复兴过程中民族领域可能发生的风险挑战，才能为党和国家兴旺发达、长治久安提供重要思想保证。铸牢中华民族共同体意识是巩固和发展平等团结互助和谐社会主义民族关系的必然要求，只有铸牢中华民族共同体意识，才能增进各民族对中华民族的自觉认同，夯实我国民族关系发展的思想基础，推动中华民族成为认同度更高、凝聚力更强的命运共同体。铸牢中华民族共同体意识是党的民族工作开创新局面的必然要求，只有顺应时代变化，按照增进共同性的方向改进民族工作，做到共同性和差异性的辩证统一、民族因素和区域因素的有机结合，才能把新时代党的民族工作做好做细做扎实"①。

---

① 《习近平出席中央民族工作会议并发表重要讲话》，中国政府网，http://www.gov.cn/xinwen/2021 - 08/28/content_5633940.htm。

　　铸牢中华民族共同体意识的引领作用体现在维护各民族根本利益、实现中华民族伟大复兴、巩固和发展平等团结互助和谐的社会主义民族关系、加强和改进新时代党的民族工作开创新局面的各个方面。实现中华民族伟大复兴、建设中国特色社会主义现代化强国，需要正确的理论指引和精神文化，也需要与之相匹配的"四个共同"的共同体观念和价值引领，这种思想观念和精神素养既要能够凝聚全国各族人民对中华民族伟大复兴的目标与中华民族共同体的整体利益达成共识，还要能够激励大家积极参与建设中华民族共同体、实现中华民族伟大复兴的实践中来。中华民族共同体意识就是这样一种价值观念和精神动力。发挥好铸牢中华民族共同体意识的全方位引领作用，关键还是要加强对各族群众的教育引导。马克思主义认为，实践是认识的基础，实践决定认识，认识也可以反作用于实践。意识作为人的认识层面的一种，属于精神层面的内容。实践决定认识，表明意识的形成有赖于个体参与什么样的实践；认识也可以反作用于实践，则表明要想发挥好认识的这种反作用，就必须树立正确的意识，而要树立和培育正确的意识，则离不开全方位的教育引导。从处理好中华民族共同体意识与各民族意识关系角度出发，关键是要持续开展以"五个认同"为核心内容的教育宣传工作，将增强"五个认同"作为铸牢中华民族共同体意识教育宣传工作的核心内容，将"五个认同"内容贯穿于党史、新中国史、改革开放史、社会主义发展史学习教育的全过程。同时要构建铸牢中华民族共同体意识宣传教育常态化机制，纳入干部教育、党员教育、国民教育体系，搞好社会宣传教育。

（三）反对大民族主义（主要是大汉族主义）和地方民族主义

处理好中华民族共同体意识和各民族意识的关系，既要引导各民族始终把中华民族利益放在首位，加强积极正面的教育引导，也要时刻提防并反对大民族主义（主要是大汉族主义）和地方民族主义。大民族主义和地方民族主义作为两种极端的民族主义，对中华民族共同体建设造成不利影响，破坏各民族共同团结奋斗、共同繁荣发展的良好格局。党的十八大以来，习近平总书记进一步深化了反对"两个民族主义"的认识，在2014年中央民族工作会议上强调，"加强民族团结，要坚决反对大汉族主义和狭隘民族主义"，"大汉族主义要不得，狭隘民族主义也要不得，它们都是民族团结的大敌"①。在2021年中央民族工作会议上，指出"大汉族主义和地方民族主义都不利于中华民族共同体建设"②。当前，我国的"两种民族主义"主要体现为"大民族主义"和"地方民族主义"。"大民族主义"的根本特征在于汉族把自身等同于中华民族，凌驾于其他少数民族之上，对少数民族的贡献以及少数民族应当享有的正当权益视而不见，表现出"高高在上，自以为是，看不起少数民族，爱搞包办代替、指手画脚，遇事很少同少数民族商量"。"地方民族主义"的根本特征则在于少数民族自外于中华民族，漠视56个民族是中华民族大家庭的家庭成员，仅考虑本民族的短期利益和局部利益，而置中华民族共同体的整体利益于不顾，甚至故意设置障碍阻挠中华民族共同体整体利益的

① 中共中央文献研究室编《习近平关于社会主义政治建设论述摘编》，中央文献出版社，2017，第155页。

② 《习近平出席中央民族工作会议并发表重要讲话》，中国政府网，http://www.gov.cn/xinwen/2021-08/28/content_5633940.htm。

实现。比如，"排斥别的民族，遇事首先考虑本民族或局部的权利，罔顾大局和大多数人的利益"①。这两种民族主义都在处理中华民族共同体意识和各民族意识关系、中华民族共同体整体利益和各民族利益关系方面"走了偏路"，根本上都没有把自身当作中华民族共同体的一分子，没有把各民族的利益与中华民族共同体整体利益统一起来，没有认识到中华民族共同体利益的实现才是各民族利益实现的前提与保障。

因此，在开展铸牢中华民族共同体意识的教育与宣传的同时，旗帜鲜明地反对"两种民族主义"也是我们处理好中华民族共同体意识与各民族意识的关系的题中之意。反对"两种民族主义"关键需要强有力的制度保障，对实践中出现的"两种民族主义"苗头性问题给予及时治理。习近平总书记在 2014 年中央民族工作会议首次提出"要用法律来保障民族团结"②。在 2021 年中央民族工作会议上指出，"要提升民族事务治理体系和治理能力现代化水平。要根据不同地区、不同民族实际，以公平公正为原则，突出区域化和精准性，更多针对特定地区、特殊问题、特别事项制定实施差别化区域支持政策。要依法保障各族群众合法权益，依法妥善处理涉民族因素的案事件，依法打击各类违法犯罪行为，做到法律面前人人平等"③。要通过依法治理，对民族歧视、歪曲

---

① 国家民族事务委员会编《中央民族工作会议精神学习辅导读本》，民族出版社，2015，第 128 页。

② 国家民族事务委员会编《中央民族工作会议精神学习辅导读本》，民族出版社，2015，第 123 页。

③ 《习近平出席中央民族工作会议并发表重要讲话》，中国政府网，http://www.gov.cn/xinwen/2021－08/28/content_5633940.htm。

历史事实挑拨民族关系、以历史虚无主义抹黑中华民族共同体建设等问题给予积极治理，防范"两种民族主义"衍生出的各种破坏民族团结和中华民族共同体建设的问题。

三、正确处理中华文化与各民族文化的关系

中华民族多元一体格局决定了正确处理中华文化与各民族文化的关系是中国民族工作的重要内容。习近平总书记强调，党的民族工作创新发展，要正确把握中华文化和各民族文化的关系，各民族优秀传统文化都是中华文化的组成部分，中华文化是主干，各民族文化是枝叶，根深干壮才能枝繁叶茂[①]。习近平总书记从马克思主义唯物辩证法的角度用树干和枝叶之间的辩证关系深刻阐释了中华文化与各民族文化的关系，对于保护和传承各民族优秀传统文化，丰富发展中华文化内涵与外延，建设中华民族共有精神家园具有重大指导意义。在 2022 年 3 月 5 日参加十三届全国人大五次会议内蒙古代表团审议时，习近平总书记进一步强调，"要把铸牢中华民族共同体意识的工作要求贯彻落实到全区历史文化宣传教育、公共文化设施建设、城市标志性建筑建设、旅游景观陈列等相关方面，正确处理中华文化和本民族文化的关系，为铸牢中华民族共同体意识夯实思想文化基础"[②]。

---

① 《习近平出席中央民族工作会议并发表重要讲话》，中国政府网，http://www.gov.cn/xinwen/2021 - 08/28/content_5633940.htm。

② 《习近平在参加内蒙古代表团审议时强调　不断巩固中华民族共同体思想基础　共同建设伟大祖国　共同创造美好生活》，《人民日报》2022 年 3 月 6 日第 1 版。

（一）中华文化与各民族文化具有不同的内涵与属性

全世界关于文化的定义有很多，有广义和狭义之分，有表层、中层、底层之分，还可以依据组成部分划分，此外也包括按行业区分的行业文化。文化作为对政治、经济、社会实践的反映，其内涵应当至少包含三个方面：一是文化形成过程中的人的主体性；二是文化在外延上的多样性；三是文化作为一种现象的发展性。基于这三点，让文化适应时代变化需要，更好服务人民的美好生活需要是我们看待中国特色社会主义文化的重要视角。党的十八大以来，习近平总书记在系统阐释中华文化和各民族文化内涵方面提出了一系列重大原创性论断，为我们理解中华文化和各民族文化的关系指明了方向。

中华文化与各民族文化的内涵与外延是不同的。中华文化作为整体性概念，是更大范围、更高层次、更具引领功能的各民族共享的文化，尤其是其中与国家政权特点紧密结合在一起的政治文化、意识形态、价值理念、法律规范等等，又超越了各民族自身文化的范畴，成为各民族文化之上、代表整个中华民族文化精神的国家文化，引领并规范着各民族文化的灵魂和发展方向。由此可见，吸纳并蓄汇聚各民族文化的中华文化，其内涵和外延与各民族文化不尽相同。

中华文化与各民族文化的层次是不同的。费孝通先生把各民族与中华民族的关系区分为下层与上层的关系，而且指出下层也可以再区分为更多的层次。由此推论，各民族文化与中华文化的关系也是下层与上层的关系，而且在各民族文化内部也可以区分为很多层次。如果把文化的层级与中国不断细分的地理单元相比较，这个特点更加鲜明。如同不同层级的地理单元具有不同的行政级别一样，中华文化在不同级别的地理单元内也形成了不同的圈层。越接近国家权力中心，越接近文化的上层与核心层；越到底层的地理单元，越接近文化的基层。

中华文化与各民族文化尤其是优秀传统文化的类型是不同的。两者之间既是整体与局部的关系，又是不同层次之间的关系，中华文化往往与中国整个地域、国家政权倡导的主流价值观和主流文化结合在一起，民族文化一般属于地方文化或者区域文化，从属于整体文化和国家文化。在这个意义上说，中华民族的多元一体格局，也体现为中华文化的多元一体特征。基层文化或者下层文化是作为局部范围的文化，既是上层整体文化的组成部分，又被上层整体文化所规范和制约。中华文化与各民族文化的关系既是整体与局部的关系，又是不同层级的关系。

中华文化与各民族文化的形成机理和作用范围也是不同的。各民族文化作为中华文化的重要组成部分，其根源在于各民族是中华民族共同体的组成部分。早在中华民族共同体处于自在阶段时，各民族、各地区的多元文化起源和交融发展，为中华文化的形成和发展提供了源源不竭的动力。费孝通先生指出："在中华文化的发展过程中，多元的文化形态在相互接触中相互影响、相互吸收、相互融合。共同形成中华民族'和而不同'的传统文化。"[1] 中国历史上的各民族在发展过程中，结合主要聚居区的自然环境，形成了一套与各民族自身具体生产生活实践相适应的民族文化，各民族的文化在处理人与自然、人与人、人与社会之间

---

[1]　费孝通：《费孝通文集》第 14 卷，群言出版社，1999，第 407—408 页。

关系等方面形成了一套相对完整的文化内容，例如信仰、服饰、饮食、语言文字、建筑风格、美学图案等等。这些内容，一方面系统地反映了各民族生产力、生产关系状况，另一方面也是民族文化、区域文化相互学习借鉴的结果。各民族的交往交流交融，共同推动着各民族文化不断发展和繁荣。在这个过程中，中华文化作为各民族文化尤其是优秀传统文化的集大成，在各民族文化的发展繁荣中起着主导作用，推动着各民族文化持续深入地交流互动。同时，受益于民族文化的持续交流互动，中华文化的内涵不断丰富，主流价值观等主导性内容不断适应时代需要，更好地反映时代诉求，引领时代发展潮流。作为整体的中华文化所具备的诸多共性特征，不仅为各民族提供了共同文化的基础和土壤，也引领着各民族的文化发展和建设，成为各民族共享的中华民族精神和共有精神家园的体现。

（二）促进各民族优秀传统文化"双创"与增强中华文化认同

习近平总书记在 2014 年中央民族工作会议上指出，各民族不能等同于也不能自外于中华民族。同样，各民族文化既不能等同于中华文化也不能自外于中华文化。这既是中华民族与各民族相互关系的准确定位，也是对中华文化与各民族文化辩证关系的精辟概括。准确把握中华文化与各民族文化之间的关系，从内涵与外延、层次与类型、性质与功能等方面区分它们的异同，可以更好辨析这个问题，引领各民族传统文化的创造性转化和创新性发展，促进当代中华文化的健康发展。

当代中华文化集中华优秀传统文化、革命文化、社会主义先进文化于一体，是各民族优秀文化的集大成。在漫长的历史长河中形成和发展起来的各民族文化，尤其是其中的优秀传统文化，是建设时代先进文化的土壤和基础。要认识到传统文化中并不是所有内容都是精华，甚至其中还有一些是糟粕。有些文化内容在当时可能是适当的，但在历史发展进程中可能因为无法跟得上人民群众的呼声和时代发展进步的需要不得不进行改变。事实上，任何时代的文化，必须随着时代的发展进步不断进行有机更新和推陈出新。这种更新过程也是一个去粗取精、扬弃发展的过程。作为各民族优秀文化的集大成的中华文化，既肯定了它对各民族优秀传统文化的继承性、融合性和集成性，又体现了它对各民族传统文化的扬弃性、先进性和引导性。在中华文化的引导下，各民族传统文化根据时代要求与群众需要不断进行创造性转化和创新性发展。

党的十八大以来，习近平总书记高度重视文化自信和文化建设，不仅把文化建设纳入中国特色社会主义事业战略布局之中，而且反复强调文化自信、文化建设对于国家治理体系和治理能力现代化的重要意义。习近平总书记在 2021 年考察福建时强调，"要推动中华优秀传统文化创造性转化、创新性发展，以时代精神激活中华优秀传统文化的生命力。要把坚持马克思主义同弘扬中华优秀传统文化有机结合起来，坚定不移走中国特色社会主义道路"①。习近平总书记在陕西榆林考察时也指出，"要坚持以社会主义核心价值观为引领，坚持创造性转化、创新性发展，找到传统文化和现代生活的连接点，不断满足人民日益增长的美好生活

---

① 《在服务和融入新发展格局上展现更大作为　奋力谱写全面建设社会主义现代化国家福建篇章》，《人民日报》2021 年 3 月 26 日第 1 版。

需要"①。因此，充分挖掘中华优秀传统文化的宝贵财富，是铸牢中华民族共同体意识，推进国家治理体系和治理能力现代化的重要战略举措。一方面，要加大扶持保护和传承力度，使中华优秀传统文化能够在继承中发展创新，展现出服务新时代的生机活力。另一方面，加强中华文化认同，增进各族人民热爱中华文化、传承中华文化、发展和弘扬中华文化的自觉性、主动性，增强各族人民的文化自信，尤其是对中华优秀传统文化的自信和自豪。在中国特色社会主义现代化建设中，文化建设至关重要；要加快民族地区发展，不仅要推动物质层面的建设，更需要重视精神层面的建设，加快各民族的现代文化事业的发展。对于各民族优秀传统文化，要给予足够的关注、重视、保护、传承和弘扬，积极发挥它们建设中华民族共有精神家园的作用。

处理好中华文化与各民族文化的关系，促进各民族优秀传统文化的创造性转化和创新性发展，大力推进当代中华文化建设，归根结底是为了更好地增强各民族干部群众对中华文化的认同。各民族优秀传统文化都是中华文化的组成部分，中华文化作为各民族优秀传统文化的集大成，每个民族的成员在强调本民族文化认同的同时，也必须接受和认同中华文化。这里的中华文化不是某一个民族的文化，而是各民族共建共有共享的文化，并且是整个中华大地上各种文化体系的基础、主干和支柱部分。文化认同不应该只认同枝叶部分而不认同主干部分。要防范把本民族文化与中华文化割裂开来甚至对立起来的错误文化观，防止强调本民

---

① 《解放思想改革创新再接再厉　谱写陕西高质量发展新篇章》，《人民日报》2021 年 9 月 16 日第 1 版。

族文化（或本地区本区域文化）认同排斥中华文化认同的狭隘认同观。

如果说近代以来中华民族逐步实现了从自在到自觉的转变，中华人民共和国成立以来在各民族优秀传统文化基础上，自觉建设和塑造了属于中华民族整体的现代中华文化，我们将以铸牢中华民族共同体意识为引领，更好地促进优秀传统文化的"双创"和增强中华文化认同，以现代中华文化认同增强我们的文化自信，把中华民族共有精神家园建设好。为此，要紧紧抓住增强中华文化认同这个根本。文化的范畴很大、很宽，价值观和民族精神是其根本和精髓所在。根据增进共同性、尊重和包容差异性的原则增强中华文化认同，必须着力增强各族人民的"五个认同"和国家意识、公民意识、法治意识，在各族群众中深入培育和践行社会主义核心价值观，大力弘扬以爱国主义为核心的民族精神和以改革创新为核心的时代精神。要加强现代文化建设，倡导现代文明理念和生活方式，在保护、传承和弘扬优秀传统文化的同时，积极引导各族群众移风易俗，提升现代科学文化素质，倡导健康文明的思想观念、精神情趣、生活方式，激励各族人民更有信心地共同建设我们自己的社会主义现代化国家。

四、正确处理物质与精神的关系

（一）精神建设与物质建设不可偏废

改革开放以来，在以经济建设为中心的发展战略指导下，民族工作的重心也高度重视物质层面的建设，把促进少数民族和民族地区的经济发展作为重中之重。由于受各方面因素的制约，民族地区发展滞后一直是我国经济社会发展和现代化建设的短板和突出问题之一。在不断扩大改革开放和建设社会主义市场经济体制的背景下，我国为了加快少数民族和民族地区发展，不断丰富和完善各项扶持优惠政策，先后颁布实施了"东西部扶贫协作""西部大开发""人口较少民族扶持政策""兴边富民行动规划"等一系列国家战略或专项规划，针对西藏、青海、新疆等发展难度更大的特殊民族地区，给予了更高的关注和更大的支持。在党和国家的关心、大规模财政转移支付资金和各项扶持政策支持下，在沿海和东中部地区支持援助下，经过民族地区广大干部群众的不懈努力和艰苦奋斗，民族地区的经济社会建设取得了跨越式的发展，发生了历史性的变化。以西藏为例，作为一个"全部为贫困地区"的欠发展省区，西藏和平解放以来实现了由封建农奴制度向社会主义制度的历史性飞跃，改革开放特别是党的十八大以来进入了跨越式发展的腾飞时期，与全国一道全部消除了数千年来的绝对贫困。可以说，各民族在中国社会主义的大家庭里，物质层面的进步和共享现代化文明成果的成效是十分显著的。

现代化不仅是经济持续增长、经济社会结构显著变化的过程，也是社会文化和精神道德剧烈变动的时期。物质的现代化与精神文化的发展变化必须相互匹配，否则将对社会稳定和可持续发展带来制约和负面影响。这是发达国家和许多发展中国家在现代化进程中都充分证明过的一个基本规律。历经磨难的中华民族在中国共产党的领导下，经历百年来艰苦卓绝的探索和不懈奋斗，带领中国人民和中华民族实现了"从站起来、富起来到强起来的伟大飞跃"。这个飞跃不仅指我们成功探索了国家经济实力、科技实

力、综合国力等硬实力跃上新台阶的路径，建设现代化强国的持续
发展道路，而且在政治建设、文化建设、社会建设、生态文明建设
和党的建设等方面，不断总结和发展坚持中国特色社会主义、建设
长期执政的马克思主义政党、保持社会稳定和长治久安等软实力不
断增强的中国经验和中国道路。硬实力和软实力的同步协调发展，
是一个国家现代化道路成功的显著标志。中华人民共和国成立、改
革开放特别是党的十八大以来中国的成功实践，无疑是近代以来人
类现代化历程中最为辉煌的壮丽篇章。在推进物质文明现代化的同
时，高度重视精神文明建设，努力促进物质文明与精神文明的同步
协调发展，是中国式现代化建设最为突出的特点，也是中国共产党
始终保持先进性和纯洁性、不断提升执政能力和领导水平的关键
所在。

　　中国共产党历来重视精神建设，在百年征程中形成了井冈山
精神、苏区精神、长征精神、遵义会议精神、延安精神、抗战精
神、红岩精神、西柏坡精神、抗美援朝精神、"两弹一星"精神、
特区精神、抗洪精神、抗震救灾精神、抗疫精神等伟大精神，构
筑起了中国共产党人的精神谱系①。中国共产党人以"一不怕苦、
二不怕死"的精神力量战胜了革命和建设道路上的各种艰难险阻，
取得了新民主主义革命的胜利，建立了中华人民共和国，实现了
中国人民和中华民族"站起来"的夙愿。在社会主义革命和建设
时期，以"自力更生、发愤图强"的斗志创造了社会主义革命和
建设的伟大成就。改革开放以来，中国共产党在坚持以经济建设

---

　　①　《中国精神——中国共产党人的精神谱系》，共产党员网，https://
www.12371.cn/special/zgjs/。

为中心、坚持发展是硬道理的前提下，始终坚持四项基本原则，坚持物质文明和精神文明两手抓、两手硬，坚持将依法治国和以德治国相结合，不断加强理想信念教育，推进社会主义核心价值观建设，建设社会主义精神文明，发展社会主义先进文化，坚持党的执政能力和先进性建设，提高拒腐防变和抵御风险的能力，推进中国特色社会主义现代化事业沿着正确道路大踏步前进，实现了从总体小康奔向全面小康的历史性跨越。党的十八大以来的中国特色社会主义新时代，确立了经济建设、政治建设、文化建设、社会建设、生态文明建设"五位一体"总体布局和全面建设社会主义现代化强国、全面深化改革、全面依法治国、全面从严治党"四个全面"战略布局。以习近平同志为核心的党中央，着力加强和改善党的全面领导，坚持全面从严治党，反复强调马克思主义信仰、共产主义远大理想、中国特色社会主义共同理想，是中国共产党人的精神支柱、政治灵魂和全党全国团结统一的思想基础。针对世界范围内思想文化相互激荡、我国思想观念深刻变化的局面，强调意识形态工作是为国家立心、为民族立魂的工作，文化认同、文化自信是国家和民族发展中最基本、最深沉、最持久的力量，也是实现中华民族伟大复兴的共同思想基础。在健全意识形态工作责任制、推动全党动手抓宣传思想工作的同时，坚持以社会主义核心价值观引领文化建设，用社会主义先进文化、革命文化、中华优秀传统文化培根铸魂，并把中华优秀传统文化作为中华民族的突出优势和在世界文化激荡中站稳脚跟的根基，通过实施一系列重大文化工程，推动中华优秀传统文化创造性转化和创新性发展。党的十八大以来我国不仅更加重视党的建设尤其是意识形态领域工作，而且反复强调增强对中华民族的文化认同与文化自信，提升了全社会的凝聚力和向心力，为新时代开创党和国家事业新局面、推进中国特色社会主义现代化建设新征程提供坚强思想保证和强大精神力量。

把坚持精神文明建设、高度重视精神层面工作的战略部署贯彻到党的民族工作中，一个重要的前提是要明确民族工作既包括物质层面的工作也包括精神层面的工作，也就是要在不断加快少数民族和民族地区现代化、不断增强物质力量的同时，必须意识到高度重视精神层面工作的极端重要性和想方设法做好精神层面工作的责任心，不断提高做好精神层面工作的能力和水平，切实解决民族工作重物质和轻精神的问题，促使新时代党的民族工作在物质和精神两个方面都能够形成两手抓、两手硬的新局面。

（二）正确把握物质和精神的辩证统一关系

要准确把握民族工作领域物质和精神的辩证统一关系，积极稳妥地处理好在这两个方面涉及民族关系的认识问题、情感问题、利益问题，防止出现简单化、一刀切、形式主义和官僚主义的工作思路和工作方法。根据唯物辩证法的立场、观点和方法，物质和精神相互依存，必须在关注物质层面的工作的同时关注到精神层面的工作。民族地区现代化事业尽管有了很大发展，一些人仍受到境内外反对势力蛊惑，出现离心离德的问题。改革开放以来新疆一些地区频繁出现的"三股势力"破坏活动就是例证。其实，各种分裂主义思想和行动给我国边疆民族地区发展、稳定和国家主权、祖国统一带来的各种风险与挑战一直都存在，仅仅重视物质现代化而忽视精神层面工作的后果是严重的，也是无法接受的。

同样，也不能因为强调精神工作就只重视精神层面的工作而忽略经济社会发展，不能忽视民族地区各族人民不断提高物质文化生活水平的客观需要，更不能认为思想工作是万能的，一抓就灵。恰恰相反，不论是思想认识问题还是情感问题，往往都比现实的物质利益问题乃至未来发展问题更加复杂，工作难度更大，更加难以在短期内取得看得见的成效。这说明做好精神层面的工作更加困难。认识到这一点，就要更加持之以恒地开展宣传教育工作，促使广大干部群众真正认识到个人利益与祖国利益密不可分，本民族利益与中华民族整体利益休戚与共，本地区发展与整个国家的发展紧密相连。一旦思想认识层面的问题解决了，伴随国家区域协调发展政策和民族政策的不断完善，各民族共同团结奋斗、共同繁荣发展的局面将从号召变成各民族群众的自觉意识和实践行动，精神力量将有效地转化为物质力量，而且成为在各民族共同走向社会主义现代化进程中更加持久、更具活力的内生力量，各民族之间的包容性和凝聚力也会进一步增强。

2021年中央民族工作会议指出，"要赋予所有改革发展以彰显中华民族共同体意识的意义，以维护统一、反对分裂的意义，以改善民生、凝聚人心的意义"。这三个意义为正确把握物质和精神的关系，推动民族地区和新时代党的民族工作高质量发展指明了前进方向和工作路径。铸牢中华民族共同体意识是新时代党的民族工作主线和纲领，各项民族工作都要向此汇聚。实现这一目标显然是全党全国全社会的共同任务。习近平总书记关于加强和改进民族工作的重要思想的"十二个必须"，每一条都充分体现了上述要求。做好新时代党的民族工作，要以实现中华民族伟大复兴为出发点和落脚点进行统筹谋划，要把推动各民族为全面建设社会主义现代化强国共同奋斗作为根本任务，要始终坚持各民族一律平等实现中华民族的大团结，要以铸牢中华民族共同体意识为主线推动各民族坚定"五个认同"，要支持各民族发展经济、改善民生、共同富裕，要促进各民族广泛交往交流交融和各民族在理想、信念、情感、文化上的团结统一、守望相助、手足情深，要坚决维护国家主权、安全、发展利益，要教育引导各民族自觉维护祖国统一、国家安全、社会稳定。在这些明确要求之中，物质与精神密不可分，引导各民族群众共同走向社会主义现代化与构筑中华民族共有精神家园相辅相成、相得益彰。铸牢中华民族共同体意识，就是在积极引导各民族共同建设社会主义现代化国家的进程中增进对中华民族在思想上的自觉认同。没有发展只强调增强认同是空的，只注重发展和物质进步不注意增强国家认同、中华文化认同和中华民族共同体意识，也会导致大家人心涣散，甚至利益纷争、矛盾冲突不断，在现实或短期的物质利益面前，出现丧失国家立场、民族尊严和道德素质的问题。

物质建设与精神建设在党的各项工作中都十分重要，处理好二者之间的辩证关系，工作方向才能不出偏差，可持续发展能力才能不受侵蚀，整体工作效率和效果得到更好的保证。二者之间不能偏废，更不能相互取代，必须整体统筹、协调推进。这是加强党对民族工作全面领导的客观需要，也是坚持依法治理民族事务，推进民族事务治理体系和治理能力现代化的必然要求。只有把物质和精神两个方面的工作都做好，才能更好地维护统一、反对分裂、促进发展、改善民生；才能使各民族人心归聚、精神相依、情感交融、团结奋进。这是引导各族人民牢固树立休戚与共、荣辱与共、生死与共、命运与共的共同体理念，不断推进中华民族共同体建设的重要保证。

第七章

推进中华民族共同体建设的重点任务

中华民族是世界上伟大的民族，有着 5000 多年源远流长的文明历史。在中华大地上，中华民族的各民族及其先民们，创造了辉煌灿烂的中华文明，为人类文明进步作出了不可磨灭的贡献。党的十八大以来，习近平总书记反复强调铸牢中华民族共同体意识的问题，2019 年在全国民族团结进步表彰大会上的讲话中，第一次把铸牢中华民族共同体意识作为新时代党的民族工作的主线。2021 年中央民族工作会议将其确定为新时代党的民族工作的主线，进一步阐述了铸牢中华民族共同体意识的基本内涵、重大意义与"四个必然要求"。习近平总书记在强调铸牢中华民族共同体意识的同时，进一步明确提出了"推进中华民族共同体建设"的问题。

一、正确理解中华民族共同体的科学内涵

铸牢中华民族共同体意识，其前提是承认中华民族是一个共同体。理解中华民族共同体的关键，是正确理解"中华民族"的内涵与属性，在此基础上正确认识"中华民族"与中国境内各民族（中华人民共和国成立后就是中华民族与 56 个民族）的相互关系。这个问题也是树立正确的"五观"（国家观、民族观、历史观、文化观、宗教观）尤其是正确的中华民族历史观的理论前提。

在召开 2021 年中央民族工作会议之前，相关部门进行了大量调查研究和理论分析。一些基本概念问题是当时讨论最热烈、存在分歧最显著的问题。比如，什么是中华民族？中华民族是如何形成的？中华民族与中华民族共同体是不是一回事？如果是一回事，为什么还要用两个概念来表述？与此相关的问题还包括：中华民族或中华民族共同体的范围如何确定，海外华人能不能纳入中华民族共同体的范围之内，等等。学术界关于这些基本概念问题的研究与讨论十分热烈，其中有共识，也存在明显的分歧。中央民族工作会议的文件，特别是习近平总书记在会议上发表的重要讲话，以及会后印发的《中共中央　国务院关于铸牢中华民族共同体意识为主线，推进新时代党的民族工作高质量发展的意见》，对这些问题进行了新的阐发和概括。学习和掌握这些新概括、新表述，是理解中华民族共同体科学内涵的钥匙，对于完整准确全面把握中央民族工作会议精神至关重要。

关于民族问题的讨论，一般是从"民族"的概念入手。长期以来，中国学术理论界一直沿用斯大林对民族的定义：民族"是人们在意识上形成的一个有共同语言、共同地域、共同经济生活以及表

现在共同文化上的共同心理素质的稳定的共同体"。从 20 世纪 50 年代开始的民族识别，到 80 年代费孝通先生提出"中华民族多元一体格局"的理论①，在一定程度上都受到斯大林民族定义的影响。这一定义与中国这样一个统一多民族国家的历史不能完全匹配，也不能客观反映多民族国情的现实。民族概念传入中国以来其内涵的不断演进，包括 20 世纪 30 年代关于"中华民族是不是一个"的讨论，都说明来自国外的"民族概念"和"民族理论话语"，与中国统一多民族国家的国情相结合并不是十分容易的事情。这不仅需要理论界的探索和努力，更需要我们党按照马克思主义民族理论与中国民族问题实际，明确并坚持正确的立场和观点。

其实，中国共产党一直坚持推进马克思主义的中国化、时代化、大众化。在百年历史发展中，中国共产党多次实现了伟大理论飞跃。每次理论飞跃都结合时代变化和现实国情，明确自己的指导思想，指导革命、建设和发展道路。在相关具体工作领域和一些重大问题上，都会形成指导某一领域工作的新思想、新理论、新概括。具体到民族工作领域，2021 年中央民族工作会议就在总结中国共产党解决中国民族问题的正确道路实践经验基础上，根据现阶段民族工作的历史方位和重要使命，确立了习近平总书记关于加强和改进民族工作的重要思想。这一思想被概括为"十二个必须"，不仅阐明了新时代党的民族工作的基本原则、工作主线和重大问题，而且针对理论界十分关注的"中华民族"或"中华

---

① 费孝通：《中华民族的多元一体格局》，《北京大学学报（哲学社会科学版）》1989 年第 4 期。

民族共同体"等基本概念问题，也给出了更加明确的界定与概括。

习近平总书记的讲话从中华民族伟大复兴的历史方位，明确新时代党的民族工作的主线，那就是铸牢中华民族共同体意识；从共同体和大家庭的角度，概括"中华民族"的内涵与本质。在中华人民共和国成立之后的很长时间内，我国关于"民族"的内涵和民族工作的重点，主要都是面向56个民族尤其是汉族之外的55个少数民族，而不是"中华民族"这样一个整体或者共同体。尽管这样满足了民族识别、实现各民族共同当家作主和建立平等、团结、互助、和谐的社会主义民族关系的需要，但也在很长时间内使民族研究主要关注单个民族而忽略了中华民族这个整体，使民族工作主要围绕少数民族与民族自治地方的需要进行政策设计和工作部署，并没有将工作重心真正落脚在实现各民族"共同团结奋斗、共同繁荣发展"的目标与主题上。对于民族领域出现的诸多问题，特别是片面强调特殊性、忽略共同性的导向问题，难以作出有效的回应和适当的政策调整。

20世纪80年代末，费孝通先生提出"中华民族多元一体格局"理论，一方面从历史发展的角度叙述了中华民族的形成、发展和实现整体自觉的历史过程，另一方面用这一理论分析了中华民族与各民族的关系，指出各民族属于"民族"的下层，中华民族才是"民族"的上层。这种上下层关系说明中华民族对各民族的包容关系，各民族都是中华民族的组成部分，各民族是实体，由各民族实体组成的中华民族自然也是实体，而且这个实体也是不断发展变化的。这个理论不仅更加客观全面地解释了中华大地上民族关系的状况和现实，而且提出了符合中国实际的民族理论，对于扭转片面强调各民族的差异性、忽略中华民族的共同性的导向具有重要作用。他用"中华民族多元一体格局"理论，论述56个民族与中华民族的关系及相关理论问题的探索，成为中国民族理论研究的一块里程碑。此后关于"多元"和"一体"的关系讨论十分热烈，"中华民族多元一体格局"理论得到了广泛的认同。但是，由于这一理论主要是从学术方面分析了"多元"和"一体"的辩证关系，并没有明确给出理论的侧重点和工作的着眼点，受历史惯性的制约和改革开放以来"多元文化主义"等西方民族理论的影响，在民族理论界和民族工作实践部门强调各民族的差异性、忽略共同性的倾向并没有发生实质性改变。

针对民族理论界提出的许多理论问题、认识问题乃至政策问题，在2014年中央民族工作会议上，习近平总书记明确提出了继续坚持中国特色解决民族问题的正确道路（"八个坚持"）①，同时提出了"建设各民族共有精神家园"、增强"四个认同"（2015年增加为"五个认同"）、树立正确的"五观"的指导思想和工作导向，但是理论界的学习领会还有一个过程，一些中央已经明确的理论观点在理论界还没有形成真正的共识，直到党的十九大报告中明确提出"铸牢中华民族共同体意识"，新时代民族理论和实践工作的正确导向才真正确立下来。在承认中华民族"多元一体"格局的基础上，习近平总书记对"多元"与"一体"的关系进行了新的概括，既没有忽略哪一个方面，又指明了"一体"是"根本"和"方向"，为中华民族是一个共同体的提法奠定了理论前

---

① 评论员：《坚定不移走中国特色解决民族问题的正确道路》，《求是》2014年第20期。

提。在多个场合，习近平总书记反复强调中华民族是一个大家庭、各民族都是家庭成员的"大家庭论"，以及强调民族团结是各民族的生命线、各民族要像石榴籽一样紧紧拥抱在一起的"石榴论"，从根本上指明了中华民族是什么的问题，深化并进一步厘清了中华民族和各民族的关系：明确指出各民族都是大家庭的平等成员，都不能等同于更不能自外于中华民族。这为反对两种民族主义、加强民族团结、打击"三股势力"、促进民族团结进步事业发展指明了方向、澄清了理论误区。

在 2021 年中央民族工作会议上的讲话中，习近平总书记进一步明确了"中华民族共同体"的概念。这实际上是对关于"中华民族"的历史讨论作出了结论，中华民族是由 56 个民族组成的共同体；后来他又说，56 个民族凝聚在一起就是中华民族共同体。在漫长的历史进程中，中华大地上的各民族逐步形成了一个"你中有我、我中有你、你离不开我、我离不开你"历史共同体和命运共同体。习近平总书记 2019 年在全国民族团结进步表彰大会上的讲话中指出："一部中国史，就是一部各民族交融汇聚成多元一体中华民族的历史，就是各民族共同缔造、发展、巩固统一的伟大祖国的历史。"[①] 他用"四个共同"清晰地概括了"中华民族共同体"的科学内涵，明确了正确的中华民族历史观，为铸牢中华民族共同体意识重大论断及主线定位奠定了理论基础，为推进中华民族共同体建设、促进新时代党的民族工作和民族地区工作高质量发展指明了正确方向。

---

① 习近平：《在全国民族团结进步表彰大会上的讲话》，《人民日报》2019 年 9 月 28 日第 2 版。

二、牢固树立中华民族共同体的理念

习近平总书记在 2021 年中央民族工作会议上的讲话中指出，铸牢中华民族共同体意识，就是要引导各族人民牢固树立休戚与共、荣辱与共、生死与共、命运与共的共同体理念。这是对中华民族共同体理论的又一个创新性观点，是对习近平总书记关于加强和改进民族工作的重要思想的不断发展和完善。

党的十八大以来，习近平总书记不仅高度重视民族工作，而且根据时代需要和现实问题，在民族工作方面提出了一系列的新思想、新论断、新认识，许多论断在党的民族工作历史上具有原创性，是重大的理论创新。比如，提出要把铸牢中华民族共同体意识摆在"五位一体"总体布局和"四个全面"战略布局中统筹谋划，提出"四个与共"的共同体理念，提出推进中华民族共同体建设的重大命题，提出各民族交往交流交融是推动中华民族共同体建设的重要途径，提出加强和改进新时代党的民族工作必须坚决维护国家主权、安全和发展利益，提出坚持正确的中华民族史观，提出民族工作创新发展要重点把握好四对关系，提出赋予所有改革发展以彰显中华民族共同体意识的意义，提出新时代加强民族事务治理体系和治理能力现代化、推进党的民族工作高质量发展的新格局，等等。这些新思想、新论断在 2021 年中央民族工作会议上被集中概括为"十二个必须"，说明我们党关于加强和改进新时代党的民族工作已经形成了比较系统完整的理论体系。

铸牢中华民族共同体意识是这个理论体系的"纲领"和"主线"，不断推进中华民族共同体建设就是"目标"和"任务"。做好民族工作的重要标志，是推动各民族坚定对伟大祖国、中华民族、中华文化、中国共产党、中国特色社会主义的高度认同（简称"五个认同"），带领全国各族人民为全面建设社会主义现代化国家共同奋斗，实现中华民族的伟大复兴，这也是新时代党的民族工作的出发点和落脚点。把树立"四个与共"的共同体理念作为铸牢中华民族共同体意识、推进中华民族共同体建设的重要内容，具有多方面的重要意义。

一是清晰阐明了中华民族共同体的基本内涵。"四个与共"的共同体理念是习近平总书记首次完整阐述中华民族共同体意识的具体内容，而且也为中华民族或者说中华民族共同体"是什么"做了明确界定。针对学术理论界对中华民族的内涵与外延、性质与属性的不同认识，特别是针对相关问题的争执不休给实践部门带来的困扰，习近平总书记强调中华民族与中华民族共同体的一体性，作出了56个民族组成的中华民族就是中华民族共同体，中华民族共同体就是中华民族的界定。把这两个概念统一起来认识，两个概念之间的关系也就说清楚了。

二是为正确把握铸牢中华民族共同体意识与推进中华民族共同体建设的关系指明了方向。党的十八大以来，习近平总书记反复强调民族工作要重视物质层面的工作，更要重视精神层面的工作。铸牢中华民族共同体意识是对精神层面工作的集中概括和理论提升。从铸牢中华民族共同体意识与推进中华民族共同体建设的关系而言，这次会议不仅进一步强调铸牢中华民族共同体意识的主线定位，而且首次提出并明确了推进中华民族共同体建设的目标和任务。铸牢中华民族共同体意识，目的是推进中华民族共同体建设。中华民族共同体建设，反过来就会进一步增强中华民族共同体意识。从提出铸牢中华民族共同体意识到强调推进中华民族共同体建设，是我们党在民族理论认识上的又一次飞跃。

三是为铸牢中华民族共同体意识与推进中华民族共同体建设指明了实践路径。中华民族作为 56 个民族组成的大家庭，是利益攸关、荣辱与共、生死相依的命运共同体。习近平总书记提出铸牢中华民族共同体意识就是要引导各族人民牢固树立"四个与共"的共同体理念，为团结各族人民凝聚起维护各民族根本利益、巩固和发展平等团结互助和谐社会主义民族关系、开创党的民族工作新局面、实现中华民族伟大复兴的磅礴力量提供了理论指引，也为新时代党的民族工作及所有改革发展举措赋予彰显中华民族共同体意识的意义指明了方向，即要在实践工作中推动各民族更加坚定"五个认同"。

牢固树立"四个与共"的共同体理念，是引导各族人民树立正确"五观"的强大思想武器，更是坚定"五个认同"的重要理论根基。党的十八大以来，针对民族宗教工作领域的诸多问题，习近平总书记反复强调要引导各族人民特别是青少年树立正确的"五观"，这是铸牢中华民族共同体意识、建设各民族共有精神家园、实现中华民族伟大复兴历史任务的战略举措。中国共产党带领全国人民建立的是中华民族的现代国家，而不是近代西方那种所谓的"一族一国"的"民族国家"。中华人民共和国按照马克思主义民族平等原则，建设平等团结互助和谐的社会主义民族关系，与剥削阶级建立的不平等民族关系有着本质的不同。用"四个与共"的共同体理念，看待中华大地上各民族共同开拓祖国辽阔疆域、共同书写辉煌历史、共同创造灿烂中华文化、共同培育伟大民族精神的历史与现实，就可以使各族人民更好地把握中华民族共同体意识和各民族意识、中华文化和各民族文化的关系，形成和树立正确的历史观、文化观和宗教观。有了正确的"五观",引导各族人民坚定对伟大祖国、中华民族、中华文化、中国共产党、中国特色社会主义的高度认同,就不是简单的宣传话语或政治口号,而是拥有深厚历史底蕴和扎实现实支撑的学术话语和理论表达,是铸牢中华民族共同体意识、推进中华民族共同体建设的理论武器。

树立"四个与共"的共同体理念,不仅要认识到中华民族本身是一个已经实现了从自在到自觉转变的共同体,更要正确地把握中华民族与其组成部分(56个民族)之间的相互关系,坚持民族工作创新发展的基本原则。中华民族共同体作为由56个民族组成的大家庭,共同利益是靠各族人民共同维护的。中华民族作为一个命运共同体,与各民族是一荣俱荣、一损俱损的关系。各民族只有把自己的命运同中华民族的命运紧紧连接在一起,才有前途,才有希望。中华民族是各民族最大的依托和依靠,在此前提下,处理好各民族之间共同性和差异性的关系,对于树立"四个与共"的共同体意识至关重要。

习近平总书记在讲话中特别强调了正确把握中华民族共同体意识和各民族意识、中华文化和各民族文化的关系,这是正确认识和更好把握共同性与差异性的两大基本问题。正确把握中华民族共同体意识和各民族意识的关系,就是引导各民族始终把中华民族利益放在首位,本民族意识要服从和服务于中华民族共同体意识,要在实现好中华民族共同体的整体利益进程中实现好各民族的具体利益。同时,要坚决反对大民族主义其中主要是反对大汉族主义和地方民族主义,因为那都是铸牢中华民族共同体意识和推进中华民族共同体建设的大敌。正确把握中华文化和各民文化的关系，要认识到各民族优秀传统文化都是中华文化的组成部分，各民族文化既为中华文化的产生与发展提供了不竭源泉和动力，中华文化又成为各民族优秀文化的集大成，各民族文化不能自外于中华文化而不受其引导或规范。在中华文化和各民族文化关系中，中华文化是主干，各民族文化是枝叶，根深干壮才能枝繁叶茂。有了这样的认识，把握各民族之间的共同性与差异性就有了方向和依据，那就是把"增进共同性、尊重和包容差异性"作为新时代党的民族工作的重要原则。树立正确的"五观"、坚定"五个认同"，增强各族群众的国家意识、公民意识、法律意识，就是增进共同性的基本要求和基本任务。按照这个要求推进民族工作创新发展，"就是要坚持正确的，调整过时的"，及时调整过时的法律法规和政策规定，逐步完善差别化、精准化的区域支持政策。同时，针对各民族在建筑、服饰、饮食习惯、社会风俗等方面的差异性，还必须按照"尊重和包容差异性"的原则予以尊重和保护，不要搞一刀切、千篇一律，要更好地保障各族群众的合法权益。做到这一点，才能使"四个与共"的共同体理念深入人心，中华民族共同体建设才能稳步推进，中华民族共同体才能更加牢不可破。

三、深刻把握中华民族共同体建设的历史方位

把铸牢中华民族共同体意识作为新时代党的民族工作的主线，在一定程度上意味着党的十八大以来"中华民族"（或"中华民族共同体"）建设进入了更加自觉（一些专家认为"自为"）的新阶段。这不仅是中华民族发展史的自然延续，更是回顾总结中国

共产党诞生百年来民族工作实践经验得出的客观结论，对开启全面建成社会主义现代化强国第二个百年奋斗目标新征程和中华民族伟大复兴的历史使命，具有承上启下、继往开来的重要意义。这一转变不是自然产生的，而是以习近平同志为核心的党中央根据国内外形势的发展变化，从实现中华民族伟大复兴战略高度，统筹谋划和推进新时代党的民族工作高质量发展的自觉抉择，具有深刻的历史逻辑、现实逻辑、理论逻辑和工作逻辑。

中华民族共同体是历史形成的。在广袤的中华大地上，多元分散的各个族群经过长时间的分散发展、组团发展到相互连接、密切交往、交流与交融，形成了以中原为中心、辐射周边的庞大国家。尽管这个古老的文明和国家时而统一、时而分裂，同时并立的政权并不鲜见，但是，追求"大一统"的历史传统，使"中国"最终凝聚为统一的多民族国家。这块土地上的各民族在长期交往交流交融的过程中，形成了你中有我、我中有你、你离不开我、我离不开你的"多元一体"格局。根据费孝通先生的论述，中华民族作为一个"自在"的民族实体，已经存在了很长时间甚至数千年。有些学者把中华民族的形成史划分为三个阶段，即从远古到秦统一之前为中华民族的"孕育阶段"，从秦汉到1840年为"自在阶段"，从鸦片战争开始算起进入了中华民族的"自觉阶段"。作为一个古老的多民族国家和客观存在的民族实体，中华民族从自在到自觉阶段的转变是一个艰难的过程。按照费孝通先生的研究，这个转变是在一百多年来中国和西方列强对抗中出现的。

地理大发现之后，特别是近代以来，西方国家通过资产阶级民主革命和产业革命，进入了西方列强群起、古老帝国没落的时代。这一时期也是"民族国家"纷纷崛起的时代，即民族与国家

"同构"的时代。鸦片战争之后,中国逐步沦为半殖民地半封建社会,作为历史上就是统一多民族国家的古老封建王朝国家,如何在这个进程中不要持续地沉沦下去,不要成为西方列强完全的殖民地,而要建设中华民族独立自主的新国家,也就是从传统意义上的封建帝国转变为近代意义上的"民族国家",这是一个跨越上百年、数代人苦苦追求的时代之问。不论是孙中山先生领导的旧民主主义革命,还是中华民国成立之后的新文化运动,乃至中国共产党诞生之后的国共合作,"民族""建国"都是绕不过去的重大问题。国民党时期内把"中华民族"确定为由汉族为主干、各民族为支系的单一民族("中华民族是一个")。这在一定程度上算是传统天下观的延续。坚持马克思主义民族平等原则的中国共产党,则是主张各民族一律平等的马克思主义民族观和"人民主权"的民族建国理论,提出各民族共建"中华民族"的中华人民共和国和新社会。人民选择了中国共产党,在各族人民的支持下,中国共产党带领全国人民和中华民族建立了与历史上任何政权都不相同的中华人民共和国。中华人民共和国的成立,意味着"中华民族"的中华人民共和国和新社会已经确立。只不过由于受到历史原因和国际因素的影响,直到今天我们还没有实现海峡两岸的完全统一,也是唯一没有实现国家完全统一的联合国安理会常任理事国。但是,海峡两岸的中国人及全球爱国华侨就像努力实现中华民族伟大复兴的中国梦一样,永远都不会放弃建立统一多民族国家的梦想。在纷繁复杂的国际国内背景下,中华民族大团结、中华民族大家庭、中华民族一家亲,就是中华民族的共同体理念在不同时期的不同表达,也是中华人民共和国中华民族共同体建设的逻辑起点。

中华人民共和国成立后，党的民族工作大体划分为三个阶段。在社会主义建设时期（1978 年之前），我们党确立了以民族平等、民族团结、民族区域自治、各民族共同繁荣为主要内容的民族理论和民族政策基本框架，形成民族工作的一系列基本制度和政策。党的十一届三中全会以来，我们党应国内国际形势的发展变化，不断丰富和发展民族理论和民族政策，强调各民族共同团结奋斗共同繁荣发展、坚持和完善民族区域自治制度、促进各民族交往交流交融、依法治理民族事务。党的十八大以来，我们党立足中华民族伟大复兴的历史方位和战略全局，强调中华民族大家庭、中华民族共同体、铸牢中华民族共同体意识等理念，形成了比较系统完整的民族工作指导思想和理论体系，成为指引新时代中华民族共同体建设的理论指南。

在百年发展历程中，中国共产党团结带领全国各族人民进行革命、建设与改革开放的伟大实践，实现了中华民族从站起来到富起来再到强起来的三次伟大飞跃，为中华民族的民族解放、民族发展和民族复兴作出三大历史性贡献。虽然我们已经进入第三次飞跃时期，中华民族伟大复兴进入了不可逆转的历史进程，但仍处于走向强大尚未真正强起来的阶段。我国尚未完成统一大业，影响我国安全和发展利益的因素众多。面对中国蓬勃发展的势头，以美国为首的西方国家对我国和平崛起的遏制、打压日益加剧，我们维护国家主权、安全、发展利益的外部环境变得十分严峻。国内发展不平衡不充分问题日益凸显，灾害频发、能源资源短缺与各种社会问题，都对我国的持续发展和社会稳定形成冲击和制约。民族宗教和思想文化领域的形势好转但仍存在诸多问题，其中有认识问题、理论问题，也有法律政策调整滞后、改革发展举措效果不显著的问题。因此，我们不应对取得的成绩过于乐观，更不能骄傲。民族领域重大风险隐患和意识形态安全问题不容忽视，维护国家统一和民族团结的思想基础还不十分坚固，有效抵御各种极端、分裂思想渗透颠覆的体制机制还不十分完善。我们前进路上还面临着很多艰难险阻与困难挑战。

上述困难挑战大致可以概括为国际、国内两种类型和物质、精神两个方面。以美国为首的西方国家主导的国际秩序对中国发展的约束与遏制，是中国和平崛起、实现中华民族伟大复兴道路上绕不过去的最大外部障碍。对此我们也要全面分析、辩证评估。外国资本主义、帝国主义的侵略压迫无疑是导致近代中国沉沦的外部因素，但根本原因还是中国内部的应对策略和治理能力。如果应对得当，外部压力是可以缓解甚至可以消除的，在一定程度上还可以将外部压力转化为激发全国各族人民爱国主义热情的动力，成为凝聚国民团结起来一致对敌的有利因素。近代以来中华民族完成从自在到自觉的转变，中华人民共和国成立以来在西方围堵、封锁、打压、遏制下中华民族的奋斗崛起，都是我们将外部压力转化为凝聚人民群众进行爱国抗争和团结各民族共同奋斗的例证。

但是，外部因素与内部因素的互动是双向、多层的，外部因素的冲击对中国发展稳定带来的影响也是全面、巨大的，如果我们无法有效应对或者应对能力不足，外部冲击的反噬作用也会极其强大，近代以来中国现代化进程几次被外部冲击所打断、中国现代化崛起之路极其艰难，也是不争的历史事实。如何处理好中国内部与外部的关系，应对来自外部因素的压力和冲击，特别是防范西方国家利用所谓"民族牌"干涉我国主权、安全和发展利益的行为，对我国营造和平发展的外部空间与环境带来的破坏，是铸牢中华民族共同体意识与推进中华民族共同体建设不得不重视的重大战略问题。

唯物辩证法告诉我们，外因是通过内因起作用的，影响稳定发展的各种国内问题仍是我们必须关注的根本问题。处理好改革、发展、稳定、开放等一系列重大关系，解决好各地区、各区域、各种社会群体之间存在的发展不均衡不充分的问题，对于我国长期稳定发展发挥着决定性作用。在改革开放以来很长一段时间内，我们强调经济发展，过于看重经济利益、物质因素在发展中的决定作用，对于非经济因素和精神因素的作用重视不够、相关举措不到位，没有充分实现经济发展期待的那种文明程度和文明素质同步提高的预期结果。特别是在民族工作领域，物质与精神的关系没有处理好，物质层面的政策优惠、支持、帮扶、援助是关注的重点，精神层面的建设明显薄弱。党的十八大以来这种局面虽然发生了明显的改变，但是要从根本上扭转"重物质、轻精神"的倾向却不是一个简单、容易与立竿见影的工作，取得扎扎实实的成效还需较长的时间。

当然，不论是应对外部压力还是解决内部存在的诸多问题，我们都无法等待上述转变自然而然地发生，还必须通过我们的努力和卓有成效的工作才可以实现。被动地等、靠、要是不会有好结果的。这些年在调研过程中，经常接触相关领域特别是民族地区的干部群众，对一些地方和部门如何处理涉及民族领域的问题有一些感触。比如，大家对民族工作领域存在的一些问题一般都能感受得到，但遇到问题难题靠层层请示，责任上移，等待观望现象较为突出，主动作为解决实际问题用心用力不够。一些同志甚至领导干部对党的十八大以来民族理论的发展转变不适应，认为"自己搞了一辈子民族工作，今天似乎不会干了"。这种现象还不是个别的，带有一定的普遍性。还有一些人因为民族政策的调整完善或者一些改革举措触动了原来的切身利益，存在一定的消极心态甚至抵触情绪。一些地区涉及民族因素和宗教领域的问题不时出现，有些问题处置不当甚至酿成群体性事件，成为外国舆论进行炒作的热点。这一切都说明，处理好民族领域的问题，是解决好国内问题的重要内容。在这方面确实不能认识模糊、得过且过，对迫在眼前的问题看不到、无动于衷。

习近平总书记在多次讲话中反复强调，建设社会主义现代化强国、实现中华民族伟大复兴绝不是靠敲锣打鼓、轻轻松松就可以实现的。"一百年来，我们取得的一切成就，是中国共产党人、中国人民、中华民族团结奋斗的结果。"① 实现伟大梦想，仍要"依靠顽强拼搏、不懈奋斗"，必须准备"付出更为艰巨、更为艰苦的努力"。如何才能把 56 个民族的 14 亿多各族人民团结凝聚起来，继续依靠顽强拼搏和不懈奋斗取得实现社会主义现代化强国建设的新成就，其难度和困难不亚于第一个百年。在这种背景下，2021 年中央民族工作会议从"四个必然要求"出发，进一步强调铸牢中华民族共同体意识，以应对实现中华民族伟大复兴过程中民族领域可能发生的风险挑战，为党和国家兴旺发达、长治久安提供重要思想保证。同时，在党的历史上第一次明确提出推进中华民族共同体建设，努力增进各民族

---

① 习近平：《在庆祝中国共产党成立一百周年大会上的讲话》，《人民日报》2021 年 7 月 2 日第 2 版。

对中华民族的自觉认同，推动中华民族成为认同度更高、凝聚力更强的命运共同体。把铸牢中华民族共同体意识与推进中华民族共同体建设结合起来，统一谋划部署，为新时代党的民族工作高质量发展指明了正确方向，提供了根本遵循。

四、扎实做好中华民族共同体建设的基础工作

习近平总书记强调，铸牢中华民族共同体意识是新时代党的民族工作的"纲"，所有工作要向此聚焦。抓住铸牢中华民族共同体意识工作主线，全面准确完整把握习近平总书记关于加强和改进民族工作的重要思想，民族工作的方向和重点就不会偏；扎实推进中央民族工作会议确定的工作部署和重点任务，民族工作就可以取得实实在在的成效。围绕铸牢中华民族共同体意识这条主线做好民族工作，不仅有利于推进民族地区的发展与稳定，而且有利于推动各地区各民族共同走向社会主义现代化。在这个进程中，中华民族共同体建设将不断向前推进，各民族的共同性、凝聚力、大团结将进一步增强。

做好教育和宣传工作是基础和前提。民族工作聚焦主线，就是要把铸牢中华民族共同体意识贯穿新时代党的民族工作的全过程各方面。这样做，首先还是要把道理讲清楚，做好思想引导和宣传教育工作。这样才能把工作要求变成大家的自觉行动。

2021年，中央民族工作会议对如何加强新时代民族领域的教育宣传工作作出了全面部署：一是明确规定了教育宣传工作的领域和范围，"要构建铸牢中华民族共同体意识宣传教育常态化机制，纳入干部教育、党员教育、国民教育体系，搞好社会宣传教

育"，实现全领域教育，覆盖全社会。各级干部教育工作是关键，国民教育是基础，这也是做好教育工作的重点群体，必须采取更大的力度来推进。二是明确规定了教育宣传工作的目标和任务，就是要全面推进"中华民族共有精神家园建设"，按照"增进共同性、尊重和包容差异性"的原则处理好"四大关系"，使教育和宣传工作的结果有利于达到铸牢中华民族共同体意识、有利于建设中华民族共有精神家园的目的。三是明确规定当前做好教育宣传工作的内容和形式，要把铸牢中华民族共同体意识的教育宣传工作与党的中心工作有机结合起来。2021 年是中国共产党成立 100 周年，中共中央在全党开展了党史学习教育主题活动，可以自然而然地把铸牢中华民族共同体意识的教育工作与党史学习教育主题活动结合起来。2022 年党的二十大召开，也部署了很多教育宣传工作，应当在各类教育学习中进一步将其有机结合。同时，要充分利用我们党在思想宣传领域切实有效的工作载体和抓手，把铸牢中华民族共同体意识的教育宣传工作，嵌入到党史、新中国史、改革开放史、社会主义发展史学习教育中①，纳入到实施文明创建、公民道德建设、时代新人培育等工程中，落实到现代文明教育中，引导各族群众在思想观念、精神情趣、生活方式上跟上时代步伐，向现代化迈进。四是特别强调了国家通用语言文字的学习问题。会议明确要推广普及国家通用语言文字，科学保护各民族语言文字，尊重和保障少数民族语言文字学习和使用。这

---

① 2023 年 10 月 27 日，习近平总书记在中央政治局集体学习时的讲话中明确提出还要学习"中华民族发展史"的学习任务。见《求是》2024 年第 3 期署名文章：《铸牢中华民族共同体意识 推进新时代党的民族工作高质量发展》。

一表述既强调了国家通用语言文字的主体地位和推广普及的总要求，又倡导了科学保护、尊重和保障少数民族语言文字的学习和使用问题。推广普及国家通用语言文字的明确要求，澄清了一个时期以来在语言文字政策上的一些模糊认识，调整与完善了语言文字政策，对民族教育工作的健康发展具有重要作用。五是强调了哲学社会科学工作者在铸牢中华民族共同体意识方面的特殊地位与作用，期待大家深入总结我们党百年民族工作的成功经验，深化对习近平总书记关于加强和改进民族工作的重要思想的研究，加快推进中国特色民族学学科体系、学术体系、话语体系的建设，为做好民族领域的实践工作提供更加有效的理论引导和学理支撑。这些工作部署既是对铸牢中华民族共同体意识工作主线的强调，更是推进中华民族共同体建设的基础性工作。

推动各民族共同走向社会主义现代化是目标和关键。没有持续的经济增长和物质条件的改善，人民的生活水平就无法提高，获得感、幸福感就缺乏基础支撑。强调正确认识和处理好物质和精神的关系，不是不重视经济发展和物质基础建设。恰恰相反，是在注重经济发展的同时，把物质因素与精神因素有机结合起来，不再出现"重物质、轻精神"的偏差。把物质与精神的关系处理好，就可以保证全国经济尤其是民族地区的经济建设，在有利于铸牢中华民族共同体意识的前提下持续发展，社会主义现代化建设水平不断提高，铸牢中华民族共同体意识的物质基础不断夯实。

2021年，中央民族工作会议不仅指明了推动各民族共同走向社会主义现代化的目标，而且指出了推动各民族共同走向社会主义现代化的重点任务与基本路径。一是按照国家"十四五"规划的指导思想和基本原则，推动实施"三新"的现代化，也就是立足民族地区的资源禀赋、发展条件、比较优势等实际情况，"把握新发展阶段、贯彻新发展理念、融入新发展格局"。二是提倡共同走向现代化，继续完善差别化区域支持政策。民族地区打赢脱贫攻坚战和实现全面小康不容易，完成这个任务，是在充分发挥民族地区广大干部群众积极性的同时，通过大力实施国家财政转移支付等各种支持扶持政策、动员沿海城市和发达地区支持援助的结果。这也充分体现了"共同团结奋斗、共同繁荣发展"的原则和要求，更是充分发挥社会主义制度优越性和全国一盘棋整体发展战略的结果。要实现同步走向现代化，民族地区仍要立足于发挥好自己的比较优势，在扩大开放和竞争中努力形成竞争优势，积极争取国家的支持和发达地区的援助。国家区域发展和差别化支持政策也要与时俱进，更好地把民族因素和区域因素结合起来，切实完善并提升差别化区域性支持政策的效果。当然，这方面还有很多问题需要研究，需要及时总结实践经验，及时解决存在的问题，及时完善政策体系，促进各地区的平衡发展、协调发展。三是明确了民族地区经济高质量发展的重点任务。比如，加大对民族地区基础设施建设和产业结构调整的支持力度，优化经济社会发展和生态文明建设整体布局。支持民族地区实现巩固拓展脱贫攻坚成果同乡村振兴有效衔接，推动公共服务的均等化。促进农牧业高质高效、乡村宜居宜业、农牧民富裕富足。进一步完善沿边开发开放政策，深入推进固边兴边富民行动，努力把沿边地区打造成增长带和民族团结、边境稳定的示范区，实现边疆发展与国家安全的有机统一。四是更加强调生态文明建设，民族地区大多是生态脆弱地区，同时承担着维护国家生态资源安全、保障中华民族永续发展生态安全屏障的使命。在新发展阶段抓经济建设，不能是粗放式的资源开发，必须贯彻更加注重污染治理和生态环境保护的新发展理念和高质量发展方式，坚持绿色发展、守住生态底线，推动生态产业化、产业生态化，把生态文明建设的任务和要求落到实处。五是把铸牢中华民族共同体意识的要求融入共同走向社会主义现代化建设的进程中。要通过同步现代化（但不一定是"同一速度"或"同一标准"的现代化）不断缩小地区之间、城乡之间、民族之间发展水平的差距，不断增强各族群众的获得感、幸福感、安全感和归属感，不断激发和强化全体人民的共同体意识。如果做到这一点，现代化进展就会越快，各族群众"五个认同"程度也就越高，中华民族共同体就会越牢。

促进各民族交往交流交融是重要结果和归宿。在历史长河中，频繁的人口流动促进了各民族之间的交往交流交融。近代以来的工业化、城镇化和现代化进程，进一步加速了各地区、各民族的人口流动。这与全球化进程中人口跨国流动不断增长的趋势是一致的。交往交流越密切，交融就越深入，各民族之间的共同性也就越强。这既是自然的历史过程，也与一个国家或政府采取的政策法规密切相关。中华人民共和国成立以来，我们建立了社会主义新型民族关系，倡导民族平等、民族团结和相互帮助，密切了各民族之间的联系。改革开放以来快速的现代化，进一步扩大了我国人口流动的范围与规模。当前我国民族交往交流交融的广度与深度，超过了历史上任何一个时期，这为铸牢中华民族共同体意识、推进中华民族共同体建设奠定了日益深厚的社会基础。

2021 年，中央民族工作会议为促进各民族的交往交流交融指明了方向，为进一步夯实中华民族共同体建设的社会基础明确了任务。一是要不断优化社会结构，下更大的力气推动人口的跨地区、跨区域流动。要尽量吸引更多的少数民族人口进城，使其更好地融入城市和现代化进程中来。同时推动更多其他地区的民族人口到边疆工作、就业、守边、护边，进一步优化区域的人口结构。二是营造嵌入式的社会环境和社区格局，通过规划的引领、政策的引导和均等化的公共服务，打造嵌入式的社区、学校、企业、单位，实现各民族之间的共居、共学、共识、共乐。三是推动促进各民族交往交流交融的平台建设。国家民委会同有关部委已经启动了三项工作计划，即各族青少年交流计划、各族群众互嵌式发展计划、旅游促进各民族交往交流交融计划。各地正在打造铸牢中华民族共同体意识的博物馆、展览馆、体验馆和大批旅游观光景点，在宣传、体验中把各地区、各民族丰富多彩的文化元素与彰显中华民族共同体意识的中华文化共享符号建设、爱国主义教育、优秀传统文化传承、现代文明行为培育有机结合起来。四是深入开展民族团结进步创建工作，结合铸牢中华民族共同体意识、推动中华民族共同体建设的新要求，着力深化创建工作的内涵、丰富创建工作的形式和方法，提升创建工作的实际效果。五是推动全方位嵌入，不仅要在民族团结进步创建工作中实现铸牢中华民族共同体意识内容的全覆盖，而且要通过创建工作推动各民族的广泛交往、深入交流、深度交融，"逐步实现各民族在空间、文化、经济、社会、心理等方面的全方位嵌入"，为真正把中华民族打造成为一个密不可分的共同体，实现中华民族的大团结夯实社会根基。

铸牢中华民族共同体意识、建设中华民族共同体，不是满足于对中华民族多元一体格局中 56 个民族与中华民族进行不同层次的区分，或者仅仅在理论上把中华民族确定为具有国家民族的属性那么简单，而是具有十分丰富的理论内涵和更加明确的工作任务。我们不仅要牢固树立"四个与共"的共同体理念，而且要把思想与行动落到各项工作中。中华民族共同体的形成与发展在一定程度上可以说是一个自然历史过程，但如果没有国家的倡导和相关支持政策，这个过程会十分漫长。一旦国家积极介入并进行积极的引导，这个进程就会成为中华民族自觉建设的重要内容。只要把铸牢中华民族共同体意识的战略部署和工作要求，切实落实到政治建设、经济建设、文化建设、社会建设、生态文明建设"五位一体"总体布局中，特别是落实到做好民族领域的基础工作中，我们就能够逐步把中华民族共同体建设成为政治上团结统一的共同体、经济上共富共享的共同体、社会上和谐互助的共同体、文化上美美与共的共同体。

五、推进民族事务治理体系和治理能力的现代化

民族工作关乎大局，古今中外概莫能外。世界各国不论什么样的历史传统和现实国情，维护好国家统一和民族团结，都是国家的最高利益和国内各族人民的根本利益。世界各国在这方面既积累了丰富的经验，也留下了很多值得反思的教训。中国在民族事务治理方面不仅拥有数千年来积累的经验教训，更有中国共产党成立百年来把民族工作作为"国之大者"积累的宝贵经验。这些经验弥足珍贵，是做好今后民族工作的重要借鉴和参考。

　　2021 年中央民族工作会议在总结历史经验尤其是新时代党的民族工作最新实践的基础上，总结提炼出习近平总书记关于加强和改进民族工作的重要思想，这是新时代我党民族工作理论创新方面取得的最重大成果。如何全面完整准确贯彻落实好这一思想，如何把铸牢中华民族共同体意识、推进中华民族共同体建设的各项任务落实到位，成为全党和全国当前和今后一个时期的重要政治任务，必须引起各级党委、政府及各系统、各部门的高度重视，全面准确把握会议精神，全面落实工作部署，努力提高民族工作的质量和水平，实现从传统民族工作模式向新时代党的民族工作模式的转型与升级。这种转型的一个重要标志，就是把民族工作与民族事务治理从以一个部门为主，转变为全党和全国各地区、各部门都要抓民族工作，加快民族事务治理体系与治理能力的现代化，形成民族事务治理的新格局。

　　民族工作是政治性、政策性都很强的工作。习近平总书记多次强调指出，"要坚持从政治上把握民族关系、看待民族问题"。在 2014 年中央民族工作会议上，习近平总书记就提出不要泛化民族问题和民族工作要精准化的问题。"要分清楚什么是民族问题，什么不是民族问题，既不能把不是民族问题的问题当成民族问题来处理，也不能把民族问题不当作民族问题来处理，而是什么问题就按什么问题处理，讲政治原则、讲政策策略、讲法治规范。"在 2021 年中央民族工作会议上，习近平总书记进一步提出要进行"三个区分"，提出不要把一般社会现象与民族现象、一般社会问题与民族问题、一般社会矛盾与民族矛盾相混淆，对于做好民族工作、处理民族问题（如治理"三化"、反对"三股"势力等）具有极强的针对性，有利于准确把握民族工作的政治定位、政策导向和工作力度，是加强党对民族工作全面领导的充分体现。

　　加强和完善党的全面领导，是做好新时代党的民族工作的根本政治保证，也是铸牢中华民族共同体意识、加强各民族大团结、推进中华民族共同体建设的根本保证。党的十九大之后，党和国家机构进行了重大改革，民族工作的领导体制机制发生了重大转变。中央民族工作会议进一步提出构建党委统一领导、政府依法管理、统战部门牵头协调、民族工作部门履职尽责、各部门通力合作、全社会共同参与的新时代党的民族工作新格局，这是加快民族事务治理体系与治理能力现代化的战略部署。根据民族工作形成新格局、开创新局面的统一部署，要加快完善六项新机制：一是要完善党委统一领导的机制，把民族工作纳入"五位一体"总体布局和"四个全面"战略布局，纳入党的建设、意识形态工作责任制、政治考察、巡视巡察、政绩考核等各项工作，确保党的领导制度化、具体化。二是要完善政府依法管理的机制，把民族事务治理纳入国民经济和社会发展规划，纳入法治建设规划和综合执法范畴。三是完善统战部门牵头协调的机制，统战部门负责把方向、管大局、保落实，党政分工不分家，加强工作协调和衔接。四是完善民族工作部门履职尽责的机制，为党和政府治理民族事务、协调民族关系、处理民族问题当好参谋助手，提出政策建议，落实工作部署，协调有关部门来齐抓共建。五是完善各部门通力合作的机制，建立民族工作协调机制，发挥好民委委员制度的作用。六是完善全社会共同参与的机制，广泛教育和动员，把全社会各方力量汇聚到参与铸牢中华民族共同体意识、推进中华民族共同体建设中来，形成浓厚的社会氛围，让全社会自觉行动起来。这种新格局，就是要切实改变把民族工作当成"一域"（局部）或"单一"工作部门之事的现象，使全党、全国和全社会都重视起来、行动起来。

推进民族事务治理现代化，要坚持法治思维，实现依法治理。要认真贯彻落实宪法精神和依法治国理念，依法保障各族群众合法权益，依法妥善处理涉民族因素的案件，依法打击各类违法犯罪行为，做到法律面前人人平等，不断提高民族工作的法治化水平。法治在新时代党的民族工作中的地位与作用十分重要，"三个依法"，强调的都是法治精神。坚持法治化应当成为"提升民族事务治理体系和治理能力现代化水平"的重要内容。无论是"保障""处理"还是"打击"，都要坚持"依法"而行。同时，要认识到民族工作与国家统一、社会稳定、国家安全息息相关，积极稳妥处理涉民族因素的意识形态和国家安全问题，坚决防范民族领域重大风险隐患，确保国家统一、民族团结和社会稳定。

伴随工业化、城镇化、现代化进程的不断加快，中国各民族人口在全国范围内大规模流动，民族工作的范围、内涵及内容都在发生着持续剧烈的变化。民族地区与其他地区人口的双向流动、各民族人口大规模进入城镇和沿海地区，城乡社区尤其是大中城市中各民族人口的聚集，各民族嵌入式居住工作格局的扩展，已经极大地改变了"民族地区""民族工作"的传统内涵。新时代党的民族工作一定要重心下沉、工作向基层倾斜，要把提升民族工作能力尤其是基层民族工作能力建设放在突出位置。要加强基层民族工作机构建设，充实民族工作力量，确保党的民族理论和民族政策到基层有人懂，确保民族事务治理在基层有人抓、无盲区，确保基层民族工作有效运转。

进一步加强民族干部队伍建设，是做好新时代党的民族工作的人才保障。习近平总书记指出，办好民族地区的事，做好民族工作，要靠好干部，要靠大批忠于马克思主义、忠于党、忠于人民的干部队伍。2021年中央民族工作会议提出，建设更加广泛的民族工作干部队伍，极大地拓展了民族工作干部的范围，进一步明确提出新时代党的民族工作干部队伍建设的总体要求。"坚持新时代好干部标准，努力建设一支维护党的集中统一领导态度特别坚决、明辨大是大非立场特别清醒、铸牢中华民族共同体意识行动特别坚定、热爱各族群众感情特别真挚的民族地区干部队伍。"同时，提出要更加重视、关心、爱护在条件艰苦地区工作的一线干部。重视培养和用好少数民族干部，对政治过硬、敢于担当的优秀少数民族干部要充分信任、委以重任。这不仅大大拓宽了民族干部的范围和视野，而且为民族干部队伍建设指明了方向和路径。当然，民族干部队伍数量很重要，提高质量和能力更关键，加强基层民族干部队伍建设迫在眉睫。要采取切实有效的举措，努力提高民族干部队伍的政治素质、理论素养和综合能力，为开创新时代党的民族工作新局面提供坚强的人才保障。

第八章

构建中华民族共同体理论体系

铸牢中华民族共同体意识、推进中华民族共同体建设，必须具有正确的理论指引。2023年10月27日，在二十届中央政治局第九次集体学习时，习近平总书记明确提出，铸牢中华民族共同体意识，需要构建科学完备的中华民族共同体理论体系。要通过加强学科建设，"着力解决我国民族学研究中存在的被西方民族理论思想和话语体系所左右的问题，加快形成中国自主的中华民族共同体史料体系、话语体系、理论体系"①。

① 习近平:《铸牢中华民族共同体意识　推进新时代党的民族工作高质量发展》,《求是》2024年第3期。

一、加快构建中华民族共同体理论体系的重要性

党的十八大以来，中国特色社会主义事业取得了历史性成就，发生了历史性变革，中华民族伟大复兴进入了不可逆转的历史进程，中国特色社会主义制度的优越性和中国式现代化道路的巨大成效日益凸显。党的二十大进一步擘画了"强国建设、民族复兴"新征程的宏伟蓝图，中华民族伟大复兴展现出光明前景。

新时代党中央特别是习近平总书记更加重视民族工作，提出了一系列的新论断、新思想、新举措。我们党更加强调中华民族大家庭、中华民族共同体、铸牢中华民族共同体意识、推进中华民族共同体建设等理念，把铸牢中华民族共同体意识作为新时代党的民族工作的主线、作为民族地区各项工作的主线，进一步拓展中国特色解决民族问题的正确道路，形成了习近平总书记关于加强和改进民族工作的重要思想，开辟了马克思主义民族理论中国化时代化新境界。新时代党的民族工作在指导思想、宣传教育、政策法规、实践举措等方面不断创新发展，取得了新的历史性成就。

然而，在全国各族人民完成脱贫攻坚、全面建成小康社会的历史性任务，迈上了以中国式现代化全面推进强国建设、民族复兴伟业的新征程之际，党的民族工作也面临着新的形势和任务，甚至一些突出的问题或挑战。一方面，以美国为首的遏华反华势力不断升级对我国的全面遏制、疯狂打压力度，对我国民族政策污名化、妖魔化；同时拉帮结派在民族问题上对我国围堵攻击，以所谓的"强迫劳动"为名对新疆等地进行脱钩断链和围堵封锁，遏制民族地区的经济发展和社会稳定，企图将民族主义浪潮引向

我国，干扰破坏我国政治稳定和经济发展大局。当前我国面临着许多风险挑战，必须"全力开展反颠覆、反霸权、反分裂、反恐怖、反间谍斗争，坚决捍卫国家主权、安全、发展利益"①。另一方面，推进全体人民共同富裕，最艰巨的任务往往也在边疆民族地区。我国民族地区在推进中国式现代化建设中还存在诸多短板，经济发展中面临不少困难，边疆少数民族和民族地区全面推进现代化的任务很重，实现高质量发展的难度和挑战不小。在强国建设、民族复兴新征程中，做好新时代的民族工作，推动民族地区的高质量发展至关重要。

2024 年是中华人民共和国成立 75 周年，也是实现"十四五"规划的关键之年。全面建成社会主义现代化强国，实现中华民族伟大复兴，一个民族也不能少。强国建设要靠各民族共同团结奋斗，也要让各民族共享改革发展成果，共同繁荣发展。这一切都需要用习近平新时代中国特色社会主义思想来引领，尤其是要在习近平总书记关于加强和改进民族工作的重要思想指导下，把铸牢中华民族共同体意识的工作走深做实。铸牢中华民族共同体意识是维护各民族根本利益，巩固和发展社会主义民族关系，实现中华民族伟大复兴，开创党的民族工作新局面的必然要求。

加快构建中华民族共同体理论体系，是铸牢中华民族共同体意识的思想自觉，也是应对美西方利用民族、宗教、人权话语干涉我国内政的理论武器，更是加快构建中国特色哲学社会科学的重要内容。推进中华民族大团结、凝聚各民族强国建设、民族复兴的磅礴伟力，不仅需要传统的民族学关于加强民族团结进步的

---

① 陈一新：《全面贯彻总体国家安全观》，《求是》2024 年第 8 期。

相关知识，还需要用各学科的普遍性知识、用中国特色的话语体系、用我们自己的理论方法，"讲好中华民族共同体故事，讲清楚中国共产党领导和社会主义制度是我国各民族共同发展进步的可靠保障，讲清楚中华民族是具有强大认同度和凝聚力的命运共同体，讲清楚中国特色解决民族问题的正确道路所具有的明显优越性"[①]。

在我国民族工作、新疆工作、西藏工作、宗教工作、人权工作等一系列关系国家主权、安全和发展利益的重大议题问题上，美西方利用他们的民族理论和国际话语的主导权，大打"民族牌""宗教牌""人权牌"到处煽风点火和遏制打压，在国际上妖魔化抹黑中国、丑化中国共产党和中国政府的形象，试图在中国国内进行分化瓦解，炒作热点舆情，制造理论陷阱和思想混乱，破坏中国民族团结和社会稳定。面对西方理论话语的"围剿"和舆论攻击，必须加快构建中国新时代的民族学尤其是中华民族共同体的理论体系，为我们的思想理论建设、教书育人、国际舆论斗争提供强有力的理论支撑。习近平总书记在 2016 年 5 月 17 日召开的哲学社会科学工作座谈会上明确提出，着力构建中国特色哲学社会科学，要"在指导思想、学科体系、学术体系、话语体系等方面充分体现中国特色、中国风格、中国气派"[②]。以铸牢中华民族共同体意识为主线的习近平总书记关于加强和改进民族工作的重要思想，是新时代马克思主义民族理论中国化的最新成果，也

---

① 习近平:《铸牢中华民族共同体意识　推进新时代党的民族工作高质量发展》，《求是》2024 年第 3 期。

② 习近平:《加快构建中国特色哲学社会科学（2016 年 5 月 17 日）》，见《习近平著作选读》第一卷，人民出版社，2023，第 478 页。

是促进民族工作高质量发展、做好民族地区各项工作的根本遵循。中华文明作为世界上唯一绵延不断且以国家形态发展至今的原生文明，是中华民族共同体形成发展的历史基础。中国共产党成立以来不仅实现了中华民族的救亡图存，而且带领各族人民实现了从站起来、富起来到强起来的历史跨越，是推进中华民族共同体理论建设的实践根基，是马克思主义民族理论在"两个结合"中不断中国化时代化历史进程的伟大飞跃，为构建中华民族共同体理论体系提供了理论依据。

二、推进中华民族共同体史料体系建设

构建科学完备的中华民族共同体理论体系，必须依靠充分翔实的中华民族共同体史料体系来支撑。人类历史悠久而漫长，但是留下的史料并不是十分完整，更谈不上精确。历史叙述有不少缺失甚至不解之谜，主要原因是有效史料证据的不足。要想把一个国家、地区乃至群体的历史发展过程及其演进特点说清楚，扎实的史料是基础和根本。"没有史料就无法有效地解决问题。"[①]因此，围绕中华民族共同体理论体系建设，必须大力推进中华民族共同体史料体系建设。这不仅是为话语体系、理论体系建设提供基础资料的问题，而且是深化中华民族共同体重点基础性问题学理性阐释和科学化分析的重要思想源泉。

在中华大地上，各民族的先民在漫长的历史长河中交往交流

---

① 左玉河：《问题、史料与范式：建构国史自主知识体系的关键环节》，《当代中国史研究》2023年第5期。

交融，留下了十分丰富的各种证据和史料。作为世界上唯一以国家形态存在至今没有中断的文明古国，中国不仅留下了世界上记录最详细、最完整、最精确的各种各样的历史书籍和文献资料，成为记录中国历史乃至周边国家历史的丰富文献宝藏，而且借助现代考古学的发展，发掘出分布面积广、历史跨度长、体系类型全、资料信息丰富的考古实物、历史遗存和文物遗产。中国文化不仅源远流长，而且时代赓续，持续向前发展。在进入西方主导的近代国际体系之后，西方列强的侵略压迫剥削使中华民族遭受了前所未有的劫难，"国家受辱、人民蒙难、文明蒙尘"。但是，不屈不挠的中华民族在与西方列强的抗争中不仅实现了民族自觉，而且留下了无数彰显爱国主义精神的名人故居、历史遗迹、文物实物等文化遗产。在中国从传统农业社会向现代工业社会转换的过程中，大量厂矿企业旧址、机器设备产品、商品技术贸易交流史料等等，充分证明近代以来中华民族与世界各国的密切联系。这些实物充分说明近代以来的中国已经摆脱了闭关锁国的状态，成为世界历史进程中不可忽视更不能忽略的一个重要国家和重要区域。近现代历史资料具有现实性强、内容包罗万象、题材契合中华民族伟大复兴主题等特点，既是记录中华民族共同体从自在到自觉转变的鲜活资料，也是中华民族推进现代化建设、积极主动建设现代文明成果的生动体现。可以说，汗牛充栋的文献典籍、丰富多彩的考古发掘、精彩纷呈的近现代各类史料，特别是新中国成立以来翻天覆地的巨大变迁积累下来的各种文化文明成果，都是构成书写中华民族共同体历史和构建中华民族共同体理论体系的丰富史料。

充分挖掘历史典籍中记载的各民族共创中华的历史事实。

习近平总书记指出，中国辽阔的疆域是各民族共同开拓的，悠久的历史是各民族共同书写的，灿烂的文化是各民族共同创造的，伟大的民族精神是各民族共同培育的。作为四大文明古国之一，中国产生了多种语言、不同形式的历史典籍，记载了"四个共同"的生动历程，展现了中华大地上各民族交往交流交融的历史事实。中国自周代共和元年（公元前841年）确定明确的历史纪年，历史典籍记载的历史连续而清晰。特别是秦朝建立统一的多民族国家之后，历朝历代都有严格的官方机构进行历史记录，书写前朝历史。"二十四史"作为官方记录的王朝历史，从政治经济到社会民俗，资料丰富，记载翔实，成为记载中华民族发展史最主要的典籍资料。

《史记》将中华各族视为一个整体进行书写，开创了为少数民族著书立传的传统，此后历代延续，形成了包括《汉书》《后汉书》《宋史》等在内的"二十四史"。这些历史典籍中绝大多数都包含了少数民族与中原汉族的交往情况。司马迁在《史记》中以黄帝、颛顼、帝喾、尧、舜的世系为起点，具体记载了十二本纪、十表、八书、三十世家和七十列传，明确了华夏族群与匈奴、南越、西南夷等各民族之间的亲缘关系，将秦、楚、越、匈奴、西南夷等民族的祖先一同纳入华夏的五帝的世系中，提出圣王同祖、华夷共祖的观念，并以黄帝为华夏第一帝王。《史记·秦本纪》载："秦之先，帝颛顼之苗裔孙曰女脩。"①《史记·楚世家》载："楚之先祖出自帝颛顼高阳。高阳者，黄帝之孙，昌意之子也。"②

---

① 司马迁：《史记·秦本纪》，中华书局，1982，第163页。
② 司马迁：《史记·楚世家》，中华书局，1982，第1689页。

《史记·越王勾践世家》载："越王勾践，其先禹之苗裔，而夏后帝少康之庶子也。封于会稽，以奉守禹之祀。"①《史记·匈奴列传》载："匈奴，其先祖夏后氏之苗裔也，曰淳维。"② 这些记载表明了先秦、秦汉时期黄河流域、长江中上游民族之间的亲缘关系，"华夷共祖"的文化认同已深入人心。《汉书》《晋书》《旧唐书》《新唐书》《明史》等史书中记载了各民族在政治、经济方面的广泛交往，如永嘉之乱带来的胡汉杂处、唐蕃之间的数次会盟、明朝时期的边疆招抚政策、茶马互市等内容。

秦朝实行"书同文"政策，在广大的疆域内实现了文字的统一，为此后历代的大一统国家的发展奠定了重要基础。与此同时，中华大一统并不是"一刀切"，而是多元并存，经济上相互依存，文化上兼收并蓄、兼容并包。在正史之外，还保留了用多种语言文字记载的丰富史料，包含边疆民族史、文化史等丰富的内容。此外，全国很多地方都留存了不少地方史志资料，包括地方志、会要、笔记、谱牒及文学作品等。如清代彝文古籍《西南彝志》，汉文、满文、蒙古文三种文字版本的《孟子》，《御制满汉合璧易经》，最早的双语教科书西夏文汉文字典《番汉合时掌中珠》，藏文和蒙古文大藏经《甘珠尔》，托忒文的《西游记》等。这些内容揭示了中华民族发展的整体性和内在联系，谱写了各民族共创中华的多彩画卷。

高度重视并挖掘考古资料在中华民族共同体史料体系建设中的作用。作为历史文化大国，点多面广量大的考古资料无疑是实

---

① 司马迁：《史记·越王勾践世家》，中华书局，1982，第1739页。
② 司马迁：《史记·匈奴列传》，中华书局，1982，第2879页。

证中华民族多元一体格局和各民族自古就是不可分割的中华民族共同体的物证资料。我国的文献资料固然丰富翔实，但是要充分说明中华民族的形成发展史，仅仅依靠文献记载还是不够的，尤其是文字形成之前的历史更需要依靠考古资料来弥补。对考古资料的充分挖掘使用，可以用实物资料证实中华民族的先民们在中华大地上繁衍生息的悠久历史，对相关文献资料的叙述可以起到弥补、矫正（证实或证伪）、拓展等多方面的作用，更可充分利用文物和考古遗址，讲好各民族交往交流交融的历史故事。

事实上，现代考古学一百多年的发展，为实证中华文明的本土起源、中华民族的形成演进规律、各民族共创中华的历史事实、中华民族多元一体格局等等，都作出了巨大而不可磨灭的贡献。我国"考古发现展示了中华文明起源和发展的历史脉络。我国考古发现的重大成就实证了我国百万年的人类史、一万年的文化史、五千多年的文明史"[①]当代考古科学的发展，对深化中华文明的起源及中华文明各个不同阶段发展演进特点的研究，发挥着越来越重要的支撑作用。考古学家基于对我国大量考古资料的深入研究，已经突破了对文明起源发展的西方话语和西方叙事模式。很多考古遗址，极大地丰富了文献记载的缺失，有些发现甚至填补了文献记载的空白。内蒙古哈民遗址的史前人类聚落、大窑遗址的"大窑人"、萨拉乌苏遗址的"河套人"、扎赉诺尔遗址的"扎赉诺尔人"等古人类遗存，基本厘清了旧石器时代中国北方草原文明的发展序列。新石器时代，西辽河流域出现的红山文化、兴

---

① 习近平：《建设中国特色中国风格中国气派的考古学　更好认识源远流长博大精深的中华文明》，《求是》2020 年第 23 期。

隆洼文化、小河沿文化、夏家店文化等，黄河中游地区出现的仰韶文化，长江流域出现的良渚文化、三星堆文化等等，已经充分证实了游牧文化、农耕文化、海洋文化在远古时期的相互联系与密切关系，建构起了中华古代文明叙事的完整体系。

考古资料非常形象地展示了我国建立统一多民族国家以来各民族交往交流交融的历史。在宁夏同心县倒墩子匈奴墓地（西汉时期）中，出土了来自中原的陶器、漆器、铁器[①]。陕西神木市的东汉画像石墓葬群中既出现了具有草原文化特征的狩猎画像砖，也出现了带有儒家礼制的家族墓地、合葬形制，充分表明了匈奴家庭结构的汉化趋势[②]。倒墩子遗址、东汉画像石墓葬群中出现的五铢钱、半两钱等古代货币，表明游牧民族与中原农耕民族之间密切的经济往来。和林格尔汉墓出土的以乐舞百戏图、农耕图为主的壁画，尼雅遗址出土的印有蛟龙纹和菩萨像的蜡染棉织品，新疆尉犁县营盘墓地、洛浦县山普拉古墓群、阿斯塔那古墓群等墓葬中出现的各时代的鸡鸣枕等诸多葬品，生动体现了中原文化在民族地区的传播情况。苏峪口西夏瓷窑址出土的代表性器物侈口深弧腹瓜棱圈足罐、高圈足的碗、斗笠碗等，与景德镇湖田窑同类型的器物具有高度相似性，充分显示了两宋时期北方传统窑业吸收南方先进窑业技术的事

---

① 乌恩、钟侃、李进增：《宁夏同心倒墩子匈奴墓地》，《考古学报》1988 第 3 期。

② 肖健一、康宁武、程根荣等：《陕西神木大保当东汉画像石墓》，《文物》2011 年第 12 期。

实①。在考古发掘中发现的大量碑刻、铭文及出土的文献等考古文物，包含着各个地区之间、各民族间密切交往交流交融的实证信息。黑水城遗址出土的西夏文献、文物中包含了大量描述基层社会生活的文书，其中户籍账的存在证实了各民族的通婚现象，西夏文和汉文的《杂字》分别记录了西夏的"番姓"和"汉姓"，显示出民族之间在交往中形成的深层交融。

更好认识并充分发挥文化遗产特别是非物质文化遗产资料对中华民族共同体史料体系建设的作用。有形的物质文化遗产和无形的非物质文化遗产是各民族在历史中交往交流交融积淀的结果，也是充分展示各民族发展历史与民族间交往交流交融的实物例证。物质文化遗产所表征的知识信息蕴藏着具体的历史情景，实证性和客观性体现得更加充分。对反映各民族交往交流交融的文化遗产进行系统梳理，构建中华民族发展史的代表性文化遗产谱系，不断丰富"四个共同"和各民族"三交"史的内容，实现物史互证，完成基于"物"的中华民族共同体历史叙事②。以物质文化遗产为载体，深入挖掘其中蕴含的中华优秀传统文化精髓，可以更好地树立和突出各民族共有共享的中华文化符号和中华民族形象。文化遗产中具有历史、艺术、科学价值的古文化遗址、古墓葬、古建筑、石窟寺、石刻、壁画、近现代史迹，以及能够反映历史上各时代各民族生产生活、社会制度的代表性实物等都应被纳入史料体系之中。秦始皇兵马俑不仅形象地展示了秦朝的军事

---

① 朱存世、柴平平、郑建民等：《宁夏贺兰县苏峪口西夏瓷窑址》，《考古》2023 年第 7 期。

② 文静：《"物""史"互证 阐释"何以中华"——访〈何以中华〉主编郑茜》，《中国民族报》2024 年 1 月 19 日。

力量，也充分证实了在中华大地各个不同区域最终走向统一、建立起统一多民族国家的历史进程。唐朝文成公主入蕃携带的琴与长鼓、新疆喀喇汗王朝的桃花石可汗铜币、西汉时期的冷水冲型十二芒铜鼓，都是讲述各民族交融共生的生动例证。集结了汉族、藏族及其他民族建筑风格的布达拉宫，见证了各民族之间友好往来的历史。故宫不仅与安徽凤阳的明中都、南京的明故宫遗址有着直接的沿袭关系，其形制甚至可以追溯至夏代以降的历代都城，是中华文化一脉相承的重要符号。云冈石窟的二佛并坐造像的兴盛，是北魏借助佛教彰显中原正统、王权神授的结果，敦煌石窟和麦积山石窟的二佛并坐造像可以看作是云冈模式的西传①。

以各地的民俗文化为主要代表的非物质文化遗产则深嵌于各族人民的日常生活之中。非物质文化遗产的史料建设主要以中华文化为主干，各民族非物质文化遗产为枝叶，搜集、挖掘、保护各类保留多民族交融历史与中华文化基因的文字、歌曲、舞蹈等不同形式的口述史资料、档案资料、数字资料等，构筑各民族共有精神家园。如传唱于西北地区的民间音乐花儿，不仅散见于宁夏、青海、新疆等地，其传唱之人更是跨越了民族界限，实现了汉族、回族、东乡族、保安族等多民族文化共享。壮族的嘹歌、土家族的摆手舞、藏族的锅庄舞、湘西的傩戏、民族史诗《格萨尔》《江格尔》《玛纳斯》等均孕育于各民族相互融通的日常生活实践中，成为各民族共享的中华符号，生动展现了中华文化兼收并蓄的特点。

---

① 王江：《云冈石窟释迦多宝二佛并坐研究》，《云冈研究》2022 年第 3 期。

　　中华民族共同体史料体系建设既要重视古代史料的挖掘整理与研究阐释，也要重视近现代文史资料和实物资料的整理和挖掘，注意发挥各种类型的博物馆及文物文化场所的作用。每个时期、每个地区都发生着各民族间互帮互助的生活实践，留下了大量可歌可泣的典型实例，形成了丰富的纪实文学、口述史资料和实物资料。在中国共产党领导下，我国确立了民族区域自治制度，进行了民主改革和社会主义改造，引领各族人民走上社会主义道路，建立了平等团结互助和谐的社会主义民族关系。改革开放以来，实施了西部大开发战略、进行对口支援和扶贫协作等针对民族地区和少数民族的多项优惠扶持政策，促进了各民族共同团结奋斗、共同繁荣发展。进入新时代，脱贫攻坚战的胜利，使全国消除了区域性的整体贫困，全面建成小康社会，并开启了强国建设、民族复兴的新征程。新中国56个民族共同团结奋斗、共同繁荣发展的历史过程，不仅展现了中华民族从站起来、富起来到强起来的历史性转变，而且涌现了难以计数的各民族守望相助、团结发展的典型案例。新中国工业化建设、知识青年上山下乡、各民族人口大规模流动以及兴边富民、脱贫攻坚、乡村振兴等等，都是对当代中国各民族之间"你中有我、我中有你、你离不开我、我离不开你"的"三个离不开"状况的生动诠释，这些丰富鲜活的事迹和各种史料也值得保存和挖掘整理。大批城市知识青年下乡虽然在农村尤其是边疆地区的生活十分艰苦，但却把城市文明带到了农村和边疆，促进了城乡之间、区域之间、内地与边疆之间的人员往来与经济社会文化交流。三年困难时期，内蒙古人民主动收养了来自上海、江苏、安徽等地的孤儿，成为民族团结的佳话。城市知青与当地劳动人民同吃同住同劳动，加深了彼此之间的理解与信任。在边疆地区建立的兵团，既是保家卫国的武装力量，也是兵团官兵与当地各族群众一道，共同克服恶劣的自然条件、建设幸福安定家园的生动写照。不论是在和平时期，还是在共同保家卫国、抗击外来入侵的战争岁月，各民族干部群众在共同团结奋斗中凝结成"休戚与共、荣辱与共、生死与共、命运与共"的深厚情感。这些当代中国的丰富实践事例，既是中华民族共同体史料体系建设取之不尽用之不竭的丰富素材，也是讲好民族团结故事的鲜活素材，更是凝练中华民族精神的重要源泉。

史料体系建设不仅仅是挖掘、整理史料，还需要加强研究阐释和宣传，充分发挥好各种丰富史料的积极作用。《何以中华：一百件文物中的中华民族共同体历史记忆》[①] 一书，在全国近60家博物馆珍藏精品中遴选具有代表性的100件珍贵考古实物图片，以"物""史"互证的方式，为广大读者提供了一个解读中华民族发展史的独特角度，形象地展示了中华文明源远流长、连绵不断、传承赓续的历史基因，揭示了中华大地上的各族先民心系"中国"、内聚发展的精神密码。该书对文物的选择精当又具有代表性、典型性，充分说明了中华民族源自"五方之民共天下"的共同追求，构筑起一部实物实证的中华民族共同体历史，证明了56个民族是拥有共同历史文化基因与文化认同的民族实体的历史事实。这部书"让国宝讲话""让文物活起来"，具有一定理论深度，又能以通俗化大众化的表达深入浅出地对中华民族共同体史观进行阐释，生动阐发"我们从哪里来""我们是谁"等重要命题，对

---

① 中国民族博物馆编纂、郑茜主编《何以中华：一百件文物中的中华民族共同体历史记忆》，四川民族出版社，2024。

树立正确的中华民族历史观、铸牢中华民族共同体意识、促进中华民族共同体理论体系建设、有效发挥教育引导作用，都具有现实意义①。

三、打造中华民族共同体话语体系

为营造和平发展的外部环境，亟待提高我国话语的国际影响力，尤其是在民族、宗教、涉疆、涉藏、人权领域的国际话语权。话语是人们思维和交流的工具，是一种被表述出来的词语和概念，是描述事实和表达思想观点的语言媒介，也是用来"建构思想、建构事实、建构形象"的理论工具。法国哲学家米歇尔·福柯曾言，"话语即权力"。美国当代战略家约瑟夫·奈曾提出了著名的软实力理论，也就是一个国家所拥有的无形的实力要素与无法计量的精神力量。这其实提出了国家"话语权"的问题，也就是"用话语的表达、描述、建构而形成的国际影响力"。"话语产生的权力是国家软实力的重要组成部分。"② "一个国家国际话语权大小直接影响和体现着国家软实力的强弱。"③

以美国为首的西方世界把近代以来形成的政治价值观念体系提炼成所谓的"普世价值"，通过经济、军事、技术霸权和发达的传播手段，占据了国际话语制高点。有学者甚至认为，当今以美

① 王延中：《用文物精品解读中华民族发展史》，《人民日报》2024 年 5 月 8 日。

② 郭可：《国际传播学导论》，复旦大学出版社，2004，第 4 页。

③ 陈正良：《国际话语权对国家软实力影响效用探赜》，《观察与思考》2017 年第 1 期。

国为首的西方世界的霸权"在某种程度上就是靠政治话语霸权来确立和维持的"①。最近美国在涉疆、涉藏、涉港、涉台及人权、民族、宗教等领域向我国不断发难，频频提出和出台践踏国际关系准则、粗暴干涉中国内政的相关法案。美国的目的是加紧打压与遏制中国的发展势头，其运用的手段是多样化的，既充分运用其军事、科技、金融等硬实力，更擅长运用长期主导国际话语权的软实力，为打压中国的发展与国际合作不断制造舆论甚至不惜造谣污蔑，丑化和抹黑中国的形象。由此可见，为中国发展创造良好的国际舆论环境，迫切需要提高我国的国际话语权和传播力，尤其是提升我国哲学社会科学的国际影响力。

2016年5月17日，习近平总书记在哲学社会科学工作座谈会上的讲话中指出，"在解读中国实践、构建中国理论上，我们应该最有发言权，但实际上我国哲学社会科学在国际上的声音还比较小，还处于有理说不出、说了传不开的境地"，进而提出了"要注意加强话语体系建设"的号召，并把它作为加强哲学社会科学体系建设的三大任务之一。习近平总书记强调指出，坚持和发展中国特色社会主义，用发展着的理论指导发展着的实践，哲学社会科学具有不可替代的重要地位②。哲学社会科学的发展水平，在一定程度上决定了一个国家的发展水平。推进中国哲学社会科学整体水平，固然可以提高中国话语的国际传播力和影响力，但主要目的并不仅仅在于此。构建中国哲学社会科学体系、繁荣发

---

① 戴亚琴：《中国特色哲学社会科学话语体系建设研究综述》，《党政论坛》2019年第8期。

② 习近平：《加快构建中国特色哲学社会科学（2016年5月17日）》，《习近平著作选读》第一卷，人民出版社，2023，第478—489页。

展哲学社会科学的根本目的，是为了促进中国特色社会主义事业的顺利发展。作为认识世界、改造世界的重要工具，哲学社会科学需要不断进行理论创新、话语创新。"5·17"讲话发表 8 年来，哲学社会科学界在构建自主的知识体系方面付出了巨大努力，取得了长足的进展。

在 2023 年 10 月二十届中央政治局第九次集体学习时，习近平总书记强调，铸牢中华民族共同体意识，需要构建构架科学完备的中华民族共同体理论体系。话语体系建设是其中必不可少的重要组成部分。回顾国外特别是西方民族理论进入中国的历史，西方话语体系从基本概念、研究范式到基本观点、理论体系在我国民族学、人类学的教学科研乃至我国民族理论和政策法规实践中，都产生了非常大的影响。我们长期使用舶来的"民族"概念而忽略了作为 56 个民族整体的"中华民族"概念，在理论研究和实际工作中注重强调各个民族的不同与差异，忽略了各民族之间的联系和交往交流交融，对各民族共创中华的历史和中华民族的共同性强调不够。我们关于"民族"的话语多而强，关于中华民族的话语少而弱，而且研究阐释上存在一定偏差。有些研究甚至把来自西方学界的理论观点作为阐释中华民族发展史和看待我国民族关系的标准。比如，在历史观方面，来自西方的"新清史"流派中的"内亚史观"、"二元对立"史观、"赞米亚"理论等等，刻意制造中国历史上游牧文化与农耕文化、汉族与少数民族的二元对立，解构割裂中国历史和中华民族。在涉及民族与国家的关系问题上，用西方国家的话语体系和理论框架研究本属"族群"层次的"民族"，没有看到这个研究与中国大一统的历史与现实并不相符。持不同观点和意见的学者，经常因关于民族概念的内涵不一致进行讨论乃至争论。这些讨论，虽然在一定程度上有助于深化关于民族现象的认识，但在一个时期带来的导向分歧甚至理论混乱也是客观存在的。如果不从话语体系着手，就很难真正建构出立足我国实际具有科学性和解释力的中华民族共同体理论体系。

加快构建中国特色哲学社会科学话语体系及中国自主的中华民族共同体话语体系，坚持并逐步提升理论界对中华文化的文化自信，是一个非常重要的前提条件。近代以来，由于西方列强的侵略压迫，中国一步步沦为半殖民地半封建社会，历史悠久、文化辉煌的"中华民族遭受了前所未有的劫难"。西方文明和西方强势文化的冲击，导致不少人动摇乃至丧失了对中华文化的信心。在中国共产党领导下，中国人民和中华民族以马克思主义为指导，开启了实现中华民族伟大复兴的艰辛探索。实现中华民族伟大复兴，作为中国共产党带领全国各族人民实现初心使命的最响亮口号，也是集中凝练表达中华民族精神、体现中华文化自信自强的时代话语。改革开放以来，伴随中国式现代化的持续推进与巨大成就，党和人民对中国特色社会主义道路自信、理论自信、制度自信不断增强。在党的十八大报告中首次形成中国特色社会主义道路、理论、制度的整体概念，强调"三者统一于中国特色社会主义伟大实践，这是党领导人民在建设社会主义长期实践中形成的最鲜明特色"①。党的十八大以来，习近平总书记在多个场合、

---

① 胡锦涛：《坚定不移沿着中国特色社会主义道路前进　为全面建成小康社会而奋斗——在中国共产党第十八次全国代表大会上的报告（2012 年 11月 8 日）》，人民网—人民日报，2012 年 11 月 8 日，http://cpc.people.com.cn/n/2012/1118/c64094-19612151.html。

多次讲话中进一步强调"文化自信",将"三个自信"变成"四个自信"。习近平总书记在哲学社会科学工作座谈会上的讲话中指出:"坚定中国特色社会主义道路自信、理论自信、制度自信,说到底是要坚定文化自信。"① 在文化传承发展座谈会的讲话中,习近平总书记进一步强调了文化自信在"四个自信"中的统领性地位和作用。

坚定文化自信,根源在于坚持"两个结合"。在几千年的历史发展中,中华民族之所以能历经磨难而坚韧向前,其中一个很重要的原因就是世世代代的中华儿女培育和发展了独具特色、博大精深的中华文化,为中华民族克服困难、生生不息提供了强大精神支撑。中国特色社会主义"具有深厚的历史渊源","是在对中华民族5000多年悠久文明的传承中走出来的"②。"只有立足波澜壮阔的中华五千多年文明史,才能真正理解中国道路的历史必然、文化内涵与独特优势。"③ 博大精深的中华文化和连绵不绝的中华文明之所以长存于世,归根结底源自中华民族的悠久历史,源自中华民族对自身文化主体性的坚守。习近平总书记指出:"有了文化主体性,就有了文化意义上坚定的自我,文化自信就有了根本依托,中国共产党就有了引领时代的强大文化力量,中华民族和中国人民就有了国家认同的坚实文化基础,中华文明就有了和世界其他文明交流互鉴的鲜明文化特性。"④

---

① 习近平:《加快构建中国特色哲学社会科学(2016年5月17日)》,《习近平著作选读》第一卷,人民出版社,2023,第478—489页。

② 肖伟光:《廓清关于文化自信的三个常见模糊认识》,《宁夏社会科学》2024年第2期。

③④ 习近平:《在文化传承发展座谈会上的讲话》,《求是》2023年第17期。

在现代化进程中坚持中华文化的主体性，中国就一定会用自己的话语体系把中华民族的历史与现实表达清楚。正如方块汉字数千年来作为中国语言文字的典型样态一样，关于当代中国和中国人自己的话语体系，也一定带有中国历史文化的深刻烙印，与其他文明有着不一样的记录、书写与表述形式。只要站在中华民族的立场上，用"四个共同"的整体史观研究中国和中华民族的形成发展史，研究中华民族的多元一体格局，研究中华民族在中国共产党的领导下实现站起来、富起来到强起来的历史事实和发展趋势，就一定能够形成属于我们自己和属于我们这个时代的自主话语体系，为中华民族共同体理论体系建设发挥好支撑作用。

推进民族理论政策话语体系创新，要突破民族学传统固化的思维方式。民族学研究的是民族现象。新中国成立70多年来，我们已经形成了一整套民族学的概念与话语体系，但是这套体系主要运用于"少数民族"相关的领域中。在某种程度上，以往的"民族学"变成"少数民族学"，"民族理论政策"成为主要是针对少数民族的理论政策，"民族区域自治"过多强调了地方的自治性，这都不利于从中华民族的全局考虑问题。民族现象是全局性、系统性现象，仅仅靠民族学单一学科的知识是无法阐释清楚的，应该保持开放的心态，在传统的民族学研究中借鉴其他学科的理论方法，欢迎其他学科从不同角度广泛关注并参与到民族问题的研究中来。从民族学学科发展史可以看出，人类学、社会学、政治学、历史学、国际问题研究等很多学科都可以为中华民族共同体学术研究发挥积极作用，都可以为党的民族理论政策的发展提供新的研究视角、作出各自的贡献。民族理论政策作为一个公共政策话题需要各学科共同参与，民族学也要抛弃其他学科不是民族研究专业学科的门户之见，积极促进各学科之间的交流。只有多学科参与和广泛对话，甚至激烈的辩论，才能真理越辩越明、认识越来越深刻。

四、构建中华民族共同体理论体系建设

习近平总书记指出："社会大变革时代，一定是哲学社会科学大发展的时代。当代中国正经历着我国历史上最为广泛而深刻的社会变革，也正在进行着人类历史上最为宏大而独特的实践创新。"① 处于中华民族伟大复兴战略全局与世界"百年未有之大变局"，为当代中国哲学社会科学事业的发展提供了千载难逢的历史机遇，当然也提出了巨大的挑战。"这种前无古人的伟大实践，必将给理论创造、学术繁荣提供强大动力和广阔空间。"② 梳理中国共产党成立以来带领中国人民和中华民族艰辛探索的百年历程，总结中华人民共和国成立 70 多年来推进中国式现代化的丰富实践，特别是在改革开放 40 余年来经济高速发展和社会持续稳定的辉煌成就，比较中国特色解决民族问题的正确道路与世界各国处理本国民族问题的经验教训，是新形势下民族学转型发展的客观需要，更是构建科学完备的中华民族共同体理论体系的重要依据。

习近平总书记在 2023 年二十届中央政治局第九次集体学习时强调，要立足中华民族悠久历史，把马克思主义民族理论同中国具体实际相结合、同中华优秀传统文化相结合，遵循中华民族发

---

① ② 习近平：《加快构建中国特色哲学社会科学（2016 年 5 月 17 日）》，《习近平著作选读》第一卷，人民出版社，2023，第 478—489 页。

展的历史逻辑、理论逻辑，科学揭示中华民族形成和发展的道理、学理、哲理。

从历史逻辑上看，中华民族共同体是历史发展的结果，需要学术界从中华民族诞育、形成和发展史中寻求理论答案。历史与现实之间存在千丝万缕的内在联系，现实是历史的延伸和发展，历史是现实的前提和基础。为什么中华大地上的各民族在历史的长河中能够从多元走向一体？为什么中国能够从分散林立的众多部落方国最终发展成大一统的多民族国家？为什么大大小小的各种多元群体最终发展成世界独一无二的"中华民族共同体"这样一个超级的民族实体？这些现象从西方民族学和相关学科中无法找到科学解释和准确答案。因为中西方的历史与文化不同，西方历史和社会土壤中形成的思维方式和理论框架，不可能简单地移植或嫁接到中华大地和中华文明的土壤上。历史和现实一脉相承，不可分割。中华民族共同体能够把分散的各民族凝聚成幅员辽阔、人口众多的广土巨族，一定具有深厚的历史文化根基。这是由中华文明的根本特性决定的，也是中华民族在漫长的历史进程中各民族内向凝聚、坚持和平发展的独特道路决定的。要看清中华民族的现状和未来发展方向，必须从历史中寻找线索，从历史逻辑中寻找答案。从历史发展逻辑中构建中华民族共同体理论体系，必须阐明各民族在中华大地上长期共同生活、生产中共同性不断增强、中华民族共同体不断发展壮大的主流趋势，阐明虽然近代以来才出现"中华民族"这个名称，但在历史长河中"中华民族"作为相互离不开的民族实体已经长期存在的历史事实。研究阐释这一民族现象，必须坚持"四个共同"为基础的正确的中华民族历史观，系统梳理中华民族从孕育、初步形成、发展壮大、基本定型到实现飞跃的历史过程，厘清中华民族从多元到一体的形成发展的历史脉络，回答中华民族从哪里来、到哪里去的历史之问、时代之问。批驳关于中华民族历史观方面存在的各种错误观点，形成关于中华民族共同体形成发展环境、动力、过程、特征、规律的科学叙述，揭示中华民族共同体存续和发展的历史基础。经过几年艰苦努力编撰完成的《中华民族共同体概论》[①]，是第一部关于中华民族共同体的国家统编高等教育正式教材，是立足于中华民族悠久历史，探索构建中华民族共同体形成发展理论的开拓性读物[②]。

加强学科建设、优化学科结构是构建中华民族共同体理论体系的重要条件。要改变只有民族学、人类学关于"民族"的理论等于"民族理论"的旧思维，多学科共同参与研究关于民族与民族、民族与国家、民族自身发展规律和趋势的新格局。这要求长期以来研究民族现象的民族学与人类学学科加快转型转向，以铸牢中华民族共同体意识为引领、以增进共同性为导向推进学科优化，加快学科建设；同时，需要各相关学科按照习近平总书记在哲学社会科学工作座谈会上的讲话要求，特别是习近平总书记关于加强和改进民族工作的重要思想推进新时代的民族研究和中华民族共同体学建设。新时代的民族学及人文社会科学各学科，甚至包括自然科学、医学及诸多交叉学科在内的各相关学科，在推动中华民族共同体理论体系建设方面都要发力，而且大有用武

---

① 本书编写组：《中华民族共同体概论》，高等教育出版社、民族出版社，2023。

② 王延中：《科学阐释中华民族发展史的开创性成果——〈中华民族共同体概论〉读后》，《中南民族大学学报（人文社会科学版）》2024年第7期。

之地。

铸牢中华民族共同体意识、构建中华民族共同体理论迫切需要民族学学科转型转向。我们的民族学从概念到基本理论观点主要来自西方和外国，并且形成了西方民族学（或人种学、人类学）和苏联民族理论两个学术传统。两个理论在解释中国悠久复杂的民族现象和引导民族工作实践中虽然都发挥了一些积极作用，但也存在不少偏差。因为两者往往把"民族"概念等同于"少数民族"，很少研究经过长期交往交流交融形成发展起来、占全国人口绝大多数的"汉族"，更是基本不研究代表全体国民的"中华民族"。这也导致民族学一般只研究各民族之间的差异性，忽略各民族的共同性；只强调各少数民族的特殊性，忽视各民族的交往交流交融；只强调各民族的单一发展史，忽略了各民族共创中华的整体发展史。传统民族理论和民族学学科建设导向的偏差，也在一定程度上影响了积极作用的发挥。新时代党的民族理论、政策、实践工作的创新发展，对加快构建符合我国国情、具有中国特色的中华民族共同体理论体系提出了迫切要求，也为推进新时代民族学的转型发展指明了方向、提供了遵循。党的十九大以来中央统战部等四部委组织实施了两轮铸牢中华民族共同体意识研究基地建设，起到了引领民族理论方向调整和加强民族学学科建设的作用。2024 年，教育部、国家民委等相关部门公布了民族学的二级学科新目录及各自的重点研究方向，在交叉学科门类逐步设立中华民族共同体学科，这必将引领中华民族共同体学科建设，为各学科参与并共同推动中华民族共同体理论建设奠定重要基础。

推进中华民族共同体理论体系建设是对我国哲学社会科学各相关学科提出的共同任务。研究中华民族的悠久历史，显然需要考古学、历史学、语言学、文字文献学等各基础学科投入力量，加大学科建设力度。研究包括马克思主义民族理论在内的马克思主义同中国具体实际、中华优秀传统文化的"两个结合"的科学内涵与实践路径，显然需要马克思主义、党史党建、哲学、政治经济学、科学社会主义等学科的介入与引领，只有这样才能真正理解马克思主义为什么能够在中华大地上扎根发展，为中国的广大民众所接受，中国共产党为什么能作为中国人民的先锋队和中华民族的先锋队，带领中华民族获得独立解放、实现站起来富起来强起来的历史使命。基于上述立场，才能从中国实际出发科学揭示中华民族形成和发展的道理、学理、哲理，才能更好地讲好中华民族的故事和中华民族共同体的历史进程和光明前景。研究中华民族发展史，必然要放到世界范围内整个人类社会发展史的范畴去考察，这就需要国际政治、世界经济、区域国别等学科的介入，需要各相关学科从国际比较的视角分析古今中外民族事务治理或者处理民族问题的不同类型及其利弊得失；从民族事务治理成效的多学科研究分析中，更好地理解中华民族共同体的中国特色和民族特色，为世界各国治理民族问题提供中国智慧、中国方案，以中国特色的民族理论和中华民族共同体理论体系为构建人类命运共同体作出中国的贡献。另外，生物学、医学、古人类学等自然科学和交叉学科在研究如何铸牢中华民族共同体意识、构建中华民族共同体理论体系方面也不能袖手旁观。在红色基因传承工程、中华优秀传统文化传承发展工程、中华民族现代文明建设、文化润疆等国家重大项目工程中，要鼓励各学科专家共同参与、从各个学科的角度围绕工程主题提出专业意见，形成重大成果。鼓励打破学科界限和学术壁垒，积极开展跨部门、跨领域、跨专业的联合调查研究，组织跨学科论坛，开展多学科对话，促进学术交流。我们相信，经过各学科专家学者的共同努力，尤其是相关学科之间的交叉融合、联合攻关，一定能为中华民族共同体理论体系的建立与发展作出各自的贡献。

构建中华民族共同体理论体系需要民族学与各相关学科共同努力，也需要加快形成中华民族共同体研究的专业化学科支撑，发挥好各级各类铸牢中华民族共同体意识研究基地、教学基地、实践基地的引领和载体作用。目前中央四部委已经确立了28家专门研究基地，国家民委和民族地区也建立了一大批研究基地或教学科研机构，从中央到地方都给予了大量资金、项目、人才投入，取得的成效是显著的，但是重大创新性科研成果还不多，引领学术理论体系建设的精品力作相对匮乏，精准阐释铸牢中华民族共同体意识、有效服务国家和各地民族工作实践的人才队伍还比较薄弱。要进一步加强对各类研究基地、教学实践基地的指导，不断提升上述教学科研机构的专业素质和能力水平。要建立更加有效的激励约束机制，鼓励各相关机构融合发展，把准研究方向，围绕中华民族共同体重大基础性问题联合攻关、融合发展。

推进中华民族共同体理论研究，要求理论研究工作者必须站稳马克思主义立场、站稳中国立场、站稳时代立场，坚持以习近平新时代中国特色社会主义思想为指导。"继续推进实践基础上的理论创新，首先要把握好新时代中国特色社会主义思想的世界观和方法论，坚持好、运用好贯穿其中的立场观点方法。"[1]

---

[1]　习近平：《高举中国特色社会主义伟大旗帜　为全面建设社会主义现代化国家而团结奋斗》，《习近平著作选读》第一卷，人民出版社，2023，第16页。

"六个必须坚持"①，是对习近平新时代中国特色社会主义思想的世界观和方法论的集中概括，必须贯穿到中华民族共同体理论体系建设全过程。人民至上是马克思主义的基本立场，必须树立好为人民做学问的理念。站稳中国立场和时代立场就是古为今用、洋为中用。民族理论政策研究包括中华民族共同体学建设，必须坚持一切从实际出发、从中国国情出发、从现实需要出发、从实地调查出发的基本原则，坚持一切理论尤其是外来理论必须与中国历史与现实相结合的研究路径，坚持民族学、人类学、宗教学及我国哲学社会科学的中国立场与时代化发展方向。

推进理论创新，必须正确处理好民族研究政治立场与学术观点的关系。民族研究的各相关学科与哲学社会科学的其他学科一样，都具有很强的政治性与意识形态属性。否认这一点就无法抓住民族研究的本质，也不是坚持马克思主义的立场。坚持政治性与加强学术性并不矛盾。在坚持民族研究正确政治立场的前提下，必须努力提升理论政策研究的科学性、学术性、专业性。失去了科学性，对于科学认识世界和改造世界，不能发挥任何实际作用。既要防止把民族研究变成失去现实关照的所谓"纯学术"，又要坚持立足田野、实地调查、从实求知的研究方法，把研究结论建立在扎扎实实的科学研究基础之上。对于民族研究领域的重大争议问题，要理性分析与客观对待，既不能把政治立场问题当成一般的学术问题对待，把"民族学"当成没有政治性的学科，也不要

---

① "六个必须坚持"：必须坚持人民至上、必须坚持自信自立、必须坚持守正创新、必须坚持问题导向、必须坚持系统观念、必须坚持胸怀天下。见《习近平著作选读》第一卷，人民出版社，2023，第16—18页。

把一般性的学术问题简单地当成政治问题上纲上线。按照民族工作"是什么问题就按什么问题处理"的基本原则，对待民族学的学科建设问题、学术理论问题、学术研究工作，多一分理解与支持，鼓励学者们潜心研究，为其走进田野、深入民间多提供一些支持，多创造有利条件。

为中华民族共同体理论建设和民族理论政策研究创造良好的学术环境、舆论氛围和创新空间。民族工作在党和国家工作全局中具有战略地位，做好民族领域实际工作既敏感复杂，又存在各种各样的新情况新问题，对待那些在实践探索中尚没有定论的新领域新问题，要作出全面、科学、精准的判断委实不易，推动哲学社会科学各学科的理论创新，尤其是推进民族领域的理论观点创新、话语体系创新也面临着很多困难和压力。学者们的研究需要通过出版发表科研成果来体现，学术发展繁荣也需要交流平台的支持。由于民族理论政策调整往往涉及立场观点、切身利益、民族情感，在一些问题上达成共识比较困难，因此需要加强正确的舆论引导。要加强民族理论知识和法律政策的普及宣传，鼓励专家学者和工作人员多发声，用正面、理性的声音引导舆论，防止杂音、噪声干扰社会稳定、民族团结和民族工作大局。管控好舆论传播平台、掌握好"舆情管控"与学术研究的界限，对于形成良好的学术氛围至关重要。学术研究的创新是话语体系创新的基础和前提，没有学术创新，话语创新就是无源之水、无本之木。

大力加强民族理论政策研究高水平人才队伍建设。人才是科技创新的动力，也是一切事业兴旺发达和蓬勃发展的关键。大力加强大批青年人才队伍建设是加快形成中国自主的中华民族共同体理论体系的关键。要在坚守意识形态阵地、坚持正确的科研方向的前提下，激发广大专家学者的积极性、主动性、创造性，鼓励专家学者解放思想，深度争鸣，深入钻研，勇于创新，立足中华民族悠久历史和中国大地改革发展的实践，把"两个结合"的基本经验广泛应用于各学科的理论创新实践之中，努力提出具有学理性和哲理性的新思想、新观点、新概念、新话语，积极构建中华民族共同体的话语体系。

推动新时代民族理论政策研究走向深入，必须把人才队伍建设放在基础地位。这方面工作的重要性毋庸多言，问题是如何使民族学形成"人才辈出""大师云集"的体制机制。一方面靠外部环境改善与增加支持、激励，另一方面则需要不断提升民族研究工作者的责任心和奉献精神。外部条件具备了，内因就是起决定性作用的因素。囿于多种因素的影响，青年专家学者受传统民族学话语体系和理论观点的影响相对较少，当代知识体系和研究方法手段训练得比较充分，转型发展的潜力和动能更强。要大力加强人才队伍建设尤其是对各学科青年专家学者的培养，为他们创造更多的机会，提供更大的舞台，克服成果出版发表方面的制约障碍，鼓励他们潜心钻研、厚积薄发，产出更多立足中国历史、解读中国实践、回答中国问题、助推改革发展的原创性成果，为形成科学完备的中华民族共同体理论体系添砖加瓦、厚实根基。只要广大专家学者以时不我待的精神奋力推进科学研究，具有中国特色、民族特色的中华民族共同体理论才能不断发展，并对中国特色社会主义事业的推进发挥更大作用。

习近平总书记指出，我国知识分子自古以来就有"为天地立心、为生民立命、为往圣继绝学、为万世开太平"的志向和传统，这是新时代民族研究工作者更应具备的志向与情怀。在两个"百年未有之大变局"的新时代，在推进强国建设、民族伟大复兴的新征程中，民族学等相关学科要充分利用学科优势，围绕"铸牢中华民族共同体意识"这个新时代党的民族工作的主线和民族地区各项工作的主线，认真学习研究和贯彻落实中央民族工作会议精神、习近平文化思想和习近平总书记在中央政治局第九次集体学习时的重要讲话精神，大力推进中华民族共同体理论体系建设。实践是理论的基础，推进中国特色的哲学社会科学各学科发展尤其是中华民族共同体理论体系建设，也必须跟踪实践，扎实开展调查研究，从党领导各民族人民推进中华民族共同体建设的伟大实践中进行理论总结和升华。只有这样，才能得出符合中国实际又能够指导实践的研究结论。只有深入研究当代中国现代化建设进程中的重大理论和现实问题，才能更好地推动民族理论政策史料体系、话语体系和理论观点的创新发展，才能为建设中华民族现代文明和推进中华民族共同体建设作出更大的贡献。

第九章

建设中华民族现代文明

习近平总书记在 2023 年 6 月 2 日文化传承发展座谈会上的讲话中指出了建设中华民族现代文明的新时代文化使命，需要研究解决一系列重大理论和现实问题。从理论层面上看，准确分析把握中华文化和各民族文化、中华文明与世界其他文明、中国式现代化与中华民族现代文明三大关系，对于推进中华民族现代文明建设至关重要。要进一步明确和坚持中华文化主干性、主体性和时代性三大原则，这是中华民族现代文明建设的三大问题。正确处理这三大问题，有利于促进各民族优秀传统文化的传承发展也就是创造性转化和创新性发展，有利于在推进中国式现代化的强国建设中保持文化自信和战略定力，有利于加快构筑中华民族共有精神家园，为中华民族现代文明建设和实现中华民族伟大复兴提供强大精神力量。

一、坚持中华文化在各民族文化中的主干性[①]

中华民族和 56 个民族的多元一体格局决定了正确处理中华文化与各民族文化的关系是党的民族工作的重要内容。习近平总书记在中央民族工作会议上强调："各民族优秀传统文化都是中华文化的组成部分，中华文化是主干，各民族文化是枝叶，根深干壮才能枝繁叶茂。"[②] 习近平总书记关于中华文化和各民族文化的"主干枝叶关系论"，是运用"两个结合"深刻揭示中华文化内涵和发展规律的体现，对于我们全面准确深入理解"中华文化是什么""中华民族共有精神家园是什么""如何建设中华民族共有精神家园"等重要理论问题具有重要的指导意义。习近平总书记在 2022 年 3 月 5 日参加十三届全国人大五次会议内蒙古代表团审议时就确立中华文化的主干性对于铸牢中华民族共同体意识的重大意义作了进一步强调，"要把铸牢中华民族共同体意识的工作要求贯彻落实到全区历史文化宣传教育、公共文化设施建设、城市标志性建筑建设、旅游景观陈列等相关方面，正确处理中华文化和本民族文化的关系，为铸牢中华民族共同体意识夯实思想文化基础"[③]。确立中华文化的主干地位并正确处理中华文化和各民族文化的关系，是各地开展中华民族共同体意识宣传教育、夯实铸牢

---

①　这部分内容与四对重大关系中的论述有较大重复，因为是不同视角下进行论述，而且为了保持这篇文章的完整性，没有删改。特此说明。

②　《以铸牢中华民族共同体意识为主线　推动新时代党的民族工作高质量发展》，《人民日报》2021 年 8 月 29 日第 1 版。

③　《习近平在参加内蒙古代表团审议时强调　不断巩固中华民族共同体思想基础　共同建设伟大祖国　共同创造美好生活》，《人民日报》2022 年 3 月 6 日第 1 版。

中华民族共同体意识思想文化基础的重大战略举措。

中华文化与各民族文化的内涵与外延是不同的。中华文化作为各民族共育共享的文化，相较于各民族文化而言，具有内涵更深、层次更高、范围更大、引领作用更强的特征。由于中华民族是自古以来始终伴随国家政权建设而凝聚发展的命运共同体，中华文化也始终与国家政权建设紧密结合，并体现在具体的治国理念、政治文化、意识形态、法律规范、社会伦理道德等各个方面，在内涵、外延和功能上都超越了各民族文化，表现出更强的包容性、稳定性和引领性，是中华文化主干地位的充分体现。中华文化在内涵和外延上的这些特点，决定了中华文化是吸纳各民族文化优秀元素但居于最高层次的国家文化，集中体现着中华民族精神素养和品质，引领各民族文化朝着增强中华民族共同体的共同性的方向持续发展。

中华文化与各民族文化的层次是不同的。费孝通先生提出了中华民族多元一体格局理论，并以"上下层次关系论"概述了中华民族与各民族的结构关系，中华民族居于上层，各民族居于下层，各民族内部还可以区分为更多的层次。中华民族多元一体格局的结构秩序，从根本上决定了中华文化的主干性和主干地位，也决定了各民族文化与中华文化的关系也是下层与上层的关系，其中各民族文化又可以区分为更多的层次。如果把文化的层次关系放到我国各级地理单元中予以观察，中华文化与各民族文化在结构上表现出的上下层关系特点会更加鲜明。正如不同层级的地理单元具有不同的行政级别一样，中华文化在不同层级的地理单元也形成了不同的圈层。越接近国家权力的中心，越接近文化的上层与核心层，越到底层的地理单元，越接近文化的基层。

中华文化的主干性还体现为中华文化和各民族文化的整体与局部的关系。如前所述，中华文化自古以来就与治国理念、国家主流价值观、社会伦理道德结合在一起，对整个国家疆域内的各民族起着引领和规范作用，是整体文化、国家文化。各民族文化属于地方文化或者区域文化，是局部文化，从属于整体文化和国家文化。在这个意义上说，中华民族的多元一体格局也体现为中华文化的多元一体特征。各民族文化作为局部文化，既是中华文化的有机组成部分，又受中华文化规范和制约。

中华文化和各民族文化的关系还体现在形成机理和作用范围方面的不同。中华民族共同体的发展历程表明，中华民族共同体的早期阶段，起源于中华大地上各个地区的各民族文化的交流碰撞中，既形塑了本民族文化的特征，也为中华文化的形成与发展提供了源源不竭的动力。费孝通先生指出："在中华文化的发展过程中，多元的文化形态在相互接触中相互影响、相互吸收、相互融合。共同形成中华民族'和而不同'的传统文化。"[①] 各民族文化在形成机理上体现着更为明显的生态环境适应性和局部地域性特征，是一定区域内聚居的各民族为满足生产生活需要而形成的文化，是对当地某一时间段内生产力和生产关系的直观反映。例如，一些民族在信仰、生态观念、饮食、服饰、语言文字、建筑风格与图案符号等方面表现出了鲜明的地区特点。在与聚居区域内的其他民族交往交流交融过程中，本民族文化也会吸收其他民族文化的优秀元素，丰富和发展本民族文化，更好满足人们在生

---

① 费孝通：《费孝通文集》第 14 卷，群言出版社，1999，第 407—408页。

产生活方面的物质条件需要和精神理念需要。中华文化在形成机理上则体现着更加明显的交融发展性和国家全域性特征，是各民族优秀文化交流互鉴、融汇发展的必然结果，是各民族生存发展智慧和道德精神素养的结晶，对国家疆域内的各地区、各民族的文化发展起着根本性的引领和规范作用。中华文化受益于各民族文化的交融发展，而又为各民族文化的持续创新发展指明方向、创造环境、提供土壤。伴随着中华民族共同体的发展，尤其是国家现代化建设的推进，各民族文化的交流互鉴持续深入，不断丰富着中华文化的内涵与时代特征，不断强化中华文化反映时代诉求、引领时代潮流的功能。中华文化作为各民族优秀文化的集大成，体现着中华民族共同体精神文化的共同性、包容性和凝聚力，成为各民族共享的中华民族精神，也是中华民族共有精神家园的体现。

二、坚持中华文化和中华文明的主体性

中华民族有 5000 多年的文明史。在近代以前，伟大的中华民族创造了灿烂辉煌的古代文明，在相当长的时间内中华文化都处于世界领先地位。但是，"1840 年鸦片战争以后，中国逐步成为半殖民地半封建社会，国家蒙辱、人民蒙难、文明蒙尘，中华民族遭受了前所未有的劫难"[①]。由于近代以来中国在国际竞争中的落伍，关于中华传统文化能否继续成为推进中华民族争取独立和

---

① 习近平：《在庆祝中国共产党成立 100 周年大会上的讲话》，人民出版社，2021，第 2 页。

现代化发展的主导性精神力量，引发了诸多争论。不论是洋务运动时期的"中学""西学"之争，还是新文化运动时期的各种"主义"论战，都说明中华传统文化到了必须彻底变革的境地。

在中国共产党的领导下，我们把马克思主义基本原理同中国具体实际相结合、同中华优秀传统文化相结合，实现了中华传统文化的精神再造。这种改革不仅深刻改变了中华文化的走向，而且深刻改变了中国人民和中华民族的前途和命运，甚至深刻改变了世界发展的趋势和格局。在庆祝中国共产党成立 100 周年大会上的讲话和关于中国共产党百年历史的第三个历史决议中，习近平总书记总结了中国共产党带领中国人民和中华民族取得的重大成就：1921—1949 年取得了新民主主义革命的胜利，建立了人民当家作主的中华人民共和国，实现了民族独立、人民解放；1949—1977 年进行社会主义革命，推动社会主义建设，创造了社会主义革命和建设的伟大成就；1978—2012 年经过改革开放，开创、坚持、捍卫、发展中国特色社会主义，中国大踏步赶上了时代，创造了社会主义现代化建设的伟大成就；党的十八大以来，中国特色社会主义进入新时代，实现第一个百年奋斗目标，明确实现第二个百年奋斗目标的战略安排，创造了新时代中国特色社会主义的新成就，中华民族迎来了从站起来、富起来到强起来的伟大飞跃，实现中华民族伟大复兴进入了不可逆转的历史进程。从全球看，肇始于近代西方的现代化是改变人类历史进程的全面变革乃至革命。自那时起，实现现代化成为人类社会发展与世界历史进程的基本逻辑，也是中国共产党百年来一以贯之的历史使命与责任担当。中国式现代化是以习近平同志为核心的党中央在党的二十大报告中对中国共产党百年来领导现代化实践经验的系统总结，更是对"什么是中国式现代化道路、如何拓展中国式现代化道路"等重要理论与实践课题的创造性回答。

党的二十大报告系统总结归纳了中国式现代化的五大基本特征。中国式现代化是人口规模巨大的现代化、是全体人民共同富裕的现代化、是物质文明和精神文明相协调的现代化、是人与自然和谐共生的现代化、是走和平发展道路的现代化。中国式现代化既坚持了现代化道路的一般规律，符合现代化普遍标准，又坚持了科学社会主义的基本原则和发展方向，体现出中国式现代化道路的社会主义性质。中华儿女之所以能够扭转近代以后中国的历史命运，取得今天的伟大成就，最根本的就是始终坚持中国共产党的领导。只有认识和把握坚持中国共产党的领导这一中国式现代化的本质要求，才能全面理解中国式现代化的五重维度与深刻内涵，才能充分认识中国式现代化如何打破现代化模式的西方窠臼、实现对西方式现代化模式的超越，提振以中国式现代化全面推进中华民族伟大复兴的信心和决心。

中国新民主主义革命、社会主义革命和建设、改革开放和社会主义现代化建设、新时代中国特色社会主义事业的巨大成就，极大提升了中国人民和中华民族的自豪感，也消除了近代以来压在中国人民和中华民族心头的中华文化无法实现现代化的阴霾，提升了中华民族对中华文化的信心。党的十八大以来，习近平总书记在"道路自信、理论自信、制度自信"的基础上提出了"文化自信"。在党的二十大报告中，习近平总书记对文化自信作了进一步的阐述："我们确立和坚持马克思主义在意识形态领域指导地位的根本制度，新时代党的创新理论深入人心，社会主义核心价值观广泛传播，中华优秀传统文化得到创造性转化、创新性发展，文化事业日益繁荣，网络生态持续向好，意识形态领域形势发生全局性、根本性转变。""全党全国各族人民文化自信明显增强、精神面貌更加奋发昂扬。"① 这一切都说明，在不断取得发展进步的现代化进程中，中华优秀传统文化经过创造性转化和创新性发展已经大踏步地跟上了时代，中华文化的主体性进一步彰显。

习近平总书记在党的二十大报告中把中华文化自信提高到能否坚持和发展马克思主义的高度来认识。他指出："坚持和发展马克思主义，必须同中华优秀传统文化相结合。只有植根本国、本民族历史文化沃土，马克思主义真理之树才能根深叶茂。""我们必须坚定历史自信、文化自信，坚持古为今用、推陈出新，把马克思主义思想精髓同中华优秀传统文化精华贯通起来、同人民群众日用而不觉的共同价值观念融通起来，不断赋予科学理论鲜明的中国特色，不断夯实马克思主义中国化时代化的历史基础和群众基础，让马克思主义在中国牢牢扎根。"② 这是从政治和意识形态的高度论述中华文化的主体价值，是推进中国式现代化的精神力量。

深入学习党的二十大关于文化自信自强问题的论述，不仅有如何看待传统文化的问题，还有如何看待中华文化与世界各国文化的关系、中华文化在世界文化格局中的地位的问题。在对待传统文化问题上，由于近代以来中国的衰落和沉沦，思想界、文化界长期存在着反思甚至否定传统文化价值的思潮。在五四运动之

①②　习近平：《高举中国特色社会主义伟大旗帜　为全面建设社会主义现代化国家而团结奋斗——在中国共产党第二十次全国代表大会上的报告》，人民出版社，2022，第10页。

后的 100 年中，社会各界对于传统文化的态度大相径庭。中国共产党运用马克思主义的唯物辩证法看待中华传统文化，坚持用"取其精华、去其糟粕"的态度对传统文化进行创造性转化和创新性发展。中国特色社会主义进入新时代，我们党在坚持"道路自信、理论自信、制度自信"的基础上进一步提出了坚持"文化自信"，使"三个自信"变为"四个自信"。这充分说明，文化自信已经纳入我国主流意识形态体系，成为实现中华民族伟大复兴的精神力量。李书磊在阐述党的二十大精神时认为，一个民族的复兴需要强大的物质力量，也需要强大的精神力量。实现中华民族伟大复兴必然要求中华文化繁荣兴盛，全面建成社会主义现代化强国必然要求建设社会主义文化强国，满足人民日益增长的美好生活需要必然要求不断满足人民的精神文化需求，推动构建人类命运共同体必然要求不断提升中华文化影响力[1]。中国共产党带领中华民族历经艰难险阻迎来了从站起来、富起来到强起来的百年奋斗历程，增强了整个中华民族的自信，包括文化上的自信。但是，在西方的极力打压遏制下，我们在国际舆论上被动挨骂的局面尚未根本改观，中国的声音在国际上传播不出去或者传播出去也传不远、影响不大的问题依然存在。面对至今仍然处于强势地位的西方文化，中华文化如何坚持主体性的问题成为我们面临的重大问题。北京师范大学资深教授黄会林先生提出了把中华文

---

[1] 本书编写组：《党的二十大报告辅导读本》，人民出版社，2022，第401—403 页。

化打造成世界"第三极文化"① 的设想，并进行了深入的论证。其实，不论是 20 世纪末费孝通先生提出的文化反思或文化自觉，还是我们今天强调的文化自信和文化建设，都是强调中华文化本身就具有主体性，这不仅仅是数千年连绵不断的中华文明具有坚实的历史根脉决定的，也是中国在近代以来始终坚持中国本土特色的独立发展道路所决定的。在中国共产党的领导下，在"两个结合"的过程中，中国探索出一条既符合世界现代化规律、又具有中国特色的社会主义道路和中国式现代化之路。这是基于中国国情特别是中华文化五大鲜明特色的客观选择，呈现出中华文化一脉相承的主体性。

三、准确把握中华民族现代文明建设的时代性

在党的二十大上，习近平总书记指出要"以中国式现代化全面推进中华民族伟大复兴"，深刻论述了中国式现代化的五大特征与本质要求。推进中国式现代化必须坚持"四个自信"，尤其是"文化自信"。我们应当坚信在 5000 多年历史中从未中断的中华文明，不仅一直以来都是世界文化体系中占重要地位的主体性文化，而且在近代以来中国经济社会沉沦的过程中也没有被强势的西方文化和西方文明所击倒。恰恰相反，历经磨难的中华民族和中国人民在吸收借鉴外来文化的过程中，始终坚守着中华文化的立场

---

① 参见黄会林：《守住民族文化本性 创造不可替代的"第三极文化"》，《山西大学学报（哲学社会科学版）》2010 年第 5 期。黄会林：《世界文明格局中的中国文明主体性》，《中外艺术研究》2020 年第 1 期。

和传统。在中国共产党的领导下，中华文化立场和传统再次焕发勃勃生机活力，不仅成为支撑中国站起来、富起来、强起来的精神支柱，而且成为继续推动中国式现代化和建设人类文明新形态的精神力量。随着中国式现代化的不断发展和我国综合国力的进一步增强，中华文化的吸引力、传播力、影响力将进一步提高，中华文化的主体性将进一步彰显，成为世界"第三极文化"将不仅仅是愿望，而是可以预见的现实。

中国式现代化必须坚守中华文化立场，坚持走中国特色的社会主义现代化建设之路，同时推进文化的创新发展，创造与中国式现代化道路相适应的社会主义新文化。肯定中华优秀传统文化的价值是我们在世界文化激荡中站稳脚跟的根基，但不是全部，也不是决定性的，还必须坚持"不忘本来、吸收外来、面向未来，在继承中转化、在学习中超越，不断推动文化创新创造"，"在文化强国建设中铸就社会主义文化新辉煌"①。党的二十大报告提出了五个方面的具体任务：一是建设具有强大凝聚力和引领力的社会主义意识形态，二是广泛践行社会主义核心价值观，三是提高全社会文明程度，四是繁荣发展文化事业和文化产业，五是增强中华文明传播力影响力。

习近平总书记关于中华文明连续性、创新性、统一性、包容性和和平性的论述，揭示了当代中华文化建设的方向。当前理论界一个重大任务，就是全面阐述中华文明五大特性的理论价值与现代意义。五大特性充分体现了中华优秀传统文化的精神实质和

①　本书编写组：《党的二十大报告辅导读本》，人民出版社，2022，第405页。

精髓要义，既是坚持"两个结合"阐释中华文明重大理论成果的典范，也对当前以铸牢中华民族共同体意识为主线推进新时代党的民族工作高质量发展、推进中华民族共同体和中华民族现代文明建设具有实践意义。"中华文明具有突出的连续性，从根本上决定了中华民族必然走自己的路。如果不从源远流长的历史连续性来认识中国，就不可能理解古代中国，也不可能理解现代中国，更不可能理解未来中国。"① 在 5000 多年的文明史中，中国人民创造了璀璨夺目的中华文明，为人类文明进步事业作出了重大贡献。我们的祖先在几千年前创造的文字至今仍在使用，今天我们使用的汉字同甲骨文没有根本区别。尽管"中国"一词在古代和近现代有不同的内涵，但谁也无法否认中华文明是世界上唯一绵延不断且以国家形态发展至今的伟大文明。今日中国是历史中国的自然延续，中国是全体中国人的中国，也是中华民族赖以生存和发展的共同家园。铸牢中华民族共同体意识就是要求各民族继续发扬"爱我中华"的伟大爱国主义精神，共同团结奋斗，共同走向社会主义现代化，共同致力于中华民族伟大复兴。

建设中华民族现代文明，需要传承中华优秀传统文化，更需要对中华优秀传统文化进行创造性转化、创新性发展，这是中华文明的创新性在新时代的新要求。中华文明具有突出的创新性，从根本上决定了中华民族守正不守旧、尊古不复古的进取精神，决定了中华民族不惧新挑战、勇于接受新事物的无畏品格。铸牢中华民族共同体意识在强调各民族共同维护、赓续

---

① 《担负起新的文化使命　努力建设中华民族现代文明》，《人民日报》2023 年 6 月 3 日第 1 版。

中华文明连续性的同时，还要求各民族发扬"锐意进取、与时俱进"的精神财富，面对新挑战、新困难不气馁、不妥协，敢于斗争、善于斗争，不断进行创新创造，在创新实践中开辟新的发展空间。

铸牢中华民族共同体意识是中华文明统一性根本追求在新时代的集中体现，开辟了各民族共同维护祖国统一、促进中华民族大团结的新境界。中华文明具有突出的统一性，从根本上决定了中华民族各民族文化融为一体，即使遭遇重大挫折也牢固凝聚，决定了国土不可分、国家不可乱、民族不可散、文明不可断的共同信念，决定了国家统一永远是中国核心利益的核心，决定了一个坚强统一的国家是各族人民的命运所系。铸牢中华民族共同体意识就是中华优秀传统文化中大一统思想在进入现代民族国家时代之后的体现，强调各民族在国民身份上的一致性，进而形成维护祖国统一、共同团结奋斗的思想认同、理论认同、心理认同和情感认同。中华文明的统一性，从根本上决定了中华民族是"四个与共"共同体理念凝聚起来的大家庭，决定了各民族文化融为一体的中华文化是在延续中华文明的根和脉，决定了国家统一的重要性以及各民族共同维护坚强统一的国家的必然性。中华文化使中华文明具有超强的内聚力，承继九州共贯、六合同风、四海一家的大一统传统，成为中华民族"向内凝聚、多元一体"的历史发展大趋势的重要体现。

中华文明的包容性涵养了中华民族海纳百川、兼收并蓄、万物并立、和谐相处的开放胸怀和共生理念，为中华民族现代文明的建设奠定了坚实根基。中华文明具有突出的包容性，从根本上决定了中华民族交往交流交融的历史取向，决定了中国各宗教信仰多元并存的和谐格局，决定了中华文化对世界文明兼收并蓄的开放胸怀。铸牢中华民族共同体意识倡导各民族牢固树立"四个与共"共同体理念，是中华民族团结和谐共同发展的历史主流趋势在新时代的体现。中华文化注重"和而不同"，在数千年的交往交流交融过程中，各民族汇聚成多元一体的中华民族，最终建设成你离不开我、我离不开你、血脉相连、命运与共的中华民族共同体。同时，包容性也决定了中华民族对于不同宗教秉持开放包容的态度，但又坚持"政主教从、多元通和"的治理原则，确保各种宗教被纳入中华文化的体系框架，并立并存，相互包容，和谐相处。在对待外来文化时，包容性决定了中华民族海纳百川、接纳世界文明尤其是其他国家先进文化的宽广胸怀。中华民族强调万物并育，辩证统一，在博采众长、兼收并蓄中和谐共生。

中华文明的和平性彰显了中华民族"协和万邦、天下一家"的人类命运共同体理念，是引领世界和平的精神力量。中华文明具有突出的和平性，从根本上决定了中国始终是世界和平的建设者、全球发展的贡献者、国际秩序的维护者，决定了中国不断追求文明交流互鉴而不搞文化霸权，决定了中国不会把自己的价值观念与政治体制强加于人，决定了中国坚持合作、不搞对抗，决不搞党同伐异的小圈子。铸牢中华民族共同体意识，强调中华民族大团结、中华儿女大团结，并不是强调"大中华主义""泛中华主义"，而是追求和平的文化基因的体现。几千年来，中国作为一个地域广袤、人口众多、物产丰饶的大国，崇尚礼尚往来、和谐相处，从不扩张、殖民，也不推行霸权。追求和平的历史传统和文化基因，也是中华大地上各民族最终凝聚为中华民族的根本原因，因为这种文化把各民族聚在一起，具有化解族群冲突、内向凝聚的"大家庭"传统，这就是取长补短、相互帮助。随着社会主义民族关系的确立，我们又把这些历史文化传统发展为"平等、团结、互助、和谐"的基本理念。这与西方难以化解族群冲突最终不得不靠各自的民族主义，建立"一族一国"的民族国家路径大相径庭。

中国式现代化决不走西方"国强必霸"的老路，而是走和平发展的新路。"我国不走一些国家通过战争、殖民、掠夺等方式实现现代化的老路，那种损人利己、充满血腥罪恶的老路给广大发展中国家人民带来深重苦难。我们坚定站在历史正确的一边、站在人类文明进步的一边，高举和平、发展、合作、共赢旗帜，在坚定维护世界和平与发展中谋求自身发展，又以自身发展更好维护世界和平与发展。"① 这是习近平总书记在党的二十大报告中提出的中国式现代化的新逻辑，也是中华文化在世界文化体系中的新定位。正如中国式现代化引领人类文明新形态一样，中国必须在世界文化体系中坚持中华文化的主体性，坚持提升中华文化的国际传播力和影响力，但是这种传播力和影响力的提升，并不是像主导西方文明的西方文化体系所主张的"普世价值"那样，把自己的文化标榜为唯一先进而正确的文化，以此确立"文明"的标准和规则，要求甚至强制别的国家接受。恰恰相反，中华文化强调"己所不欲、勿施于人"，通过自己的言行、礼仪、道德和文明修养潜移默化地产生影响，

---

① 习近平：《高举中国特色社会主义伟大旗帜 为全面建设社会主义现代化国家而团结奋斗——在中国共产党第二十次全国代表大会上的报告》，人民出版社，2022，第23页。

发挥创造人类文明新形态、构建人类命运共同体的建设作用。中国主张共商共建共享的全人类共同价值，而不是强人所难、损人利己、适者生存的丛林法则和所谓的"普世价值"。正是在这一点上，中华文化的主体性更加增添了其所具有的世界性文化的价值理念和核心特征。坚持中华文化的主体性，建设中华民族现代文明，坚持文明之间平等地位，交流互鉴，为建设人类文明新形态、推动构建人类命运共同体提供了中国智慧。

这些宝贵的历史文化特点，决定了中华文明能够生生不息、传承至今而且根深叶茂、具有光明前景。铸牢中华民族共同体意识，不仅仅针对民族工作，而且服务于中华民族伟大复兴战略全局的重大决策部署。这是把马克思主义民族理论同中国民族工作具体实际相结合、同中华优秀传统文化相结合原则在民族工作领域的具体体现，是习近平新时代中国特色社会主义思想民族篇的核心要义。

建设中华民族现代文明，必须大力加强新时代文化强国建设，也就是建设具有时代特色、引领时代潮流、体现中国乃至全球文化建设方向的先进文化，体现文化与文明的时代性。坚持中华文化的主体性，并不是抱残守缺，把中华文化仅仅等同于中华传统文化或中华优秀传统文化。因为任何文化都是时代的文化，都必须时代化，都必须不断在创造和创新中发展。哪怕是那些被视为优秀传统文化的内容，也需要在传承中进行创造和创新。因为这种传承不是简单地照搬照抄，而是必须使文化的主体内容与时代精神和时代要求相一致。像中国共产党人始终坚持马克思主义中国化时代化一样，对传统文化也需要进行创造性转化和创新性发展，并把这种"双创"作为建设当代中华文化的基本遵循和根本路径。当代中华文化集中华优秀传统文化、革命文化、社会主义先进文化于一体，是各民族优秀文化的集大成。在漫长的历史长河中形成和发展起来的各民族优秀传统文化，是建设当代中华文化的土壤和基础。但是，传统文化并不都是精华，甚至还有一些是糟粕。有些文化内容在当时可能是适当的，但是在历史发展进程中可能因无法跟上时代步伐和满足人民群众需要而不得不进行改变。事实上，任何文化都必须随着时代的发展进步不断进行有机更新和推陈出新。这种更新过程也是一个去粗取精、扬弃发展的过程。

党的十八大以来，习近平总书记高度重视文化自信和文化建设，不仅把文化建设纳入中国特色社会主义事业总体布局，而且反复强调文化自信、文化建设对于国家治理体系和治理能力现代化的重要意义。2021年，习近平总书记在福建考察时强调，"要推动中华优秀传统文化创造性转化、创新性发展，以时代精神激活中华优秀传统文化的生命力。要把坚持马克思主义同弘扬中华优秀传统文化有机结合起来，坚定不移走中国特色社会主义道路"①。同年，习近平总书记在陕西榆林考察时指出："要坚持以社会主义核心价值观为引领，坚持创造性转化、创新性发展，找到传统文化和现代生活的连接点，不断满足人民日益增长的美好生活需要。"② 习近平总书记在党的二十大报告中指出："全面建设社会主义现代化国家，必须坚持中国特色社会主义文化发展道

---

① 《在服务和融入新发展格局上展现更大作为　奋力谱写全面建设社会主义现代化国家福建篇章》，《人民日报》2021年3月26日第1版。

② 《解放思想改革创新再接再厉　谱写陕西高质量发展新篇章》，《人民日报》2021年9月16日第1版。

路，增强文化自信，围绕举旗帜、聚民心、育新人、兴文化、展
形象建设社会主义文化强国，发展面向现代化、面向世界、面向
未来的，民族的科学的大众的社会主义文化，激发全民族文化创
新创造活力，增强实现中华民族伟大复兴的精神力量。"① "要坚
持马克思主义在意识形态领域指导地位的根本制度，坚持为人民
服务、为社会主义服务，坚持百花齐放、百家争鸣，坚持创造性
转化、创新性发展，以社会主义核心价值观为引领，发展社会主
义先进文化，弘扬革命文化，传承中华优秀传统文化，满足人民
日益增长的精神文化需求，巩固全党全国各族人民团结奋斗的共
同思想基础，不断提升国家文化软实力和中华文化影响力。"② 这
些重要论述是新时代推进我国文化强国建设的理论指南和行动
纲领，也是在世界文化体系坚持中华文化主体性的体现，对推
进全民族的文化自信自强、铸就社会主义文化新辉煌意义深远。

四、构筑中华民族共有精神家园

党的十八大以来，习近平总书记在坚持"两个结合"过程中
提出了铸牢中华民族共同体意识的重大原创性论断，推进了马克
思主义民族理论中国化时代化，把铸牢中华民族共同体意识确定

---

① 习近平：《高举中国特色社会主义伟大旗帜　为全面建设社会主义现
代化国家而团结奋斗——在中国共产党第二十次全国代表大会上的报告》，人
民出版社，2022，第42—43页。

② 习近平：《高举中国特色社会主义伟大旗帜　为全面建设社会主义
现代化国家而团结奋斗——在中国共产党第二十次全国代表大会上的报
告》，人民出版社，2022，第43页。

为新时代党的民族工作的主线和民族地区各项工作的主线，为新时代党的民族工作和民族地区各项工作高质量发展指明了方向，明确了构筑中华民族共有精神家园的重要任务。构筑中华民族共有精神家园，是习近平总书记关于加强和改进民族工作的重要思想的重要内容，是引领各民族人心归聚、精神相依、团结奋进的认同基础和情感纽带，是不断巩固全党全国各族人民团结奋斗的共同思想基础的关键举措，是铸牢中华民族共同体意识、实现中华民族伟大复兴的强大精神力量。

中华民族共有精神家园是中华民族共同体在形成和发展的历史长河中凝聚起来的宝贵精神财富，是各民族共同培育、共同守护、共同传承、共同弘扬的精神追求，是中华民族文化理念、价值追求、道德规范、情感皈依、精神品格的总体概括，是集中华优秀传统文化、革命文化、现代文化于一体，以中华文化认同为根脉，以中华民族现代文明建设为使命，为中华文明生生不息、永续发展和实现中华民族伟大复兴的精神动力。

构筑中华民族共有精神家园，关键是增强各民族群众对中华文化的认同。文化是一个国家、一个民族的灵魂。铸牢中华民族共同体意识，增强中华民族的共同性，长远和根本的是增强中华文化认同，从中华民族共有精神家园中汲取精神力量。文化认同是最深层次的认同，只有坚定对中华文化的认同，才能巩固对伟大祖国、对中华民族、对中国特色社会主义道路的高度认同，才能自觉认同中国共产党的领导这一中国特色社会主义事业的根本政治保证，才能从根本上做到以习近平新时代中国特色社会主义思想为当代中华民族共有精神家园的根本内容，为坚决做到"四个自信""两个维护"提供思想定力。

中华文化是各民族文化的集大成，各民族都对中华文化的形成和发展作出了贡献。自古以来，各民族在交往交流交融中共同创造了中华民族的灿烂文化，共同培育了中华民族的伟大精神，共同塑造了中华文明的突出特性。以习近平同志为核心的党中央坚持和发展中国特色社会主义，推动物质文明、政治文明、精神文明、社会文明、生态文明协调发展，创造了中国式现代化新道路，创造了人类文明新形态，推动了中华民族共有精神家园建设取得新成就。

进入新时代，党中央和习近平总书记提出正确把握物质和精神的关系，扭转了重物质建设、轻精神建设的倾向，更加重视构筑中华民族共有精神家园，提出并确立了习近平新时代中国特色社会主义思想的指导思想地位。在经济、外交、军事、生态文明、法治、文化等领域形成了系统化的专题思想，提出了新时代关于加强和改进统战工作、民族工作的重要思想，形成了新时代党的治藏方略、治疆方略，在各领域提出了一系列新思路、新思想、新举措，为明确中华民族新时代的共有精神家园奠定了基本框架和核心理念。尤其是 2023 年，明确提出了习近平文化思想，增强了全党全国各族人民文化自信，为全国各族人民推进中国式现代化、建设中华民族现代文明提供了基本遵循。

用党的创新理论凝心铸魂，是推动铸牢中华民族共同体意识入脑入心的关键。习近平新时代中国特色社会主义思想尤其是习近平文化思想构成了新时代中华民族共有精神家园的显著标识，铸牢中华民族共同体意识成为建设社会主义意识形态的重要内容。意识形态决定文化前进方向和发展道路，意识形态工作是为国家立心、为民族立魂的工作。习近平总书记从全局和战略高度系统谋划和部署宣传思想文化工作，推动了意识形态领域形势发生全局性、根本性转变，以铸牢中华民族共同体意识为主线，为引导各族群众树立"四个与共"的共同体理念，坚持正确的"五观"，坚定"五个认同"，培育和巩固社会主义核心价值观提供了坚强保障。

中华文化的主体性持续彰显，各族人民的文化自信心显著增强。中国共产党带领全国各族人民在推进中国式现代化的伟大实践中铸成了中国共产党人的精神谱系，发挥了历史主动，形成了革命文化，发展了中国特色社会主义先进文化，牢牢捍卫了中华民族文化主体性，为构筑中华民族共有精神家园指明了方向，极大提升了中国人民和中华民族的自豪感，消除了近代以来压在中国人民心头的中国文化无法实现现代化的阴霾，提升了全国各族人民对中华文化的信心。

中华文化符号和中华民族形象的不断丰富和凸显，引领中华民族的共同性日益增强。在各民族优秀传统文化基础上，近代以来通过民族自觉、新中国成立以来通过民族独立、改革开放以来通过现代化建设、新时代以来通过坚定文化自信，进一步孕育发展了中华民族共享的文化符号和整体形象。近年来，中国共产党历史展览馆、中国国家版本馆、中国历史研究院的建成，长城、大运河、长征、黄河、长江国家文化公园的建设，《复兴文库》《（新编）中国通史》《中华民族交往交流交融史》《中华传统文化百部经典》编纂工程，"考古中国"重大项目等国家级文化工程的推进，成为新时代中华民族共有精神家园建设的重要标识。党的十八大以来，全国普通话普及率从 70％提高到 80.72％，识字人口使用规范汉字比例超过 95％，为铸牢中华民族共同体意识、构筑中华民族共有精神家园奠定了坚实基础。

为深入推进中华优秀传统文化创造性转化、创新性发展，文化产业和文化事业繁荣发展，我国制定出台了《中华人民共和国公共文化服务保障法》《关于实施中华优秀传统文化传承发展工程的意见》和诸多文化发展专项规划，为中华优秀传统文化传承发展提供了制度保障。中国少数民族文学发展工程、中国少数民族古籍保护工作陆续开展，少数民族非物质文化遗产项目占全国总数的 1/3 以上。文化惠民工程深入实施，公共文化服务体系更加健全，文化产业更加彰显中华民族精神，文化市场更加繁荣。

习近平总书记在文化传承发展座谈会上指出，在推进中国式现代化新征程中，要进一步担负起强国建设、民族复兴的文化使命。全面推进中华民族共有精神家园建设，关键是把铸牢中华民族共同体意识工作抓实，深化各民族对中华文化的深厚认同。立足铸牢中华民族共同体意识的主线要求，统筹推进全国各族群众的铸牢中华民族共同体意识宣传教育、现代文明教育和科普教育，引导各族群众牢固树立正确的"五观"，坚定"五个认同"，在思想观念、精神情趣、生活方式上向现代化迈进。

要持续深化对习近平总书记关于加强和改进民族工作的重要思想的研究阐释，建立和完善铸牢中华民族共同体意识理论研究的学科体系、学术体系和话语体系，凝聚各族群众构筑中华民族共有精神家园的共识。要坚定推行国家通用语言文字教育，逐步提高群众使用国家通用语言文字的意识和能力，用语言相通切实促进情感相通、心灵相通。要在坚持"两个结合"中持续推进中华优秀传统文化创造性转化、创新性发展，巩固中华民族文化主

体性，为建设中华民族现代文明积蓄动能。要加强意识形态重大
风险防控，提升防范化解意识形态领域重大风险的领导能力、斗
争能力和管控能力。要以守正创新的精神、海纳百川的宽阔胸襟
持续开展文明交流互鉴，更加积极主动地吸收人类一切优秀文明
成果，推动中华文明与各国文明美美与共、和谐共生，推动构建
人类命运共同体不断取得新的进展。

主要参考文献

中文著作：

[1] 范晔. 后汉书 [M]. 西安：太白文艺出版社，2006.

[2] 马端临. 文献通考 [M]. 北京：中华书局，1986.

[3] 埃米尔·涂尔干. 社会分工论 [M]. 渠东洋，译. 上海：上海三联出版社，2000.

[4] 勒庞. 法国大革命 [M]. 青闰，译. 天津：天津社会科学院出版社，2016.

[5] 坎·格奥尔吉·瓦西利耶维奇. 哈萨克斯坦简史 [M]. 北京：中国社会科学出版社，2018.

[6] 威尔·金利卡. 多元文化的公民身份 [M]. 马莉，张昌耀，译. 北京：中央民族大学出版社，2009.

[7] 爱德华·萨丕尔. 语言论 [M]. 陆卓元，译. 北京：商务印书馆，2003.

[8] 本尼迪克特·安德森. 想象的共同体：民族主义的起源与散布 [M]. 吴叡人，译. 上海：上海人民出版社，2016.

[9] 丹尼斯·塞诺. 丹尼斯·塞诺内亚研究文选 [M]. 北京大学历史系民族史教研室，译. 北京：中华书局，2006.

[10] 弗朗西斯·福山. 政治秩序与政治衰败：从工业革命到民主全球化 [M]. 毛俊杰，译. 桂林：广西师范大学出版社，2015.

[11] 克利福德·格尔兹. 文化的解释 [M]. 韩莉，译. 南

京：译林出版社，1999.

[12] 塞缪尔·亨廷顿. 谁是美国人？美国国民特性面临的挑战 [M]. 程克雄，译. 北京：新华出版社，2010.

[13] 松木真澄. 中国民族政策之研究：以清末至 1945 年的"民族论"为中心 [M]. 鲁忠慧，译. 北京：民族出版社，2004.

[14] 安德烈亚斯·威默. 国家建构：聚合与崩溃 [M]. 叶江，译. 上海：格致出版社，2019.

[15] 胡安·诺格. 民族主义与领土 [M]. 徐鹤林，朱伦，译. 北京：中央民族大学出版社，2009.

[16] 米格尔·西关. 多语言的欧洲 [M]. 朱伦，译. 北京：中国社会科学出版社，2021.

[17] 埃里克·霍布斯鲍姆. 民族与民族主义 [M]. 李金梅，译. 上海：上海人民出版社，2006.

[18] 爱德华·莫迪默，罗伯特·法恩. 人民·民族·国家：族性与民族主义的含义 [M]. 刘泓，黄海慧，译. 北京：中央民族大学出版社，2009.

[19] 安东尼·史密斯. 民族主义：理论，意识形态，历史 [M]. 叶江，译. 上海：上海人民出版社，2006.

[20] 本书编写组. 党的十九届六中全会《决议》学习辅导百问 [M]. 北京：党建读物出版社，学习出版社，2021.

[21] 陈建樾. 回溯百年：中国共产党解决民族问题的探索与创新 [M]. 北京：社会科学文献出版社，2021.

[22] 陈育宁. 民族史学概论 [M]. 银川：宁夏人民出版社，2001.

[23] 邓小平. 邓小平文选：第二卷 [M]. 北京：人民出版

社，1994.

[24] 丁少锋. 民族先进精神论 [M]. 北京：中央编译出版社，2004.

[25] 范可. 理解族别：比较的视角 [M]. 北京：知识产权出版社，2019.

[26] 房宁，杨海蛟. 马克思主义政治学研究：第 1 辑 [M]. 北京：中国社会科学出版社，2013.

[27] 费孝通. 费孝通文集 [M]. 北京：群言出版社，1999.

[28] 费孝通. 中华民族多元一体格局 [M]. 北京：中央民族大学出版社，2018.

[29] 葛兆光. 宅兹中国：重建有关"中国"的历史论述 [M]. 北京：中华书局，2011.

[30] 王东平. 中华文明起源和民族问题的论辩 [M]. 南昌：百花洲文艺出版社，2004.

[31] 国家民族事务委员会. 新时期民族工作文献选编 [M]. 北京：中央文献出版社，1990.

[32] 国家民族事务委员会. 中国共产党主要领导人论民族问题 [M]. 北京：民族出版社，1994.

[33] 国家民族事务委员会. 中央民族工作会议精神学习辅导读本 [M]. 北京：民族出版社，2015.

[34] 中共中央统一战线工作部，国家民族事务委员会. 中央民族工作会议精神学习辅导读本 [M]. 北京：民族出版社，2022.

[35] 郝时远. 中国共产党怎样解决民族问题 [M]. 南昌：江西人民出版社，2018.

[36] 江泽民. 江泽民文选：第一卷 [M]. 北京：人民出版社，2006.

[37] 李秉忠. 土耳其民族国家建设和库尔德问题的演进 [M]. 北京：社会科学文献出版社，2017.

[38] 李大龙. 政权与族群：中国边疆学基础理论研究 [M]. 北京：人民出版社，2021.

[39] 李静. 民族心理学 [M]. 北京：民族出版社，2009.

[40] 李林甫，等. 唐六典 [M]. 陈仲夫，点校. 北京：中华书局，1992.

[41] 李学勤. 十三经注疏·礼记正义：下册 [M]. 北京：北京大学出版社，1999.

[42] 梁启超. 饮冰室合集 [M]. 北京：中华书局，1989.

[43] 列宁. 关于无产阶级和战争的报告 [M]. 北京：人民出版社，2009.

[44] 列宁. 列宁全集 [M]. 北京：人民出版社，1990.

[45] 林永匡，王熹. 清代西北民族贸易史 [M]. 北京：中央民族学院出版社，1991.

[46] 中共中央马克思恩格斯列宁斯大林著作编译局. 马克思恩格斯选集：第二卷 [M]. 北京：人民出版社，1995.

[47] 马戎. 民族与社会发展 [M]. 北京：民族出版社，2001.

[48] 毛泽东. 毛泽东选集：第二卷 [M]. 北京：人民出版社，1991.

[49] 潘蛟. 中国社会文化人类学/民族学百年文选：上、中、下 [M]. 北京：知识产权出版社，2008.

［50］斯大林. 斯大林选集［M］. 北京：人民出版社，1979.

［51］宋蜀华，满都尔图. 中国民族学五十年：1949－1999［M］. 北京：人民出版社，2004.

［52］孙中山. 孙中山全集：第二卷［M］. 北京：中华书局，1982.

［53］泰戈尔. 民族主义［M］. 谭仁侠，译. 北京：商务印书馆，1986.

［54］田继周. 中国历代民族史：先秦民族史［M］. 北京：社会科学文献出版社，2007.

［55］王明珂. 华夏边缘：历史记忆与族群认同［M］. 台北：允晨文化实业公司，1997.

［56］王延中. 新中国民族学与人类学研究70年［M］. 北京：中国社会科学出版社，2021.

［57］王延中. 西藏社会发展调查研究［M］. 北京：中国藏学出版社，2019.

［58］翁独健. 中国民族关系史纲要［M］. 北京：中国社会科学出版社，1990.

［59］习近平. 决胜全面建成小康社会夺取新时代中国特色社会主义伟大胜利：在中国共产党第十九次全国代表大会上的报告［M］. 北京：人民出版社，2017.

［60］习近平. 在庆祝中国共产党成立100周年大会上的讲话［M］. 北京：人民出版社，2021.

［61］习近平. 在全国民族团结进步表彰大会上的讲话［M］. 北京：人民出版社，2019.

［62］许倬云. 说中国：一个不断变化的复杂共同体［M］.

桂林：广西师范大学出版社，2015.

[63] 云南省人民代表大会民族委员会，云南省社会科学院民族学研究所. 民族区域自治在云南的成功实践 ［M］. 北京：民族出版社，2012.

[64] 张岂之，王巍，杨圣敏，等. 中华文明十二讲 ［M］. 上海：上海交通大学出版社，2019.

[65] 张云. 多元一体国家中的西藏 ［M］. 北京：中国藏学出版社，2017.

[66] 中共中央统战部. 民族问题文献汇编 ［M］. 北京：中共中央党校出版社，1991.

[67] 中共中央文献编辑委员会. 毛泽东著作选读：上册 ［M］. 北京：人民出版社，1986.

[68] 中共中央文献研究室. 十八大以来重要文献选编：上 ［M］. 北京：中央文献出版社，2014.

[69] 中共中央文献研究室. 十八大以来重要文献选编：中 ［M］. 北京：中央文献出版社，2016.

[70] 中共中央文献研究室. 十八大以来重要文献选编：下 ［M］. 北京：中央文献出版社，2018.

[71] 中共中央文献研究室，国家民族事务委员会. 毛泽东民族工作文选 ［M］. 北京：中央文献出版社，2014.

[72] 中共中央党史和文献研究院. 十九大以来重要文献选编：上 ［M］. 北京：中央文献出版社，2019.

[73] 中共中央党史和文献研究院. 十九大以来重要文献选编：中 ［M］. 北京：中央文献出版社，2021.

[74] 中共中央党史和文献研究院. 十九大以来重要文献选

编：下［M］. 北京：中央文献出版社，2023.

［75］中共中央文献研究室. 建党以来重要文献选编：1921—1949：第七册［M］. 北京：中央文献出版社，2011.

［76］中共中央文献研究室综合研究组，国务院宗教事务局政策法规司. 新时期宗教工作文献选编［M］. 北京：宗教文化出版社，1995.

［77］中共中央宣传部，中共中央文献研究室. 习近平关于社会主义政治建设论述摘编［M］. 北京：中央文献出版社，2017.

［78］中共中央宣传部. 习近平新时代中国特色社会主义思想三十讲［M］. 北京：学习出版社，2018.

［79］中央档案馆和中央文献研究室. 中共中央文件选集：1949—1966［M］. 北京：人民出版社，2013.

［80］钟焓. 重释内亚史：以研究方法论的检视为中心［M］. 北京：社会科学文献出版社，2017.

［81］习近平. 习近平著作选读：第一卷［M］. 北京：人民出版社，2023.

［82］习近平. 习近平著作选读：第二卷［M］. 北京：人民出版社，2023.

期刊资料：

［1］陈理.“大一统”理念中的政治与文化逻辑［J］. 中央民族大学学报（哲学社会科学版），2008（2）.

［2］陈连开. 统一多民族中国的历史不容割裂：斥“四人帮”割裂中国历史破坏民族团结的谬论［J］. 思想战线，1978（5）.

［3］陈连开. 怎样阐明中国自古是多民族国家［J］. 历史教

学，1979（2）.

[4] 陈连开. 关于中华民族的含义和起源的初步探讨 [J].
民族论坛，1987（3）.

[5] 陈连开. 关于中华民族结构的学术新体系：中华民族多
元一体格局理论的评述 [J]. 民族研究，1992（6）.

[6] 陈梧桐. 关于处理我国民族关系史若干原则的商榷 [J].
中央民族学院学报，1981（2）.

[7] 陈其泰. 春秋公羊"三世说"：独树一帜的历史哲学
[J]. 史学史研究，2007（2）.

[8] 戴亚琴. 中国特色哲学社会科学话语体系建设研究综述
[J]. 党政论坛，2019（8）.

[9] 邓前程. 从自由互市到政府控驭：唐、宋、明时期汉藏
茶马贸易的功能变异 [J]. 思想战线，2005（3）.

[10] 费孝通. 关于我国民族的识别问题 [J]. 中国社会科
学，1980（1）.

[11] 费孝通. 谈深入开展民族调查问题 [J]. 中南民族学院
学报（哲学社会科学版），1982（3）.

[12] 费孝通. 中华民族的多元一体格局 [J]. 北京大学学报
（哲学社会科学版），1989（4）.

[13] 费孝通. 简述我的民族研究经历和思考 [J]. 北京大学
学报（哲学社会科学版），1997（2）.

[14] 费孝通. 对文化的历史性和社会性的思考 [J]. 思想战
线，2004（2）.

[15] 冯友兰. 从中华民族的形成看儒家思想的历史作用
[J]. 哲学研究，1980（2）.

［16］高翠莲. 试论中华民族多元一体格局发展的阶段划分［J］. 中南民族大学学报（人文社会科学版），2004（4）.

［17］顾颉刚. 中华民族是一个［J］. 益世报·边疆周刊，1937（9）.

［18］谷苞. 论中华民族的共同性［J］. 新疆社会科学，1985（3）.

［19］关凯. 民族关系的社会整合与民族政策的类型：民族政策国际经验分析（上）［J］. 西北民族研究，2003（2）.

［20］郝时远. 民族认同危机还是民族主义宣示?：亨廷顿《我们是谁》一书中的族际政治理论困境［J］. 世界民族，2005（3）.

［21］郝时远. 在差异中求和谐、求统一的思考：以多民族国家族际关系和谐为例［J］. 国际经济评论，2005（6）.

［22］郝时远. 坚定不移走中国特色解决民族问题的正确道路：学习中央民族工作会议精神的几点体会［J］. 民族研究，2014（6）.

［23］华涛. 二十世纪三四十年代中国共产党解决民族问题的思路及其当代意义：关于长征及延安时期中国共产党民族理论发展的研究［J］. 民族研究，2016（5）.

［24］郝亚明. 论中华民族多元一体格局与中华民族共同体建设［J］. 湖北民族学院学报（哲学社会科学版），2019（1）.

［25］和红梅，周少青. 印度民族国家构建中应对复杂多样性的政治策略及其效果［J］. 西南民族大学学报（人文社科版），2019（6）.

［26］李斡，周祉征. 羁縻制度时期的土家族经济［J］. 中央

民族大学学报（哲学社会科学版），1995（5）．

　　[27] 李峻石. 论差异性与共同性作为社会融合的方式 [J].
吴秀杰，译. 青海民族大学学报（社会科学版），2018（3）．

　　[28] 评论员. 坚定不移走中国特色解决民族问题的正确道路
[J]. 求是，2014（20）．

　　[29] 孙中原. 略论《墨经》中关于同和异的辩证思维 [J].
社会科学，1981（4）．

　　[30] 田继周. 我国民族史研究中的几个问题 [J]. 文史哲，
1981（3）．

　　[31] 吴文藻. 民族与国家 [J]. 留美学生季报，1927（3）．

　　[32] 王延中. 西藏社会稳定新机制建设探索 [J]. 民族研
究，2013（6）．

　　[33] 王延中. 铸牢中华民族共同体意识　建设中华民族共同
体 [J]. 民族研究，2018（1）．

　　[34] 万明钢. 从社会心理学的视角看民族间交往交流交融
[J]. 中国民族教育，2017（4）．

　　[35] 徐杰舜. 同胞观念与民族意识 [J]. 广西民族学院学报
（哲学社会科学版），1985（3）．

　　[36] 徐杰舜. 论中华民族从多元走向一体 [J]. 西北民族大
学学报（哲学社会科学版），2007（6）．

　　[37] 许嘉璐. 中华文化的过去、现在和未来 [J]. 文史哲，
2004（2）．

　　[38] 习近平. 坚定文化自信，建设社会主义文化强国 [J].
求是，2019（12）．

　　[39] 杨盛益. 试论中华民族共同心理素质及其在实现祖国统

一中的作用［J］. 贵州民族研究，1986（3）.

［40］杨盛益. 中华民族系统初论［J］. 民族论坛，1986（3）.

［41］叶江. 民族概念三题［J］. 民族研究，2010（1）.

［42］杨文炯. 理解现代民族国家的中国范式：费孝通先生"多元一体"理论的现代价值［J］. 青海民族研究，2018（2）.

［43］周星. 关于"中华民族多元一体格局"的学术评论［J］. 北京大学学报（哲学社会科学版），1990（4）.

［44］周智生. 藏彝走廊地区族际经济互动发展研究［J］. 中国社会经济史研究，2010（1）.

［45］周平. 中华民族：中华现代国家的基石［J］. 政治学研究，2015（4）.

［46］周平. 中华民族：一体化还是多元化？［J］. 政治学研究，2016（6）.

［47］周平. 中国民族构建的二重结构［J］. 思想战线，2017（1）.

报纸资料：

［1］葛亮亮，范昊天，王玉琳，等. 习近平总书记在参加内蒙古代表团审议时的重要讲话引发代表委员热烈反响［N］. 人民日报，2022－03－07.

［2］李行，钟秀玲，隋云雁. 习近平参加新疆团审议　要求始终高举团结稳定旗帜［N］. 新疆日报，2012－03－10.

［3］闵言平. 以铸牢中华民族共同体意识为主线做好各项工作［N］. 中国民族报，2020－11－25.

[4] 人民日报评论员. 深刻认识铸牢中华民族共同体意识的重大意义 [N]. 人民日报，2021 - 08 - 30.

[5] 习近平在中央统战工作会议上强调 巩固发展最广泛的爱国统一战线 为实现中国梦提供广泛力量支持 [N]. 解放军报，2015 - 05 - 21.

[6] 习近平. 在全国民族团结进步表彰大会上的讲话 [N]. 人民日报，2019 - 09 - 28.

[7] 习近平主持召开经济社会领域专家座谈会强调 着眼长远把握大势开门问策集思广益 研究新情况作出新规划 [N]. 人民日报，2020 - 08 - 25.

[8] 习近平. 在全国脱贫攻坚总结表彰大会上的讲话 [N]. 人民日报，2021 - 02 - 26.

[9] 习近平. 在庆祝中国共产党成立 100 周年大会上的讲话（2021 年 7 月 1 日）[N]. 人民日报，2021 - 07 - 02.

[10] 习近平在中央民族工作会议上强调 以铸牢中华民族共同体意识为主线推动新时代党的民族工作高质量发展 [N]. 人民日报，2021 - 08 - 29.

[11] 中共中央、国务院关于进一步加强民族工作，加快少数民族和民族地区经济社会发展的决定 [N]. 光明日报，2005 - 06 - 01.

网络资料：

[1] 必看！"中华民族"入宪具有里程碑式的意义！[EB/OL].（2018 - 05 - 04）. https://www. sohu. com/a/230439259_467853.

［2］习近平在第二次中央新疆工作座谈会上发表重要讲话［EB/OL］.（2014－05－29）. http：//www. xinhuanet. com/photo/2014－05/29/c_126564529. htm.

［3］中央民族工作会议暨国务院第六次全国民族团结进步表彰大会举行［EB/OL］.（2014－09－29）. http：//www. gov. cn/xinwen/2014－09/29/content_2758816. htm.

［4］习近平在中央统战工作会议上强调巩固发展最广泛的爱国统一战线　为实现中国梦提供广泛力量支持［EB/OL］.（2015－05－21）. http：//military. people. com. cn/n/2015/0521/c172467－27034028. html.

［5］中央第六次西藏工作座谈会召开　习近平发表讲话［EB/OL］.（2015－08－25）. https：//www. chinanews. com. cn/gn/2015/08－25/7488714. shtml.

［6］习近平：全面贯彻新时代党的治藏方略　建设团结富裕文明和谐美丽的社会主义现代化新西藏［EB/OL］.（2020－08－29）. http：//www. xinhuanet. com/politics/leaders/2020　－08/29/c_1126428221. htm.

［7］习近平：坚持依法治疆团结稳疆文化润疆富民兴疆长期建疆　努力建设新时代中国特色社会主义新疆［EB/OL］.（2020－09－26）. http：//www. xinhuanet. com/politics/leaders/2020－09/26/c_1126544371. htm.

［8］中国共产党第十九届中央委员会第五次全体会议公报［EB/OL］.（2020－10－29）. http：//cpc. people. com. cn/n1/2020/1029/c64094－31911510. html.

［9］全国统战部长会议在京召开　汪洋出席并讲话［EB/

OL］．（2021－01－19）．http：//www. xinhuanet. com/politics/leaders/2021－01/19/c_1127000297. htm.

［10］习近平在中央民族工作会议上强调：以铸牢中华民族共同体意识为主线，推动新时代党的民族工作高质量发展［EB/OL］．（2021－08－28）．http：//www. news. cn/politics/leaders/2021－08/28/c_1127804776. htm.

［11］汪洋出席全国政协民宗委主题协商座谈会［EB/OL］．（2021－12－02）．http：//www. xinhuanet. com/politics/leaders/2020－12/02/c_1126814073. htm.

［12］全国政协十三届五次会议闭幕［EB/OL］．（2022－03－10）．http：//www. news. cn/politics/leaders/2022－03/10/c_1128458666. htm.

［13］习近平在参加内蒙古代表团审议时强调：不断巩固中华民族共同体思想基础，共同建设伟大祖国，共同创造美好生活［EB/OL］．（2022－03－05）．http：//www. news. cn/politics/leaders/2022－03/05/c_1128441987. htm.

［14］李斌，霍小光. 习近平新疆考察纪实：民族团结是发展进步的基石［EB/OL］．（2014－05－03）．http：//www. xinhuanet. com/politics/2014－05/03/c_1110509757. htm.

［15］李鹏. 将实现中华民族伟大复兴写入宪法　有利于引领全党全国人民共同奋斗［EB/OL］．（2018－03－23）．http：//www. ccdi. gov. cn/specialn/bwzp2436/201803/t20180323 _ 103529. html.

［16］习近平. 在庆祝西藏和平解放60周年大会上的讲话［EB/OL］．（2011－07－19）．https：//www. chinanews. com. cn/gn/

2011/07－19/3194301. shtml.

[17] 习近平. 给中央民族大学附属中学全校学生的回信 [EB/OL]. （2013－10－06）. http：//cpc. people. com. cn/n/2013/ 1006/c64094－23111493. html.

[18] 习近平在中共中央政治局第十四次集体学习时强调 切实维护国家安全和社会安定 为实现奋斗目标营造良好社会环境 [EB/OL]. （2014－04－26）. http：//politics. cntv. cn/special/ gwyvideo/likeqiang/201404/2014042601/index. shtml.

[19] 习近平：中国人民具有伟大创造精神、伟大奋斗精神、伟大团结精神、伟大梦想精神 [EB/OL]. （2018－03－20）. https：// www. xinhuanet. com/politics/2018－03/20/c_1122562898. htm.

[20] 杨维汉，王琦. 习近平在全国民族团结进步表彰大会上发表重要讲话强调：坚持共同团结奋斗共同繁荣发展，各民族共建美好家园共创美好未来 [EB/OL]. （2019－09－27）. http：//www. xinhuanet. com/politics/leaders/2019 － 09/27/c _ 1125048317. htm.

[21] 中共十九届四中全会在京举行 [EB/OL]. （2019－11－01）. https：//m. gmw. cn/baijia/2019－11/01/33283146. html.

外文资料：

[1] Angela Bourne. The European Union and the Accommodation of Basque Difference in Spain [M]. Manchester University Press，2013.

[2] Abby LaBreck. Color-Blind：Examining France's Approach to Race Policy [EB/OL]. （2021－11－14）. https：//hir.

harvard. edu/color-blind-frances-approach-to-race/.

［3］ Emest Gellner. Nations and Nationalism ［M］. Oxford：Basil Blackwell，1983.

［4］ Erik Bleich. Race Policy in France ［EB/OL］. （2021 - 11 - 14）. https：//www. brookings. edu/articles/race-policy-in-france/.

［5］ Jawaharlal Nehru. The Discovery of India ［M］. Oxford university press，1994.

［6］ Karakayali，N. Social Distance and Affective Orientations ［J］. Sociological Forum，2009，24（3）.

［7］ L. Almairac. Turkey：A Minority Policy of Systematic Negation ［R］. International Helsinki Federation for Human Rights （IHF） and IHF Research Foundation Report，Vienna，2006.

［8］ Muñoz，A. A. Explaining the Politics of Recognition of Ethnic Diversity and Indigenous Peoples' Rights in Oaxaca，Mexico ［J］. Bulletin of Latin American Research，Vol. 23，No. 4，2004，pp. 414 - 433.

［9］ Uttar Pradesh Legislative Assembly Passes "Love Jihad" Bill Amidst Opposition Protest ［EB/OL］. （2021 - 02 - 25）. https：//thewire. in/communalism/uttar-pradesh-legislative-assembly-passes-love-jihad-bill-amidst-opposition-protest.

［10］ Villarroya，Anna. Country profile—Spain. Compendium of Cultural Policies and Trends in Europe. 11th ed. Brussels：Council of Europe，October 2009.

［11］ Will Kymlicka. Multiculturalism in a Comparative Perspective: Australia, Canada and India Sociological Forum [J]. Special Issue: Multiculturalism and Diversity, Vol. 9, No. 4, 1994, pp. 623 – 640.

[12] Crawford Young. Ethnic Diversity and Public Policy: An Overview [EB/OL]. (2021 – 11 – 14). https://www. econstor. eu/.

后　记

　　党的十八大以来，铸牢中华民族共同体意识成为新时代党的民族工作主线，推进中华民族共同体建设成为重要任务。围绕这条主线和推进中华民族共同体建设的若干问题，我以主持国家社会科学基金特别委托项目"21世纪初我国少数民族地区经济社会发展综合调查"为契机，一边组织和参与实地调查，一边开展理论问题研究，陆续发表一些调查研究和理论研究成果，阐发并提出了一些新的学术观点，得到了民族研究理论界与民族工作实践部门的关注，希望我能够围绕相关理论问题，进行比较系统的研究，作为相关部门工作或推进中华民族共同体课程教学的参考资料。

　　2021年10月，广西人民出版社总编辑赵彦红与我多次电话沟通，希望我围绕上述问题，把已经完成的研究成果和目前正在做的研究工作进一步系统化，尽快形成一本研究专著，出版社愿意全力支持出版。经过几个月的努力，初稿在2022年3月终于完成，并按规定程序审核。在此，非常感谢赵彦红总编辑的盛情相约。没有她的约请及督促，不可能完成此书。在时间高度碎片化的情况下，撰写具有一定篇幅的专著难度很大。为了确保学术观点的连续性，并按照出版进度的要求，我在初稿中尽量使用了部分已发表成果。但是，不同的文章刊发时间不同，一些观点和内容难免重复。2023年上半年，根据专家意见，我对书稿的章节内容及相关表述进行整理完善。由于铸牢中华民族共同体意识在

2023 年被明确为"民族地区各项工作的主线"，中华民族共同体理论研究、宣传教育、政策法规体系发展很快，书稿的一些内容甚至全书篇章结构不得不再次调整甚至重新撰写，有些完成时间较早的稿件不得不撤掉，有些稿件又不得不增补。在出版社一再催促下，我才在 2024 年上半年完成了最后一章稿件。再次，对广西人民出版社领导尤其是责任编辑罗雯老师，表示衷心的感谢。同时，一并感谢一些稿件的合作者宁亚芳、彭福荣、章昌平、魏霞、郝亚明等同志，对吴丹丹同学调研期间协助整理书稿参考文献深表谢意。

　　铸牢中华民族共同体意识，推进中华民族共同体建设，建设中华民族现代文明，既是当前民族工作、民族地区各项工作高质量发展的迫切需要，又是在中国式现代化进程中艰巨复杂的长期任务和系统工程。其中涉及许多十分复杂的基础理论问题和重大现实问题，研究难度很大。越往深入研究，越感到还有更多的问题需要探索和解答。自己在这个领域的调查研究还不深入，有些认识或观点不一定准确。书中疏漏、错误，恳请大家批评指正。

王延中

2024 年 5 月 28 日